Os militares
e a crise brasileira

CONSELHO EDITORIAL
Ana Paula Torres Megiani
Eunice Ostrensky
Haroldo Ceravolo Sereza
Joana Monteleone
Maria Luiza Ferreira de Oliveira
Ruy Braga

Os militares
e a crise brasileira

João Roberto Martins Filho

Organizador

alameda

Copyright © 2021 João Roberto Martins Filho

Grafia atualizada segundo o Acordo Ortográfico da Língua Portuguesa de 1990, que entrou em vigor no Brasil em 2009.

Edição: Haroldo Ceravolo Sereza
Editora assistente: Danielly de Jesus Teles
Projeto gráfico, diagramação e capa: Danielly de Jesus Teles
Assistente acadêmica: Tamara Santos
Revisão: Eduardo Mei
Imagem da capa: *Bolsonaro em solenidade de entrega de espadas aos formandos da Turma José Vitoriano Aranha da Silva, em 12/12/2019.* Foto: Palácio do Planalto

*Gostaríamos de agradecer o Instituto Vladimir Herzog
pelo apoio na execução deste projeto.*

CIP-BRASIL. CATALOGAÇÃO-NA-FONTE
SINDICATO NACIONAL DOS EDITORES DE LIVROS, RJ

M588

Os militares e a crise brasileira / organização João Roberto Martins Filho. - 1. ed. - são Paulo : Alameda, 2021.
    270 p. ; 23 cm.

    Inclui bibliografia e índice
    ISBN 978-65-86081-97-8

    1. Ciência Política - Brasil. 2. Brasil - Política e governo. 3. Militares - Brasil. I. Martins Filho, João Roberto.

21-69003   CDD: 320.981
                    CDU: 32(81)

Alameda Casa Editorial
Rua 13 de Maio, 353 – Bela Vista
CEP 01327-000 – São Paulo, SP
Tel. (11) 3012-2403
www.alamedaeditorial.com.br

Sumário

Apresentação	7
Fileiras desconhecidas *Manuel Domingos Neto*	17
Militares, "abertura" política e bolsonarismo: o passado como projeto *Francisco Carlos Teixeira da Silva*	31
Soldados influenciadores: os guerreiros digitais do bolsonarismo e os tuítes de Villas Bôas *Marcelo Godoy*	53
Maquiavel, Bolsonaro e os soldados *João Roberto Martins Filho*	71
Bolsonaro e os índios *Manuel Domingos Neto e Luís Gustavo Guerreiro Moreira*	89
Da campanha à conquista do Estado: os militares no capítulo da guerra híbrida brasileira *Piero C. Leirner*	107
"A palavra convence e o exemplo arrasta" *Marcelo Pimentel Jorge de Souza*	125
Pandemia e necropolítica brasileira: as forças repressivas e a gênese contínua do capital *Eduardo Mei*	143

Controle civil? A ascensão de Bolsonaro e a encruzilhada 159
do Brasil – militares, Forças Armadas e política
Eduardo Heleno de Jesus Santos

Da linha dura ao marxismo cultural. O olhar imutável 173
de um grupo de extrema direita da reserva sobre
a vida política brasileira (*Jornal Inconfidência*, 1998-2014)
Maud Chirio

Hereditariedade e família militar 189
Ricardo Costa de Oliveira

As relações civis-militares no Brasil ontem e hoje: 209
muito por fazer!
Luís Alexandre Fuccille

Pensando a educação de militares na democracia 221
Ana Penido e Suzeley Kalil Mathias

Bolsonaro, quartéis e marxismo cultural: 233
a loucura com método
Eduardo Costa Pinto

A conexão Porto Príncipe-Brasília: a participação 247
em missões de paz e o envolvimento na política doméstica
Adriana A. Marques

Entrevista de Héctor Saint-Pierre a Ana Penido 259

Sobre os autores 267

Apresentação

João Roberto Martins Filho

Nesta obra coletiva, reúne-se um conjunto de textos que procuram entender as raízes, o significado e as perspectivas da participação castrense na crise brasileira. Os autores, originários da Ciência Política, da História, da Antropologia, da Sociologia e da Filosofia, bem como do jornalismo e da própria profissão militar, traçam um quadro que ajuda a entender a participação dos fardados no governo de Jair Bolsonaro, ele mesmo um capitão, dono de uma fé de ofício pobre, reprovável, brutal e curta.

Como diz Manuel Domingos Neto num dos capítulos, "desde 2016, as atitudes dos oficiais contrariaram as expectativas alimentadas pelo mundo político e pelos acadêmicos". Por que tantos generais se dispuseram a patrocinar a elevação a comandante em chefe das Forças Armadas do pequeno oficial ambicioso e indisciplinado dos anos 1980, que saiu do Exército pela porta dos fundos? Por que se empenharam em influir diretamente na crise política? Por que militaram ativamente na campanha eleitoral? E por que concordaram de bom grado em ocupar os postos políticos chaves do novo governo, apesar dos riscos de politização dos quartéis e desprestígio junto à sociedade? Por que aceitam ser cúmplices de um presidente como Bolsonaro?

Para responder a essas questões, desaparecem os assuntos típicos da análise das políticas de Defesa numa democracia e vêm à luz novos e velhos temas relacionados aos perigos da presença das Forças Armadas no poder. Se antes, como aponta em sua entrevista Héctor Saint-Pierre, já havia uma disputa entre civis e militares no interior do campo de estudos do tema, agora este se cindiu. Uma parte dos paisanos talvez se aventure a continuar suas pesquisas como se nada tivesse ocorrido. Outra parte, que se expressa aqui, optou por transformar seus conhecimentos em instrumento de resistência. Não há mais pendor à contemporização, esperanças em um diálogo imaginário, ou disposição a fingir que tudo continua como antes no quartel de Abrantes.

A pluralidade é a marca das análises presentes nesta coleção de textos. Há divergências e convergências no enfrentamento do tema. A concordância primordial está em outro ponto: na ideia de que apenas o pensamento crítico pode nos ajudar a entender a crise atual e o papel dos fardados em seu seio. Seja ao procurar as raízes mais profundas da situação presente, seja ao examinar em detalhe aspectos relevantes da questão castrense, o conjunto dos textos acaba por se encaixar, como as casas de uma cidade medieval, onde a diversidade cede lugar à harmonia e a impressão geral é a de um mosaico bem construído.

Estão presentes aqui muitos ângulos, mas uma mesma tese: a intromissão dos militares na política só pode ser danosa para o país e sua democracia. Apesar do discurso castrense do auto-sacrifício de oficiais que apenas se dispõem a cumprir uma missão no governo, para o bem da pátria, fica claro como essa presença, em muitos aspectos, afasta o Brasil da resolução de suas iniquidades históricas, originárias de seu passado colonial. Ao provocar a politização dos comandos e quartéis e ao partidarizar ação de altos altos oficiais tornados políticos, a situação presente corrói a própria eficácia das Forças Armadas como instrumento de defesa nacional. Tudo isso é agravado pelo caráter do governo Bolsonaro: um empreendimento de ocupação e destruição, que vive e se alimenta da instabilidade e da tensão permanente, configuradas em seu ataque sem tréguas às instituições da República, à cultura e à educação e à própria ideia da Nação como comunidade de desiguais.

Para Manuel Domingos Neto, vivemos "um período difícil de nossa história", onde estão em andamento "o desmonte acelerado do Estado, a supressão de direitos sociais, a destruição da economia, enfim, dos amparos à construção de um futuro promissor. O presidente não tem senso de responsabilidade e dignidade. É um regressista perverso, avesso ao que há de bom na modernidade, apaixonado pelo que há de pior na civilização". Francisco Carlos Teixeira se refere "à crise estrutural permanente do processo de democratização" e se propõe a entender a crise político-institucional instalada no Brasil desde 2013 e agudizada no Governo Bolsonaro.

Eduardo Mei destaca a emergência colocada pela irrupção da Covid-19 "em meio a uma crise profunda e generalizada que afeta todas as dimensões da vida em sociedade". Seu artigo examina esse processo como fenômeno cíclico de acumulação do capital e propõe analisar o papel da violência na gênese do Brasil e na gestação da crise. Por fim, Eduardo Costa Pinto chama a atenção para a flexibilização, ou mesmo a quebra, do regramento jurídico (leis e Constituição), a partir do julgamento da Ação Penal 470 (AP 470), conhecida como Mensalão, pelo Supremo Tribunal Federal (STF), ainda no período Lula. Em sua perspectiva, a Operação Lava Jato levou esse processo às últimas consequências.

Que papel desempenham os militares nesse contexto? Como explicar o afã com que eles se dispuseram a influir diretamente nos processos políticos, extrapolando atribuições definidas na Constituição? Para responder essas indagações, o texto de abertura busca as raízes da questão militar nas especificidades orgânicas e funcionais do aparelho militar e de seu papel na formação histórica do Estado brasileiro. Nele, ainda uma vez, Manuel Domingos Neto propõe ir além das análises de conjuntura. Remontando à Primeira Guerra Mundial, refere-se ao "narcisismo fardado", que pretende moldar o Brasil à semelhança da imagem que os militares brasileiros construíram de si próprios, ignorando as complexidades e contradições da formação social brasileira. Onde as Forças Armadas se apresentam como salvadoras da pátria, ele vê uma instituição sempre dividida entre o papel de polícia e o de defesa nacional, aponta a "índole neocolonial" do aparelho militar e sua eterna dependência do armamento estrangeiro. Na mesma linha, Héctor Saint-Pierre defende que "se há algum fio condutor que tem resistido às mudanças de posições dos militares com relação à política são os valores corporativos que se mantêm por cima de quaisquer outros".

Em "Os militares e os índios", Manuel Domingos e Gustavo Guerreiro mostram como a história pesa numa temática que engloba também a questão da defesa da Amazônia e onde salta aos olhos a cumplicidade entre os quartéis e Bolsonaro. "Diante do índio, o soldado narcísico e truculento mostra a fragilidade da narrativa de fundador da nação", diz o texto. Já na campanha, o capitão candidato prometeu que em seu governo não daria um centímetro a mais para as demarcações de terras indígenas. No primeiro verão do novo governo, para espanto do mundo, ficou claro que o bolsonarismo significaria, no Norte do país, a destruição da floresta pelo fogo, não importando se este atingisse reservas ambientais ou territórios indígenas. A resposta do Exército foi mobilizar seus expoentes para denunciar a intromissão externa na soberania brasileira sobre a Amazônia. Não por acaso, como dizem os autores, "a defesa da Amazônia tem sido arguida pelas Forças Armadas como demonstrativa do papel que lhes cabe como guardiãs da pátria. Respaldando Bolsonaro, os oficiais revelam sua concepção de defesa da floresta". Na questão indígena, "o patriota dá lugar ao bandeirante, o genocida mais famoso da colonização".

Ricardo Costa de Oliveira desmonta outro mito: o da proximidade do militar com o povo. "Sempre precisamos observar e estudar a dimensão familiar na formação, existência e reprodução dos militares, também devemos analisá-los em termos de estruturas de parentesco", propõe. Em muitas famílias tradicionais, a militarização das mentalidades começa na infância. Nesse processo, "o mundo se divide entre os militares e os outros, os militares e os paisanos ou civis, muitas vezes pensados como cidadãos de outra categoria". A Sociologia confirma, assim, traços já revelados pela Antropologia. A partir do estudo de sua própria família, Oliveira destaca "uma densa rede de relações e sociabilidades com oficiais ao longo de muitas gerações". E revela: "praticamente todos os oficiais generais com destaque ou cargos ministeriais na política dos últimos anos procedem e pertencem a famílias militares". Mais do que isso, para o autor, na alta hierarquia, os chefes tendem a ser "herdeiros e parentes de grupos superiores, das antigas classes dominantes proprietárias, ou das elites sociais regionais e locais, com poucas exceções".

No âmbito da história do tempo presente, Francisco Carlos Teixeira ressalta a importância de compreender o "grande ciclo" inaugurado pelo regime militar de 1964 até a Nova República, a partir de 1985-88, com foco no caráter da transição "longa, tortuosa e, agora podemos dizer, *falhada*". Encontra na intencionalidade do que chama de "núcleo duro" da ditadura militar e suas alianças de classe uma explicação plausível para a persistência do passado como guia do futuro. Referindo-se à captura da transição pelas Forças Armadas, conclui que "transições tuteladas desembocam em regimes tutelados" e chama a atenção para a contemporaneidade doutrinária dos princípios contidos na declaração à Nação do preâmbulo do Ato Institucional que abriu o ciclo ditatorial, em abril de 1964.

Os trinta e poucos anos da Nova República não conseguiram sepultar a longa tradição salvacionista que reforçou a adesão dos militares ao bolsonarismo, como mostra Adriana Marques ao estudar "a história de um grupo de militares que embarcaram para Porto Príncipe e desembarcam em Brasília para ocupar funções importantes no núcleo do poder político em 2019". Ela se refere aos generais Heleno, Santos Cruz, Edson Leal Pujol, Luís Eduardo Ramos e Ajax Porto Pinheiro, *force commanders* da Minustah e ao ministro da Defesa de Bolsonaro, Fernando Azevedo e Silva, chefe de operações do contingente brasileiro no Haiti. Sua tese central é que "a atribuição de missões extensivas e de caráter político a militares oriundos de países com histórico de envolvimento na política trouxe algumas consequências não intencionais para países que enviaram tropas para operações de paz".

No plano das ideias e das doutrinas, as origens da decisão do comando militar, principalmente do Exército, de se associar ao capitão Bolsonaro, são estudadas de várias perspectivas. Suzeley Kalil Mathias e Ana Penido analisam a educação dos militares enquanto "a guardiã de uma cultura própria das FFAA" e como "uma das principais trincheiras de autonomia castrense, mormente naqueles países que recém saíram de regimes burocrático-autoritários" e encontram na preservação da educação como reserva de caça castrense as origens da militarização do governo atual e da reconstrução daquilo que chamam de "partido militar".

Outros autores procuram na doutrina militar uma explicação para esses males. Piero Leirner centra sua reflexão no surgimento de uma "modalidade de guerra". Para ele, na raiz do que chama a "tomada do estado" pelos militares estaria uma combinação de um forte antipetismo com o emprego de instrumentos da *guerra híbrida*, cujo conteúdo define como o estabelecimento de "loops" e inversões visando afetar a cognição de uma nação, de uma população, de uma elite ou de setores de um Estado. Na medida em que a replicação dos princípios dessa modalidade de guerra se faz "a partir de grupos com conexões pouco estruturadas e nada evidentes", Leirner também oferece uma explicação para a dificuldade que nós, especialistas no tema, tivemos para entender, de imediato, os processos subterrâneos que vieram à luz somente na reta final da campanha de 2018.

O texto de Marcelo Godoy aborda um tema correlato ao de Leirner, ao destacar o processo da aproximação de Bolsonaro "do ambiente dos guerreiros ideológicos da comunidade de informações", presente já em meados dos anos 1990. Segundo ele, "a aproximação entre a política e a guerra nos quartéis realizava o sonho da comunidade de segurança dos anos 1970". Mas a face mais original do texto de Godoy é o exame da atuação dos militares em um novo terreno de operações: as redes sociais. Aqui, em contraste com Leirner, aparecem processos mais centrífugos que centrípetos. Sua tese central é que, ao escolher essa via, a militância castrense "abriu espaço para o surgimento de clivagens entre os militares, dificultando a unidade de ação do grupo, segundo um plano determinado e degradando o ethos da organização, o que fica claro em postagens públicas de oficiais da ativa". As redes sociais, nessa visão, liquefazem a fronteira entre público e privado, ajudando "a criar o ambiente em que o espaço da caserna se confundiu com o da praça pública e o do Poder Militar com o Civil".

Eduardo Costa Pinto retoma a temática da utilização de táticas de guerra por meio da desorientação da opinião pública durante a campanha eleitoral. Nesse quadro, analisa as diferenças entre dois grupos presentes no governo Bolsonaro, os militares e aquilo que chama de "olavistas", em referência ao "filósofo" Olavo de Carvalho. Contrariando a visão que se consolidou na imprensa, de um choque entre fardados e "ideológicos" no interior do governo Bolsonaro, Costa Pinto não vê diferenças de ideias entre esses grupos, mas nuances sobretudo de forma. No plano das visões de mundo, haveria um substrato comum entre paisanos e fardados bolsonaristas, que ele encontra na combinação entre as ideias da doutrina da guerra revolucionária, de origem francesa, que entrou no Brasil pela Escola Superior de Guerra, no final dos anos 1950 e no ideário da nova direita norte-americana (especialmente os *paleoconservatives*), o que explicaria também o alinhamento da política externa de Bolsonaro ao governo Trump.

Maud Chirio contribui para o entendimento da batalha de ideias, com foco mais específico, ao analisar um grupo até aqui pouco conhecido dentro do que chama de "nebulosa ultraconservadora" que preparou o terreno para a ascensão de Bolsonaro, responsável pela publicação do jornal *Inconfidência*, cujo acervo datado de 1998 a 2014 encontrou na Biblioteca do Clube Militar. Para ela, essa publicação "é uma pequena engrenagem, entre muitas outras, da reconstrução da extrema direita brasileira nos anos 2000 e 2010" além de ser fonte privilegiada "para entender como as lutas da "linha dura" militar se misturaram com a teoria do marxismo cultural. Nesse sistema de pensamento, as Forças Armadas vêm-se como a "última trincheira" da ordem e da moral, diante da ofensiva comunista.

Dois autores trazem a este conjunto de textos o tema fundado por Samuel Huntington, em seu clássico *O soldado e o Estado*. Eduardo Heleno analisa o surgimento de um quadro de aumento da desconfiança e de enfraquecimento do diálogo entre civis e militares na origem da crise atual das relações civis-militares no Brasil. Entre os fatores que atuam nesse sentido ele enumera a crise de representação política, a mudança da imagem do capitão reformado nas Forças Armadas e a participação dos militares nas eleições desde 1994. Chega à conclusão de que no Brasil de Bolsonaro o padrão de relações civis-militares tende a se aproximar do conceito de Huntington de controle civil subjetivo. Em sua leitura desse autor, conclui que "a politização dos militares e o desrespeito às regras democráticas por parte dos grupos civis poderiam redundar no esgarçamento do controle civil até ser substituído por um poder militar".

A questão do caráter atual das relações civis-militares no Brasil é central também para Alexandre Fuccille, que parte da obra clássica de Huntington, para acrescentar que a ênfase no controle civil, aí vinculado centralmente à redução de poder dos grupos castrenses (objetiva ou subjetivamente), deixou de lado a atuação do sistema político. O profissionalismo militar não impediu, ressalta Fuccille, a intervenção militar de 1964. Para ele, apesar da valorização institucional da área de Defesa desde o governo Fernando Henrique Cardoso, em "pouco mais de 20 anos de governos progressistas' o que se efetuou foi "absolutamente insuficiente para fazer avançar uma agenda pública e transparente e a construção da direção política civil sobre os militares". Seu texto propõe um programa básico destinado a enfrentar o problema das relações civis-militares.

A partir de uma "ótica pouco usual – de dentro" da instituição Exército, Marcelo Pimentel analisa criticamente "o atual processo de politização das FA – ou dos militares – (que) teve início em meados da última década, mas somente agora, durante o governo Bolsonaro, mostra-se notável",. Seu capítulo começa com a constatação de que dos 17 participantes da 304ª Reunião do Alto Comando do Exército, realizada em 5 de fevereiro de 2016, apenas dois não assumiram a partir de 2019 funções de características políticas. Ao lado da ocupação de milhares de cargos por oficiais, da ativa e da reserva, em tarefas técnicas e administrativas da máquina pública em cargos de comissão, essa migração castrense ajuda "o capitão a governar como se fosse, de fato, um 'governo militar'". Para ele, "o papel do presidente, embora central e catalizador, não é de condutor, controlador nem gerente do processo". Ao contrário, o governo Bolsonaro é marcado pela existência, ainda que "invisível a olho nu", de um forte, consistente, coeso e cada vez mais poderoso sustentáculo, similar a um grupo político de natureza hegemônica: o "partido militar", cujas características no Brasil atual ele analisa.

Em minha própria contribuição, procuro introduzir o tema do papel do líder na dinâmica do governo Bolsonaro. Para tanto, recorro aos conceitos de virtú e de fortuna e do equilíbrio entre bondade e maldade no exercício na ação do governante, temas centrais de *O Príncipe*, de Maquiavel, para trazer à luz o estilo de governar de Bolsonaro. O presidente não apenas exerce pessoalmente o governo com maldade, como de múltiplas formas incentiva o uso da violência por seus partidários. Aqui, os militares são coadjuvantes, ao coonestar os métodos bolsonaristas. Não por acaso foram acusados de cúmplices de genocídio por um ministro do STF, no trato com a crise sanitária e de cúmplices do desmatamento na Amazônia, por ONGs nacionais e internacionais.

Esse traço da liderança personalista reaparece numa outra abordagem presente nesta coletânea, aquela que vê traços do fascismo no regime bolsonarista. Francisco Carlos Teixeira recorre à teoria geral dos fascismos para explicar o regime brasileiro atual. E explica: "evidentemente a condição de periferia da globalização, a dependência e suas elites de *tipo colonial* traduzem o fascismo para condições especificas no Brasil e sua expressão, o *bolso-fascismo*, o qual, como fascismo periférico não pode ser uma cópia dos fascismos históricos".

Enfim, Eduardo Mei, enumera os vários aspectos que aproximam o bolsonarismo do fascismo. Entre eles, 1) adesão à ideologia fascista, sua subcultura e seus ícones e culto a líderes fascistas; 2) tradicionalismo, representado no culto à "família tradicional brasileira"; 3) o irracionalismo, a distorção e negação da realidade, e o ataque à ciência e às universidades públicas; 4) militarismo e belicismo (quanto a isso cabe observar que essa tendência se manifesta também nas milícias evangélicas e nas "escolas cívico-militares"); 5) culto à violência, inclusive à tortura; 6) estigmatização de grupos étnicos e sociais: indígenas, negros, mulheres, homossexuais, "comunistas", "artistas degenerados", etc.; 6) sectarismo e (pseudo)-nacionalismo; e 7) divisão do país em "amigos" e "inimigos".

Com isso, podemos encerrar esta apresentação. Se o leitor, antes de passar à leitura, quiser contemplar uma imagem sintética e terrível dos riscos que corremos pode visitar a *Guernica* de Picasso.

***

Esta coletânea homenageia um grande amigo de muitos de nós, o coronel aviador (ref.) Sued de Castro Lima, recentemente falecido. Sued se foi cedo demais, pois homens como ele estão hoje em falta. Conheci-o quando presidi a Associação Brasileira de Estudos de Defesa, entre 2007 e 2009. Depois disso, nos anos de 2013 e 2014, juntamente com Samuel Alves Soares e Paulo Cunha, formamos o "grupo de Jaguariúna", que se reuniu numa chácara de minha família nessa cidade, para elaborar a pedido da Comissão da Verdade um relatório sobre a questão militar ontem e hoje. Além disso, elaboramos nove recomendações, algumas delas incorporadas ao Relatório Final da CNV. Vindo de Fortaleza, onde residia, Sued sempre nos trazia pacotes de castanhas de caju. Era alegre, sensato, honesto até a medula, corajoso.

Manuel Domingos Neto diz que "a principal e mais duradoura atividade intelectual do Sued foi no grupo de pesquisa Observatório das Nacionalidades, em Fortaleza. Neste grupo, do qual foi um dos fundadores, trabalhou na edição da revista *Tensões Mundiais*. A boa classificação desta revista deve-se ao seu trabalho sistemático e cuidadoso. O Observatório organizou, sob sua coordenação, diversos encontros acadêmicos de repercussão, com destaque para o 5º Encontro Nacional da ABED", realizado na capital do Ceará, em 2011. Lembra também que ele dialogou por dois anos com René Dreifuss, professor da Universidade Federal Fluminense e autor de *1964: a conquista do Estado.*

Segundo Paulo Cunha, Sued "ingressou na FAB em 1963 no curso de formação de oficiais da Academia da Força Aérea. Conviveu desde criança com a militância política, pois seu pai, o sargento da Aeronáutica Herny Moreira Lima, integrou o Partido Comunista Brasileiro (PCB)". O primo Manuel Domingos conta: "o tio foi diversas vezes preso e torturado. Foi quem nos incentivou o gosto pela leitura desde a infância. Era do tempo em que havia militares preocupados em melhorar a vida dos brasileiros. Quando de sua prisão, tia Valnice, mãe de Sued, levava os filhos para a fazenda do vovô, em

Maranguape. Ela também foi muito influente em sua vida. Era uma cearense muito corajosa e sem papas na língua. Bateu boca com os brigadeiros na defesa do marido e do filho".

Para Cunha, "desde cadete, Sued procurou construir uma carreira militar baseada na discrição e no profissionalismo, o que não impediu que, sob a ditadura, fosse indiciado em um Inquérito Policial Militar (IPM) sob a acusação de veicular literatura marxista. Apesar de absolvido, a partir daí só obteve promoções por antiguidade. Com o avanço do processo de redemocratização, sentiu a presença do vigilante Centro de Informações da Aeronáutica (CISA) em várias ocasiões, especialmente quando efetivou, no limiar da redemocratização, um ciclo de debates com intelectuais e personalidades na Base Aérea de Recife. Diante disso, tendo avaliado a impossibilidade de seguir carreira até o generalato, optou pela reforma no posto de coronel. Após isso, aproximou-se de vários partidos de esquerda. Seus posicionamentos políticos sempre foram em defesa da democracia e por uma sociedade livre e justa. No campo acadêmico, atuou com denodo em várias ocasiões, participando ativamente da ABED e publicando artigos e outros textos. Mesmo acometido por um câncer, não deixou de acompanhar o quadro político nacional já sob o governo Bolsonaro, intervindo de várias formas, especialmente por meio de entrevistas. Faleceu em 2020. Deixou esposa e três filhos". Agradeço a Eduardo Mei pela ajuda na revisão final.

Fileiras desconhecidas

Manuel Domingos Neto

Atravessamos um período difícil de nossa história. Estão em andamento o desmonte acelerado do Estado, a supressão de direitos sociais, a destruição da economia, enfim, dos amparos à construção de um futuro promissor. O presidente não tem senso de responsabilidade e dignidade. É um regressista perverso, avesso ao que há de bom na modernidade, apaixonado pelo que há de pior na civilização.

Em nome da pátria, atenta contra a pátria; em nome da nação, deixa a nação de cócoras. Semeia a desordem, a truculência e a incerteza.

Entre suas escoras, destacam-se os militares. Nada do que está acontecendo seria possível sem o suporte militante de fileiras cujas propensões sempre estiveram encobertas para a maioria.

Se deixar a sociedade apreensiva fosse ilicitude passível de penas pecuniárias, os integrantes das corporações armadas passariam o resto de suas vidas com proventos reduzidos.

As perguntas inquietantes borbulham. Temos um governo tutelado por militares? Os quartéis abandonarão ou persistirão com Bolsonaro? Acatarão um possível impeachment ou uma decisão judicial anulando as eleições? Há um governo militar, de militares, com militares ou militarizado?

Não creio haver respostas disponíveis para estas questões. A intromissão ostensiva dos militares na vida política brasileira foge aos parâmetros conhecidos. Durante a ditadura, os militares acusavam a esquerda de semear o ódio e a discórdia; agora, carregam nos ombros o paladino do ódio e da discórdia. A ditadura definiu como opositores todos os que contestavam o regime; Bolsonaro agride diretamente ou indiretamente qualquer um, inclusive os que o ladeiam. Protege apenas os filhos e a turma que, batendo com a língua nos dentes, pode levá-lo às grades. Revela-se uma autoridade fora de todos os padrões imagináveis.

Os militares, certamente, têm suas razões para se envolver nesta aventura que contradita a própria autoimagem. Contradita? Cabe ver o que há por detrás da imagem construída.

Baixada a poeira, abertos os arquivos, sistematizados os dados, revisados os conceitos, renovados os suportes analíticos, novas gerações refletirão com propriedade sobre o transe em que mergulhamos e sobre o papel das fileiras.

No calor dos acontecimentos, é difícil evitar conclusões apressadas, que misturam motivações primordiais com ocorrências circunstanciais.

As primeiras dizem respeito ao papel das corporações no aparelho de Estado, suas especificidades orgânicas e funcionais, suas índoles forjadas ao longo do tempo, enfim, seus condicionamentos estruturais. As segundas são analisadas no trepidante varejo cotidiano por jornalistas e acadêmicos.

Olho meus livros empilhados e repilo a vontade de reler tudo de novo, mesmo porque não haverá tempo. É mais prudente eu refletir sobre as fileiras sem perder de vista convicções amadurecidas há algum tempo.

Os militares modernos, formados por estrangeiros interessados em vender armas após a Primeira Guerra Mundial, buscaram transformar um país "arcaico" num país digno de suas corporações. São narcisos fardados diante de um espelho cúmplice, que esconde seus rabos presos aos fabricantes de artefatos letais. Viveram permanentemente um dilema originário, exercendo papéis incompatíveis: o de atuar como mantenedores do ordenamento sociopolítico e o de proteger o país do estrangeiro cobiçoso. As corporações modernizadas, dependentes da importação de armas e equipamentos fabricados por potências industriais, firmaram índole neocolonial. Para encobri-la, buscaram monopolizar o sentimento patriótico, o mais poderoso legitimador da força no Estado moderno.

Este conjunto de características orienta a atuação dos militares; não se desfaz ao sabor da dinâmica política. São traços marcantes, poderosos, expressos permanentemente de forma multifacetada.

O poder político no Brasil tem revelado desconhecimento das Forças Armadas. Todos os presidentes sofreram em suas mãos. Getúlio, o mais arguto e habilidoso, deixou registradas as artimanhas permanentes dos chefes militares. Subiu com eles, governou com eles, caiu pressionado por eles, morreu atazanado por eles.

Os ministros e parlamentares que assinaram orçamentos de Defesa, conceberam planos estratégicos e organizaram livros brancos não perceberam que lidavam com corporações autônomas o bastante para impor seus desígnios ao arrepio do que estivesse oficialmente determinado. Ex-presidentes e ex-ministros da Defesa, ainda vivos e se manifestando, defendem seus legados, não desvendam o emaranhado de cordões que movem as fileiras.

Caminhando na calçada de uma praia no Rio de Janeiro, ouvi de um general reputado por sua inteligência e trato lhano a definição de um bom ministro da Defesa: "alguém que passe a impressão de honesto, nos escute e tenha prestígio para arranjar dinheiro". Falou de maneira afável e convicta. Nem de longe suspeitava o alcance injurioso e arrogante de sua definição: os políticos são corruptos, queremos um paisano que não se meta em nossos negócios, nos aplauda e nos garanta os recursos de que precisamos!

Os pesquisadores acadêmicos, no máximo, dominamos certos elementos do poderio do militar no processo em curso. Não conseguimos ainda oferecer explicações plausíveis sobre os nexos do entrecruzamento de estruturas organizacionais, funcionais e ideológicas com as cartadas visando o retorno ao mando surfando na "onda maluca" que envolveu parcelas conservadoras da sociedade.

Acompanho Piero Leirner quando considera que há lances ardilosos para conformar ambientes sociais. Cabe prestar atenção nos movimentos silenciosos de engrenagens complexas. Além de acertos e tramas intramuros, há jogadas sub-reptícias de atores externos, notadamente o grande capital associado aos fabricantes de armas e guerras. Não há política sem tramas conspiratórias e todo militar, por dever de ofício, aprende a dissimular e camuflar intenções. Mas sempre concedo o espaço ao aleatório. O acaso gosta de dar rasteiras fatais no mais virtuoso Príncipe.

Eliézer Rizzo de Oliveira, leitor de Maquiavel, sempre diz que a sociedade que desconhece seus componentes fardados fica sujeita a riscos. Sua motivação para o estudo era próxima à de Edmundo Campos: ambos buscaram ouvir a alma castrense. Eliézer ouviu os generais; Edmundo buscou as entranhas de suas organizações.

Em 2004, quando o ar de renovação política tomava conta do Brasil e da América do Sul, Héctor Saint-Pierre, sempre cabreiro, já cantava a pedra do "sonho de uma noite de democracia" e sugeria caminhos para examinar as diferentes formas com que as Forças Armadas mantinham sua autonomia em relação ao poder político civil.

Desde a redemocratização eu me perguntava se as fileiras que sustentaram a ditadura acatariam placidamente a democracia. Criminosos que torturaram e mataram patriotas em nome da pátria passariam candidamente a respeitar seres humanos? Liberticidas cheios de razão mudariam seus pendores por obra e graça do clamor democrático?

Em 1988, vi o constituinte redimir militares com mãos ensanguentadas e entregar-lhes a defesa da entidade sacrossanta. Ruy Barbosa havia dito que a pátria não seria ninguém, mas todos. No Artigo 142, o constituinte deixou os brasileiros nas mãos das corporações. Dionísio vestiu-se de Dâmocles. Pela Carta, o quartel, só o quartel, seria instituição permanente velando por todos nós; só o quartel garantiria os "poderes constitucionais". Outras instituições admitidas como "permanentes", a Polícia Federal e o Ministério Público, não receberiam missões de abrangência ilimitada.

Ulysses Guimarães tentou reagir ao desejo castrense de mandar em tudo. Chamou de "três patetas" os comandantes das Forças. Mas perdeu. Na votação final, restaria o protesto quase inaudível de Genoino e Haroldo Lima.

O Artigo 142, mostrengo jurídico incompatível com o princípio da soberania popular, ficou como aviso prepotente das fileiras: entregamos o governo, não a paternidade da pátria, também chamada nação. Fernando Henrique, num assomo de vaidade engraçada, reivindicou a autoria da barbaridade conceitual. Fosse vivo, o general Leônidas Pires Gonçalves daria sua risada discreta.

O final da guerra fria atenuaria minhas inquietações. Desde a Segunda Guerra, as fileiras se organizavam em função de um mundo que, com o colapso da URSS, deixara de existir. Pensei: sem a bipolaridade, os caçadores de comunistas arranjarão outra coisa para fazer; chegou o seu momento de atualizar o discurso.

Os oficiais brasileiros ouviram comandantes estadunidenses falar em "novas ameaças": terroristas, narcotraficantes, criminosos organizados... Os gringos queriam transformar em polícias os exércitos nacionais dos países que lhes compravam armas e ideias. A defesa continental ficaria com eles.

Obviamente, nenhum oficial brasileiro sugeriu alternativas para enfrentar as tais "novas ameaças". Por exemplo, que os guerreiros do norte parassem de agredir os povos do mundo e aceitassem a multipolaridade; que Washington cuidasse de seus problemas domésticos e estancasse o lucro dos narcotraficantes.

Os militares brasileiros mantiveram seu gosto pela imposição da lei e da ordem, revelado desde o regime escravocrata. Mas não abdicariam da estética de defensores da nacionalidade contra o estrangeiro. As Forças persistiriam em seu dilema originário: seriam policiais e militares.

Logo veio a "guerra contra o terror", ocasião para Washington tentar a unipolaridade. Neste cenário, um líder popular é eleito presidente mostrando disposição para garantir comida ao povo, unir a América do Sul, estabelecer pontes com a África e redefinir o papel do país no teatro global. Contrariava Washington, cutucava a onça com a vara curta, advertiu um sábio homem que ninguém escutou.

Mas Lula, lamentavelmente, não combinou com as fileiras. Atendeu suas requisições, ignorando propensões históricas ou motivações primordiais. Desavisado, não se inquietou com cordões diabólicos manuseados por homens de farda.

Em 2004, Roberto Amaral pediu-me uma contribuição para a revista "Comunicação & Política". Os leitores do rascunho foram Celso Castro, João Roberto Martins Filho e Renato Janine Ribeiro. O texto foi publicado com o título "Acerca da modernização do Exército".

O último parágrafo sublinhava a necessidade de "quebrar antigas muralhas e estabelecer amplas e efetivas possibilidades de diálogo entre o pensamento civil e os membros de corporações que haviam mostrado à saciedade sua capacidade de interferir nos rumos do país".

Essa preocupação sensibilizou uma parte do restrito grupo acadêmico que compôs a Associação Brasileira de Estudos de Defesa (ABED), em 2006. Pedimos apoio para pesquisar as Forças Armadas, as políticas de Defesa e temas afins. Com esforço, conseguimos a publicação de modestos editais, mas os militares ficaram com quase todo o dinheiro. Não queriam paisanos bisbilhotando seus negócios.

Na universidade em veloz expansão, rarefeitos pesquisadores definiram como objeto de estudo as corporações militares. Governantes, parlamentares, partidos políticos e jornais continuaram desprovidos do apoio de civis especializados.

Acadêmicos envolvidos no debate geopolítico e nas relações internacionais se multiplicavam. A maioria, norteada por teorias anglo-saxãs, deu pouca atenção aos instrumentos de força do Estado. Um termo que entrou na moda foi "securitização". Intrigava-me o fato de esses colegas não pensarem no agente "securitizador"...

O estranhamento entre o mundo acadêmico e a caserna persistia em pleno regime democrático. Certo dia, Eduardo Villas Bôas foi à universidade. Retribuindo sua fidalguia quando lhe visitara na Escola de Aperfeiçoamento de Oficiais, aguardei-o na porta. O general desceu do carro desligando o celular: "minha mulher disse que eu tivesse cuidado para não levar ovo na cara". Eu respondi, "minha mãe disse que eu tivesse cuidado para não ser preso de novo!". Entortei polidamente o que minha mãe dissera: "menino, vão te bater de novo!".

Não contava Villas Bôas haver uma sala repleta de alunos e professores atentos e respeitosos, uns com nauseante jeito vivandeiro. A conversa fluiu amena, sem prosseguir. Questões ficaram no ar; as mais relevantes nem emergiram.

Decorridos alguns anos, com a comunidade acadêmica ameaçada em sua liberdade de opinião e em sua sobrevivência, os temores da esposa do general e de minha mãe fazem sentido. Villas Bôas integra um governo que trata os estudantes de idiotas, tenta criminalizar professores por exprimirem convicções políticas, desenterra palavra de ordem de momentos sombrios da humanidade: queimem os livros!

Desde 2016, as atitudes dos oficiais contrariaram as expectativas alimentadas pelo mundo político e pelos acadêmicos. Depois de intervirem no processo eleitoral e respaldarem um governo ilegítimo, passaram a integrar uma equipe criminosa, que aliena de forma selvagem o patrimônio público, desmonta setores estratégicos para a soberania, promove a regressão social e destrói o princípio da solidariedade geracional orientador do sistema previdenciário, um pilar da coesão nacional. Os governantes estimulam o etnocídio, a matança de negros e favelados; entregam os recursos naturais à sanha do agronegócio, dos contrabandistas de madeira e dos garimpeiros ilegais; descuidam do povo diante de uma pandemia; agridem princípios democráticos e expõem a nação ao ridículo perante os olhos do mundo.

Outro dia assisti Sérgio Etchgoyen bater em Celso Amorim sem mencionar seu nome. Celso estaria prejudicando o Brasil ao denunciar ao mundo os descalabros do governo. Voltei ao meu tempo de juventude, quando, na Europa, fazia de tudo para noticiar o sofrimento dos presos políticos. Quando o soldado brasileiro aprenderá que crimes contra o homem e a natureza são transnacionais? Não pergunte por quem os sinos dobram, general, eles dobram por ti!

Na perspectiva geopolítica, o que ocorre no Brasil contraria uma tendência que parecia irreversível. Desde os ditadores Geisel e Figueiredo, acumulavam-se iniciativas que projetavam o Brasil e incidiam sobre as fileiras. As relações de confiança com a Argentina, o Uruguai e o Paraguai abriram perspectivas para a integração da América do Sul, acalentada há mais de um século por Manoel Bomfim. O conservador Sarney alimentou esse processo. Fernando Henrique extinguiu os "ministérios militares" e criou o Ministério da Defesa. A política externa personalizada por Celso Amorim ensejou posição inédita no jogo mundial. As novas orientações estratégicas valorizavam a multipolaridade. Contingentes brasileiros marcaram longa presença no Haiti como força policial. A ideia sempre adiada de criação do Estado-Maior Conjunto das Forças Armadas tornou-se realidade. Projetos custosos apresentados pelos militares receberam apoio na expectativa incerta de redução da dependência externa em instrumentos de guerra.

Os reflexos dessas iniciativas sobre as corporações militares não foram analisados em perspectiva histórica de amplo espectro. Caberia acompanhar atentamente o que incidisse sobre fileiras ressentidas, temerosas, com saudades do mando e marchando embaladas no amor febril pelo Brasil.

Descurando do que se passava nas fileiras, a imposição do poder político sobre o militar, condição básica da democracia, seria ilusória e passageira. Militares sabem flanquear determinações sem ferir a lei. É dentro da lei que, apoiando Bolsonaro, contribuem para desfazer o que foi feito. O ímpeto deletério predominante na atual geração de generais precisa ser estudado atentamente, o que não cabe neste texto.

A disputa pela memória era aspecto primordial, como mostrou a queda de José Viegas. O primeiro ministro da Defesa nomeado por Lula pretendeu exercer autoridade e exprimir em bom som a ideia democrática. Caiu sem aplausos, o embaixador. O terrorismo de Estado praticado pelas Forças Armadas e outras instituições era temática maldita. As fileiras tomavam qualquer alusão aos seus crimes como revanchismo. Os que receberam de braços abertos os oficiais nos encontros da ABED sabemos disso.

Em conversas privadas com oficiais das três armas, eu sondava suas disposições. Por que não um honroso pedido de desculpas? Nenhum assentimento. Poucos ficaram pensativos, a maioria respondia agressivamente: quem pedirá desculpas pelo atentado no aeroporto do Recife? Os que sofreram "excessos" nos interrogatórios tinham feito coisa errada!

Não renegavam a ditadura nem gostaram de bater continência para a "Wandinha", como se referiam a Dilma Rousseff, aludindo ao seu codinome durante a militância juvenil na organização revolucionária Var Palmares. A reeleição de Dilma foi tida como impertinente. Um homem que não houvesse passado pelos porões, talvez fosse melhor acatado. A altivez da mulher machucava. Suas alternativas para dar rumo ao país descontentavam e sua forma de tratar os outros alimentava antipatias.

Nada mais perturbador para corporações armadas que remexer na percepção que constroem de seus trajetos históricos. Memória é bússola. Por lidar com armas e se preparar para a violência bruta, nenhum outro instrumento de Poder é tão cioso da legitimação conferida pelo passado heróico. Apenas missões sacrossantas nobilitam o ofício e justificam grandes dispêndios. Fileiras não dispensam narrativas gloriosas.

No quartel, o trabalho da Comissão da Verdade era visto como revanchismo incabível da esquerda; para a consciência democrática, tratava-se de um imperativo. Eliézer Rizzo se preocupava com o impasse, sustentando que o acordado na redemocratização, sendo resultado de uma correlação de forças, deveria ser mantido.

Mas a tensão não foi desmontada com formalidades jurídicas, silêncios medrosos, determinações burocráticas ou retóricas. Demandaria coragem, habilidade no trato, sinceridade, esforço de convencimento, negociação de termos que não ferissem em demasia. Um nó difícil de desatar. Pela forma como ocorrera a redemocratização, as corporações sentiam o novo regime como concessão de sua parte; os opositores da ditadura, como resultante de sua militância.

Era insustentável a versão de que, da luta renhida que se estendeu de 1964 à anistia de 1979 não houvesse perdedores e ganhadores. Líderes políticos exilados retornavam ao país ou emergiam da clandestinidade querendo a palavra, mas os apoiadores da ditadura continuavam nos quartéis de armas nas mãos, resolutos na defesa dos seus feitos.

O espírito de corpo mostrava sua força defendendo criminosos. Casos simbólicos, posto que ocorridos pós-anistia: o capitão Wilson Dias Machado tentara um assassinato em massa no Rio Centro, mas prosseguia fazendo carreira no Exército; outro acusado de planejar atentado terrorista em 1986, Jair Bolsonaro, seria absolvido "por erro" do tribunal corporativo, como demonstrou Luiz Maklouf e, de quebra, ganharia mandatos parlamentares com votos de ex-colegas de farda.

Os governos eleitos democraticamente não propuseram missões desafiadoras às Forças; não lhes apresentaram tarefas grandiosas, capazes de espertar-lhes os brios, remexer em suas motivações primordiais e superar seu dilema de origem.

Por exemplo, ninguém lhes consultou sobre a possibilidade de interrupção de compras externas de armas e equipamentos.

Ninguém cobrou explicação aos comandantes acerca do fato de uma das maiores economias do mundo, farta de matérias-primas, com uma comunidade científica pujante, não fabricar seu material de defesa e persistir contribuindo para o fortalecimento do poderio alheio.

Ao contrário, os governos civis atribuíram-lhes tarefas que os afastavam do preparo para resistir ao desígnio de estrangeiro mal intencionado. As fileiras se ocuparam animadamente em construção de estradas, perfuração de poços no semiárido, tarefas da segurança pública, ocupação de favelas, combate aos incêndios na mata, patrulhamento de costas, retirada de óleo do mar, salvamento de embarcações à deriva, vigilância de fronteiras, repressão ao contrabando, segurança de eventos esportivos, prestação de serviços sociais, assistência médica, cumprimento de missões de paz, controle do tráfego aéreo, formação de mão de obra de ponta para empresas privadas...

Com tantas missões, as Forças disporiam de farto material de propaganda mostrando o quanto eram necessárias ao país. Assim ocupadas, não poderiam preparar-se para enfrentar ameaças externas. Os governos eleitos não tinham noção de que estavam contribuindo para degradar a condição do militar, expor o país e alimentar incongruências perigosas.

Participei da comemoração de aniversário de quarenta anos de uma turma que prestou serviço militar em 1968. Tendo presidido o grêmio do CPOR de Fortaleza, fui escolhido para falar. Saudei a amizade que formamos na juventude, relembrei casos hilários e chorei pelos que haviam partido.

Depois, foi a vez do general comandante da 10ª Região Militar detalhar, com a ajuda de um PowerPoint, os serviços não militares que prestava à sociedade. Orgulhoso, destacou as dezenas de milhares de pessoas empregadas sob a sua coordenação. Puxei, então, conversa sobre a defesa nacional. O general ficou desconsertado. Voltei para casa lamentando o seu destino frustrado. O pobre homem respirava administração pública, sem lembrança de que devia se preparar para matar estrangeiro maldito. O comandante teria capacidade de reprimir brasileiros descontentes mas, aparecendo um zepelim gigante com três mil orifícios, ele e seus homens estavam prontos para virar geléia.

Sob o regime democrático, os governantes contribuíram para que os militares persistissem em seu dilema de origem. Apresentaram planos estratégicos pouco ou nada assimiláveis e, sobretudo, desmontáveis por uma ventania; acataram grandes projetos que não asseguravam autonomia na produção de armas e equipamentos.

Na prisão, Lula disse que quando saísse conversaria com os generais sobre suas atitudes. Ora, a ocasião da conversa estava perdida. O comandante do Exército forçara a prisão do maior líder popular da história brasileira, condenado por um juiz suspeito de seguir orientação estrangeira. As fileiras tomaram como ponto inarredável o seu sepultamento político.

Os militares repisam o óbvio dizendo que a defesa nacional deve ser tarefa de toda a sociedade. Há demagogia nesta cansativa afirmação acaciana. Se pretendessem o envolvimento concreto da sociedade, que não evitassem discussão séria sobre as corporações com quem paga suas contas!

Por exemplo, o debate sobre a compra de novos aviões, barcos e submarinos não previu uma consulta à comunidade científica e ao mundo empresarial quanto à possibilidade de projetá-los e construí-los integralmente no país. Audácia despropositada? De forma alguma! Atitude consequente para quem pensa em altivez no jogo internacional e em capacitação tecnológica da indústria brasileira.

Pelo que conheço de minha turma, milhares de colegas topariam na hora. Seria, inclusive, uma ocasião de abrirem a cabeça para entrever que suas funções sociais excedem o que cabe no currículo Lattes. Algumas grandes empresas ficariam animadas e preocupadas: teriam chances de figurar no seleto rol das detentoras de tecnologia sensível, mas se tornariam alvos de agentes públicos que adoram aplausos dos gringos, como o juiz que condenou Lula.

A índole neocolonial do militar moderno em "país arcaico" é revelada pelo impulso de comprar na metrópole, mesmo sabendo que o poder de dissuasão daí derivado é tão ilusório quanto foram todas as aquisições realizadas desde a proclamação da República.

A compra externa valeria, no máximo, diante de modestos países fronteiriços. Um país que não produz suas armas e equipamentos tem uma defesa de fachada diante de quem pode de fato comprar briga. Sustenta-se condicionado por alianças das quais participa com voz miúda.

A dependência da fabricação estrangeira contradiz a veleidade de uma política externa soberana. O "soft power" rende grandes frutos neste sentido, desde que articulado com a capacidade efetiva de dissuasão. Os militares sabem disso; os diplomatas, quase todos inteligentíssimos, fingem ignorar.

As compras externas estão diretamente relacionadas às decisões sobre o tamanho da tropa. A tendência mundial é a de redução dos contingentes em benefício da alta capacitação e de investimentos em armas cada vez mais letais. Quanto mais se gasta em soldos, pensões e benefícios variados, menos resta para uma dissuasão real. O que consegue deter mísseis são sistemas antimísseis, não extensas fileiras de rapazes fortes e bem treinados no uso de fuzis. Gastando quase tudo na folha de pagamento dos militares, o Brasil jamais disporá de um sistema de defesa consistente.

A decisão sobre o tamanho da tropa não casa com a vontade de defender a pátria do estrangeiro desalmado; é compatível com a vontade de agir como polícia e de interferir diretamente no poder político. Tal postura é mais condizente com o servilismo de Bolsonaro do que com o desejo de um país liberto.

A redução do tamanho da tropa geraria múltiplas e variadas repercussões, além do impacto no orçamento de defesa, sendo as mais relevantes a extinção do serviço militar obrigatório, a redução do contingente de generais, a criação de polícia de fronteira, de polícia florestal e de guarda costeira. Os comandos das três forças seriam liberados do gerenciamento de numerosas atividades não relacionadas diretamente ao enfrentamento de ameaças externas.

A mesquinhez do pensamento corporativo explica também a distribuição geográfica dos efetivos. Nada mais inconveniente para a defesa nacional. Uma realocação das unidades militares encontraria hoje os mesmos obstáculos apontados em 1919 pelo modernizador do Exército, Maurice Gamelin: os oficiais brasileiros queriam estar nas capitais e consideravam uma degradação servir onde a pátria precisava.

Suspeito que o Rio de Janeiro detenha uma das maiores concentrações de oficiais do mundo. Só nessa cidade um farda-suja faria carreira política tão longeva defendendo torpezas. O ajuntamento de instalações militares na Cidade Maravilhosa salta aos olhos, como nocivo para a defesa do Brasil. O Rio mantém sua tradicional vocação de centro golpista. Concentra tropas e uma chusma volumosa de oficiais da reserva com tempo livre para tramar a salvação da pátria castrense.

O Brasil seria melhor resguardado com a instalação de uma base naval protegendo a foz do Amazonas. A redistribuição espacial de marinheiros, reduzindo a concentração no Rio, favoreceria a democracia. De quebra, contribuiria para redução das disparidades regionais de desenvolvimento. A inobservância destes aspectos põe em causa o discurso da "integração nacional", sendo compatível com o pensamento de Bolsonaro.

A lista de traços estruturais e funcionais das Forças Armadas que favorecem a disposição dos oficiais para ocupar o palco político é muito longa.

Incluiria o sistema de recrutamento, a formação dos oficiais e praças, a percepção castrense da sociedade brasileira, a produção literária dos quartéis, a serventia dos colégios militares e dos institutos de excelência como o ITA e o IME, o papel da Escola Superior de Guerra, os códigos disciplinares, o sistema de progressão hierárquica, as clivagens geracionais, o jogo de poder entre as diversas especialidades, os sistemas de saúde e de assistência social, as práticas de compadrio, o peso da endogenia na composição do oficialato, a escolha dos comandantes, a relação do Exército com as forças auxiliares, o papel das aditâncias militares, as relações dos oficiais brasileiros com seus similares estrangeiros, a participação em missões de paz, as práticas de cooperação com outras potências, a relação entre diplomacia e força armada, a produção de material bélico, a condição dos reservistas e reformados, o interesse pelo reconhecimento civil de cursos ofertados nas instituições militares, a disparidade de proventos entre oficiais superiores e praças, a celebração de efemérides, as práticas religiosas nos quartéis, a cultura homofóbica, o racismo, o uso e o contrabando de drogas, a corrupção nas fileiras, os tribunais de justiça corporativa...

Todos estes temas e outros mais guardam estreita correlação uns com os outros e repercutem na atuação política dos militares. São aspectos que escapam ao olhar leigo e mesmo à percepção da maioria dos oficiais. Precisam ser estudados criteriosamente para que as fileiras se tornem menos estranhas aos seus integrantes, ao poder político e, sobretudo, à sociedade. Quem paga a conta, afinal, deve ter o direito de conhecer minimamente os beneficiados. Não há outra forma de aproximar os militares da sociedade e de o poder político exercer o comando do poder militar.

Os militares sempre pontificaram sobre si mesmos; asseguraram o monopólio do saber relativamente a suas instituições. Apresentaram seus pontos de vista diante de interlocutores despreparados e deslumbrados com as medalhas conferidas em impecáveis solenidades. As fileiras sempre estiveram mais próximas do farda-suja que exerce a Presidência do que daqueles que desejaram o diálogo construtivo para a defesa do Brasil.

A caserna preferiu a ausência de contestações de mérito. Parece nutrir-se de forma autônoma, respirar por si mesma. Insiste em decidir sozinha seus próprios caminhos, apesar de demandar do orçamento público recursos equivalentes a 2% do Produto Interno Bruto, porcentagem mágica disseminada pela OTAN, aliança hegemonizada pelo maior vendedor de material de guerra. Não lhe ocorre que, para manter sua superioridade militar, os Estados Unidos e seus aliados precisam de mercados cativos para suas indústrias de guerra. O espírito neocolonial da caserna aceita bem o presidente que bate continência para a bandeira listrada.

As interpretações do envolvimento dos militares na configuração do momento trágico por que passamos serão frágeis, superficiais e enganadoras, caso não considerem as características mais marcantes das Forças Armadas brasileiras. Atentando apenas para lances circunstanciais, não ajudarão o povo brasileiro a tomar seu destino nas mãos.

O Brasil precisa de forças armadas competentes, respeitadas, obsequiosas com seu provedor, não de fileiras desconhecidas que lhe torturem com sobressaltos.

Militares, "abertura" política e bolsonarismo: o passado como projeto

Francisco Carlos Teixeira da Silva[1]

Em memória de Edgar Carone (1923-2003), historiador da República

Brasil, as origens da "democracia feia"

O grande ciclo formado pelo Regime Militar, desde 1964, e a Nova República, a partir de 1985-88, é uma temática nobre do campo da História do Tempo Presente.[2] Dentre seus temas fundamentais destacamos a "Transição" entre a ditadura e a nova democracia, chamada, então, de "abertura política". Ao contrário da *Quarta República*, instaurada *ex abrupto* por um golpe militar em 1945, com a deposição de Getúlio Vargas e a presidência "tampão" de José Linhares (29-9-1945 a 31-1-1946), a transição da última experiência "autoritária" brasileira foi longa, tortuosa e, agora podemos dizer, *falhada* – a hipótese principal a ser defendida aqui.[3]

---

1   Pesquisador do CNPq.
2   Para a caracterização do regime militar levamos em consideração os trabalhos de René Dreifuss, *1964: A conquista do Estado: ação política, poder e golpe de classe*, Petrópolis: Vozes, 1981; Carlos Fico, *Além do golpe: versões e controvérsias sobre 1964 e a Ditadura Militar*, Rio de Janeiro: Record, 2004; Daniel Aarão Reis, *Ditadura Militar, Esquerdas e Sociedade*, Rio de Janeiro: Zahar, 2000.
3   Houve, naquele momento, um vasto debate sobre o caráter da "Transição" brasileira. Para isso remetemos a Francisco Weffort, "Incertezas das Transições na América Latina", *Revista Lua Nova*, 16, São Paulo, março de 1989, http://www.scielo.br/scielo.php?script=sci_arttext&pid=S0102-64451989000100002, acesso em 15 de novembro de 2019. Ver ainda: Adam Przeworski. "Ama a incerteza e serás democrático", *Novos*

Os acontecimentos na América do Sul e no Brasil, desde 2013 e em especial 2019, no Equador, e no Chile, como também no Peru; o desastre da "Virada de Macri" na Argentina e a surpreendente falência da "Democracia forte" da Colômbia, explicitam os limites da Transição dos regimes ditatoriais para as democracias no continente, colocando em causa a sustentabilidade das democracias sucessoras. Muito especialmente, o caso do Chile, até outubro de 2019 considerado um "oásis de tranquilidade" na América do Sul, causou espanto nos meios políticos e acadêmicos pela virulência da explosão nas ruas do "paraíso" liberal.[4]

O debate em torno das transições na América Latina, em virtude da emergência de regimes de "democracia de baixa intensidade", originou uma ampla literatura sobre a possibilidade de processos incompletos ou restritos, com a conceituação de "Democracia feia" ou "Democracia Eleitoral" discutida por Guillermo O´Donnell (1936-2011).[5] O debate extrapolava os níveis políticos para incorporar outras dimensões necessárias a uma democracia *de fato*. Ao ampliar as exigências de uma democracia, a América Latina apresentava um quadro de grande *déficit* estrutural: a coexistência de rotatividade de poder, eleições periódicas, liberdade partidária e liberdade de expressão – democracia eleitoral – com a alta concentração de renda, desigualdade social, brutal violência policial, corrupção sistemática, concentração e manipulação dos meios de comunicação (com forte incidência no processo eleitoral), patrimonialismo, *sinecurismo* e partidismo dos cargos da administração pública.

Estudos CEBRAP, 9, São Paulo, 1984. A expressão Nova República foi cunhada a partir de um discurso de Tancredo Neves, em Vitória, em 1984, quando afirmou: "É imperioso criar uma Nova República, forte e soberana, para que nossas Forças Armadas não sejam nunca desviadas de sua destinação constitucional", Lucília de Almeida Neves Delgado e Vera A Cardoso e Silva, *Tancredo, A trajetória de um liberal*, Petrópolis: Vozes, 1985.

4   Mesmo o status de Democracia Liberal, de cunho estritamente político, foi questionado. Ver "Brasil perde status de democracia liberal perante o mundo", *El País*, 5 de maio de 2020. O V-Dem Institute é uma instituição internacional de pesquisas, filiado à ONU, que trabalha com a qualidade da democracia no mundo. Ver https://www.v-dem.net/en/data/reference-materials-v10/

5   Guillermo O´Donnell, "Transição Democrática e Políticas Sociais", *Revista de Administração Pública*, 21(4):9-16, Rio de Janeiro, out./dez. 1987.

Estava aí o núcleo, do que O´Donnell chamaria de *democracias delegativas* – quando se pensava estar a construir uma democracia representativa.

Na *democracia delegativa* o império da Lei e o sistema de pesos e contrapesos composto pelo equilíbrio dos Poderes Constitucionais, o controle normativo e necessário de poder é considerado um entrave injustificável ao exercício desmesurado do Poder Executivo ocupado por elementos carismáticos – "populistas", dando origem a uma crise estrutural permanente do processo de democratização.[6] O uso e destino dos bens e recursos naturais continuaram como alvo de debates exacerbados entre as elites e os grupos sociais subalternos, gerando frustrações e desencanto com as novas democracias sucessoras. A pobreza permaneceu visível e, mesmo, aprofundou-se, enquanto o papel do Estado no combate às desigualdades sociais, em especial no campo da Educação, foi decepcionante.[7]

A Pesquisa do Instituto da Democracia/UFMG, mostra, em 2020, uma simultânea perda de confiança nas instituições não-republicanas (ou seja, independentes da instituição República ou anteriores à implantação da República) como as Igrejas e as FFAA, ao lado da comum "desconfiança" nas instituições republicanas clássicas, por exemplo, os partidos políticos ou o Congresso Nacional. O índice de "desconfiança" no Congresso Nacional, no entanto, mantém-se alto mesmo tendo diminuído após a campanha antipartidos de 2013 – entre 2018 e 2019 oscilou de 56,3% para 37,2%, e dos partidos políticos de 76,9% para 66,9%, enquanto a confiança nas FFAA, por sua vez, declinou de 33,8% para 27%. Em seu conjunto, a população brasileira explicita uma grave desconfiança nas instituições públicas, embora também rejeite, salutarmente, saídas golpistas (militaristas), na proporção de 65 até 79% no conjunto da população.[8] Desde 2010, decai gradualmente, mas de forma visível, o apoio da

---

6   Guillermo O´Donnell, "Democracia delegativa?", *Novos Estudos CEBRAP*, 31 (3): 25-40, São Paulo, outubro de 1991, http://novosestudos.uol.com.br/produto/edicao-31, acesso em 10 de março de 2020.

7   Samuel P. Huntington, *The Third wave. Democratization in the late twentieth century*, Norman, Okl: University of Oklahoma Press, 1991.

8   "Aumenta rejeição a ideias golpistas, mostra pesquisa", *Valor Econômico*,15 de junho de 2020, https://valor.globo.com/politica/noticia/2020/06/15/aumenta-rejeicao-a-ideias-golpistas-mostra-pesquisa.ghtml, acesso em 15 de junho de 2020.

democracia no continente: primeiro cresce a indiferença – que havia chegado a 63% em 1997 – para 43% em 2018. Enquanto na Venezuela, no Uruguai e na Argentina a adesão ao regime democrático se mantém elevada – 75%, 61%, 59% respectivamente – na outra ponta, países como Guatemala, 26%, Honduras e Brasil com 34% de adesão à democracia são os pontos mais baixos de entusiasmo democrático às vésperas da eleição de Bolsonaro.[9]

A desconfiança no governo atinge 92% dos brasileiros e 85% dos mexicanos.[10] Entre os cidadãos que menos apoiam a democracia como sistema de governo estão os brasileiros (43%) e os mexicanos (38%). Em 2017, apenas 13% dos brasileiros se declararam satisfeitos, alinhados com os mexicanos, que mal alcançaram 18%.[11] No seu conjunto, instituições republicanas e democracia não despertam o amor do cidadão comum.

A proposta de Samuel Huntington de ciclos – ou "ondas" de democratização e contra democratização – pelos quais os países da periferia passariam num mundo global merece, no entanto, uma releitura, para além de uma história vista em *corsi e ricorsi*.[12] De fato, não existe, no conjunto do continente, o que indique, salvo algumas exceções, processos de consolidação, mas indicadores de "desconsolidação", da democracia.

A persistência do patrimonialismo – marca das oligarquias que se manteve nas ditaduras modernizantes militares – e a negação do acesso popular aos serviços e bens públicos foi, por sua vez, o destaque de Adam Przeworski

---

9   Latino Barômetro, *Informe 2018*, http://www.latinobarometro.org/latNewsShowMore.jsp?evYEAR=2018&evMONTH=-1 acesso em 15 de junho de 2020.

10   "Apoio à democracia na América Latina cai pelo quinto ano consecutivo, de acordo com o Latinobarômetro", *El País*, 27 de outubro de 2017, https://brasil.elpais.com/brasil/2017/10/27/internacional/1509131521_010672.html, acesso em 8 de junho de 2020.

11   Uma posição "defensiva" para as "democracias de baixa intensidade surge em Ian Shapiro, *La teoria de la democracia en el mundo real*, Buenos Aires/Madrid: Marcial Pons, 2011.

12   Samuel P. Huntington, "The Modest Meaning of Democracy", in Robert A. Pastor (ed.), *Democracy in the Americas: Stopping the Pendulum*, Nova York: Holmes and Holmes, 1989 e *La tercera ola*, Buenos Aires: Paidós, (1991), 1994; Samuel P. Huntington e Clemente Moore, *Authoritarian Politics in Modern Society: The Dynamics of Established One-Party Systems*, Nova York: Basic Books, 1970.

para o conceito de "democracia de baixa intensidade".[13] As transições democráticas não souberam superar tais estruturas, herança histórica, muitas vezes tratadas como natureza do iberismo colonial.[14]

Neste sentido, torna-se necessário um balanço histórico das transições políticas retomando a *história cruzada* – impossível neste espaço, embora seja um projeto em curso. Tal projeto deve considerar a persistência do patrimonialismo e da negação de serviços e bens básicos à população como parte fundamental da análise do colapso/descrédito/corrosão/decepção das democracias no continente. Duas vias abrem-se para esse processo de *falhamento* das democracias sucessoras: por via popular – Chile, Colômbia, Equador – ou por via autoritária – Brasil, Bolívia. Na tentativa de ir além da teoria do "pêndulo" – *corsi e ricorsi* das ditaduras latino-americanas como fatalidade histórica/iberismo – buscamos na "Intencionalidade" do "núcleo duro" da Ditadura Militar e suas alianças de classe, sob a luz das modernas teorias do fascismo, uma explicação plausível para a persistência do passado como projeto do futuro. Nos opomos, assim, às análises de "tempestade de fatos", um caos de onde, em face a uma corrente acontecimental, emergiriam as decisões/avanços/recuos se radicalizando cumulativamente em direção, mais ou menos anárquica, do desmonte da República (e da sua democracia cada vez menos representativa) – como o "Funcionalismo" pretende. Na verdade, há, desde cedo, no "núcleo duro" dos militares a "Intenção" de desmonte e de "desconsolidação" da Nova República.

O fenômeno do bolsonarismo, uma variante em construção nacional do fascismo em construção, herdeiro aglutinante das diversas tendências fascistas pré-existentes desde o integralismo histórico, é uma resultante, não uma causa.[15] Integra-se como uma ferramenta no fenômeno mais amplo de setores descontentes que, desde a própria fundação da Nova República, conspiraram e busca-

---

13 Ver *Democracy and the Market: Political and Economic Reforms in Eastern Europe and Latin America. Retrieved*, Cambridge: Cambridge University Press, 2019, p.10-27.

14 Ver o importante ensaio de Manuel Antonio Garretón, *Revisando las transiciones democráticas en América Latina*, in *Nueva Sociedad*, 148:20-29, Marzo-Abril 1997, https://www.nuso.org/media/articles/downloads/2575_1.pdf, acesso em 6 de junho de 2020.

15 Para um balanço ver meu "Crise da Ditadura Militar e o Processo de Abertura Política no Brasil, 1974-1985", in Jorge Ferreira e Lucília de Almeida Neves Delgado (org.), *O Brasil Republicano*, 2019, vol. 4, Rio de Janeiro: Record, p. 243-283, 203.

ram na tutela, improvável, do bolso-fascismo um instrumento para seu próprio projeto. A "desconsolidação" se daria via a sua corrosão interna em direção a novas formas de autoritarismos. No caso das ditaduras militares, salvada a diversidade dos grupos militares e seus laços com a sociedade civil, há um "núcleo duro" com um projeto de poder que vinha amadurecendo desde o início dos anos de 1950. A presença e ação de tal grupo explicita a sucessão de pronunciamentos, manifestos e tentativas de *putsch* desde a primeira derrota da UDN até 1977 – e não, 1964 – quando são, de fato, alijados do poder com a derrota do então ministro Sylvio Frota, originando um grupo coeso, reacionário, *embeded* nas instituições – FFAA, polícias, escolas e academias – que se lançará sistematicamente na conquista do Estado e fará uma aliança histórica com o *empuxo fascista* vindo de baixo, do conjunto da sociedade. O que diferencia "duros" e "moderados" não é a tática – por exemplo, o recurso à tortura, a censura, ou a supressão dos Direitos Civis e, sim, seus projetos de longo prazo para a República. Tais setores "duros" no interior das FFAA jamais aceitaram a "Abertura" como proposta no Projeto Golbery-Geisel, reagiram em 1977, no "quase-golpe' contra Geisel, mantiveram a conspiração em 1979 – contra a sucessão via João Figueiredo e contra o Decreto da Anistia, considerado "brando" com os "subversivos" e reagiram de novo violentamente nos anos de 1980 e 1981 com o terrorismo explodindo dezenas de bombas por todo o país, inclusive nos episódios da OAB, da Câmara dos Vereadores do Rio de Janeiro e do Rio Centro.[16]

---

16 Elio Gaspari, *A ditadura envergonhada*, Rio de Janeiro: Intrínseca, 2014. 464p. Na ocasião, dirigia o Serviço Nacional de Informações (SNI) o general Otávio Aguiar de Medeiros, diretamente envolvido na repressão política dos anos de chumbo e nos casos Rio Centro e Baumgarten. Ver: http://www.fgv.br/cpdoc/acervo/dicionarios/verbete-biografico/medeiros-otavio-aguiar-de, Acesso em 6 de janeiro de 2020.

É neste sentido que recorremos a Teoria Geral dos Fascismos.[17] Evidentemente a condição de periferia da globalização, a dependência e suas elites de *tipo colonial* traduzem o fascismo para condições especificas no Brasil e sua expressão, o *bolso-fascismo*, o qual, como fascismo periférico não pode ser uma cópia dos fascismos históricos, o que aliás não ocorre, como possibilidade histórica, em nenhum dos casos dos neofascismos. Da mesma forma, a dinâmica entre ditadura, ditadura militar e fascismo é *liquida* e conjuntural como talvez fique melhor explicitado no caso histórico espanhol, onde emergem diversas faces do fenômeno ditadura/fascismo. Ou, como já foi dito. "el fascismo tiene muchas caras, es laberíntico y cambia de faz".[18]

O Passado como Futuro

Neste sentido, para um entendimento da atual crise político-institucional, desde 2013, instalada no Brasil e agudizada no Governo Bolsonaro depois de 2019 – incluindo como elemento central o inédito protagonismo dos militares num regime dito democrático - insistimos na necessidade de retornar-

---

17 "As the U.S.-backed government in Bolivia unleashes a wave of political persecution, the Trump administration remains resilient", *Washington Post*, 6 de junho de 2020. O golpe na Bolívia, depois de 20 de outubro de 2019, abre uma nova e perigosa fase na história latino-americana, onde os golpes militares clássicos são substituídos por formas de insurreições de forças ditas "da ordem", policiais, bombeiros, guardas e apoiadas por milícias ante a passividade das FFAA que, após dias de desordem e violência da extrema direita, intervêm para "estabelecer a ordem", seguindo-se violenta repressão contra os movimentos populares. Ver: https://www.washingtonpost.com/world/the_americas/as-the-us-backed-government-in-bolivia-unleashes-what-many-see-as-political-persecutions-the-trump-administration-remains-silent/2020/03/06/542b8-28c-5751-11ea-8efd-0f904bdd8057_story.html , acesso em 06 de setembro de 2020.

18 Os conceitos de "Intencionalismo" e "Funcionalismo" devem ser tomados aqui no sentido estrito do debate da Teoria Geral dos Fascismos, conforme a "Querela dos Historiadores", ou seja, havia uma "intenção" (na destruição dos judeus europeus e não uma sucessão de fatos que levou ao Shoah, como analisam os "Funcionalistas"). Da mesma forma, acreditamos, que o "núcleo duro" do reacionarismo militar tinha uma "intenção" programática em destruir a Nova República e pensou em "tutelar" Jair Bolsonaro e o bolsonarismo como ferramenta para esse empreendimento. Ver para o debate Timothy Mason, "Whatever Happened to `Fascism'?", *Radical History Review*, 49:89-98, 1991 – a citação é do teatrólogo espanhol Manuel Vicent, num encontro em Madrid.

mos às condições em que se deu a chamada "Abertura" do regime ditatorial. Estariam naquele período histórico e na forma em que se operou a liquidação da Ditadura e se implantou a República liberal-democrática as raízes que permitiram, não só o Golpe de 2016, como ainda a ascensão de grupos de Extrema Direita e, no limite, fascistizantes, depois de 2018.[19] Não cabe, ao nosso ver, um dilema, ou querela, entre historiadores: de um lado, os que defendem a tese de "retorno à ditadura militar"; de outro lado, os que interpretam os dias atuais como um completo ineditismo, uma forma "nova" de variante do fascismo, o *bolso-fascismo*, com sua ruidosa, e ruinosa, charanga. Na verdade, no "núcleo duro", desde 1964, já havia, *in potentia*, fortes elementos fascistas. O convívio complexo, mais forte no governo Médici (1969-1974), de militares reacionários com elementos fascistas e, então, em declínio até seu expurgo em 1977, não representou sua eliminação. Da mesma forma, o reacionarismo da sociedade brasileira, seu egoísmo social, já convivia com elementos fascistas, desde os anos de 1930, expresso no Integralismo. A modernização autoritária e a crise econômica, com a ascensão de novos grupos sociais, potencializaram a *possibilidade fascista*.[20] O encontro, depois de 2013, se fez irresistível, e se materializou nas faixas e cartazes de "Intervenção Militar Já".

---

[19] Torna-se necessário discutir o conceito de "Fascismo" – Protofascismo, Neofascismo, Quase-Fascismo, etc na América Latina em pleno século XXI, no entanto não temos neste momento e aqui condições de fazê-lo. Ao apontarmos "elementos fascistizantes" no Brasil e na Bolívia, nos referíamos a grupos de apoio ao bolsonarismo, como PSL, no Brasil e ao *Movimimiento Nación Camba de Liberación* e a *Unión de la Juventud Cruceñista/UJC*, da Bolívia, como exemplo de grupos fascistas participantes do governo nesse país, "'A Bolívia pertence a Cristo', o nazismo religioso que mobilizou o golpe contra Evo", https://cartacampinas.com.br/2019/11/xxa-bolivia-pertence--a-cristo-o-nazismo-religioso-de-que-mobilizou-o-golpe-contra-evo/, 08/06/2020, acesso em 08de junho de 2020 e meu artigo "O Discurso de Ódio: análise comparada das linguagens dos extremismos", *Revista Nuestra America*. 7 (13), 2019, http://revistanuestramerica.cl/ojs/index.php/nuestramerica/article/view/165/293. Para o fascismo, ver Francisco Carlos Teixeira da Silva, "Terceiro Reich: o Império do Terror", in *Impérios na História*, Rio de Janeiro: Campus/Elsevier, 2009, p.271-281.

[20] Leandro Gonçalves e Odilon Caldeira, "Neofascismo à Brasileira", *UFJF em Notícias*, 04 de junho de 2020, https://www2.ufjf.br/noticias/2020/06/04/neofascismo-a-brasileira/, acesso em 06/06/2020.

Alguns regimes, de longa duração, como a ditadura de Franco, oscilaram no tempo e na sua forma, conforme o equilíbrio interno de forças e as conjunturas internacionais, entre uma ditadura militar, um regime fascista e uma modalidade própria de fascismo clerical. Neste sentido, não caberia estabelecer condições do tipo *aut alterum*, uma análise eliminando a outra.[21]

A "Transição" brasileira foi, de forma clássica, caracterizada como *negociada* com as forças herdeiras da ditadura. Dada uma certa contemporaneidade, o caso espanhol foi exemplar. Na Espanha, hoje sabemos, as negociações deram-se diretamente com Adolfo Suarez (1976-1981) e o "Servicio Central de Documentación" (Seced), o serviço secreto criado ainda na época de Francisco Franco, em 1972, para o controle político do país durante o *tardofranquismo*. Então se estabeleceram os "limites" supostos ou aceitáveis da transição democrática.[22] Para o grande público, os chamados "Pactos de la Moncloa", de 1977, reunindo Adolfo Suarez (UCD), Felipe Gonzalez (PSOE) Santiago Carrillo (PCE) e demais líderes seriam a face visível e aberta das negociações ocultas.[23] O paralelo foi seguido no Brasil, em especial após a morte de Tancredo Neves, quando o general Ivan de Souza Mendes, chefe do SNI e o general Leônidas Pires Gonçalves, ministro do Exército, tornam-se os fiadores do frágil governo de José Sarney, na condução dos momentos mais tensos da Transição.[24]

---

21 Ver para o debate sobre a natureza do regime franquista, Stanley Payne, *Los militares y la política en la España contemporánea*. París: Ruedo Ibérico, 1968 e Nicolás Sartorius e Javier Alfaya, *La memoria insumisa. Sobre la dictadura de Franco*, Barcelona, Crítica, 2002.

22 "El día que 'Isidoro' sedujo a los espías de Suárez", *El País*, 22 de setembro de 2019. A liberação dos arquivos do serviço secreto espanhol nos mostra que o secretário-geral do PSOE, Felipe Gonzalez, mantinha desde 1976 conversações com aquele serviço sobre os passos fundamentais da transição política em curso no país, incluindo aconselhamentos sobre o que deveria ser feito para a neutralização do PCE de Santiago Carrillo e das demais forças da esquerda e dos Republicanos, https://elpais.com/politica/2019/09/19/actualidad/1568907106_294742.html

23 Santos Juliá, *Los socialistas en la política española, 1879-1982*, Madrid: Taurus, 1999.

24 Carlos Chagas, *A ditadura militar e os golpes dentro do golpe. 1964-1969*, Rio de Janeiro: Record, 2014; "Leônidas Pires Gonçalves", in http://www.fgv.br/cpdoc/acervo/dicionarios/verbete-biografico/leonidas-pires-goncalves-1; Lucas Figueiredo, *Ministério do silêncio*: a história do serviço secreto brasileiro de Washington Luis a Lula

No caso do Brasil e do Chile coube aos próprios membros do Regime Militar no Poder – Geisel/Figueredo e Augusto Pinochet – estabelecer os limites da abertura do regime. A dinâmica social e política, a intensidade da organização da sociedade civil, tiveram um importante papel em contra-arrestar tais "limites" e o "ritmo" impostos pelas forças da conservação – em especial os movimentos populares nas ruas, as greves e a mobilização sindical. Mas, em seu conjunto – como comprovam, no Brasil, o Decreto da Anistia de 1979 e a derrota do Movimento "Diretas Já" – deu-se a "captura" das transições pelos objetivos das FFAA em ambos os países.

A eleição, indireta e por um colégio eleitoral nos moldes da ditadura, de Tancredo Neves e de José Sarney, em 1985, e a tragédia subsequente, artes do destino, levando um antigo líder da ditadura e seus conselheiros militares a dirigir a Transição, sublinhariam os limites desta. Somar-se-ia a isso um Congresso Nacional, também constituinte (1987/88), onde a oposição teria cerca de 10% de assentos (o governo contava com 509 votos contra 50 da oposição) e uma nova realidade política imporia sua vontade: o "Centrão" – uma aglomeração suprapartidária majoritária de centro até a extrema direita.[25]

Tais "transições tuteladas" desembocam em "regimes tutelados", normalmente com garantias formais de direitos de "primeiro grau" referentes à representação e à participação – voto, reunião e expressão – mas, jamais aos direitos amplos e includentes de ampliação real do "demos", do acesso aos serviços e aos bens sociais, perpetuando a situação de desigualdade e de injustiça social – marcada pela violência massiva, em especial contra jovens negros e pardos, mulheres e minorias -, característica dos velhos regimes oligárquicos. Assim, garantia-se a reprodução da "democracia feia".[26]

Atravessando o próprio período da transição – talvez a melhor periodização seja 1979-1988 (da Anistia até a Promulgação da nova Constituição)

1927-2005, Rio de Janeiro: Record, 2005; Maria Inês Nassif e Paulo Simas, *O General que voltou para casa*, https://www2.senado.leg.br/bdsf/bitstream/handle/id/456137/noticia.htm?sequence=1S/referencia. acesso em 6 de junho de 2020.

25   "Centrão", http://www.fgv.br/cpdoc/acervo/dicionarios/verbete-tematico/centrao
26   Anthony W. Pereira, *An Ugly Democracy? State Violence and Rule of Law in Postauthoritarian Brazil*, in Peter Kingstone e Timothy Power, *Democratic Brazil*, Pittsburgh: Pittsburgh University Press, 2000, p. 231 e segs.

–, os efeitos da Transição pactuada incidiriam em várias instituições e seus *habitus*, redundando na banalização da violência que se institucionalizaria, em especial nas polícias militares e suas congêneres, tais como as guardas penitenciárias, corpo de bombeiros, guardas de vigilância num processo rápido de milicização de instituições do Estado.[27]

Transições e seus modelos: a inovação brasileira

O debate acima esboçado sobre mudança e padrão de Transição possui um denso corpus teórico estabelecendo o campo dos estudos da "Transitologia". Coube a Dankwart A. Rüstow (1924-1996), um berlinense refugiado, dedicar-se à compreensão dos regimes autoritários, sua crise e transição à democracia, de forma sistemática, tendo como exemplo a Suécia (1890-1920) e a Turquia (pós-1945). Seus trabalhos tornaram-se influentes na década de 1970.[28] O otimismo de Rüstow acerca de uma *habituation* dos diversos grupos políticos, incluindo as elites antes detentoras do poder e, o que é fundamental, do crescente declínio do autoritarismo na América Latina, infelizmente – aliás como previsto por Przeworski – não ocorreu. Não só as elites do poder não se "habituaram" com o novo jogo democrático, como ainda se tornaram nostálgicas de uma falsa "idade do ouro", idealizada, das ditaduras. O elogio ao passado, sua idealização de uma sociedade e um tempo perdido torna-se um reforço, comum, nos processos de fascistização. Nas crises institucionais, tais utopias regressivas são oferecidas como alternativas, num

---

27 O Brasil é estruturalmente uma sociedade violenta: tem uma taxa média de 30/100 (30 mortos por 100 mil habitantes, num escala onde o limite estaria em 10/100 mil para a OMS). As vítimas letais de armas de fogo entre 1980 e 2014 totalizam 967851 no Brasil, com o predomínio de crime de homicídio (85,8%) e de vítimas homens (94,4%) e negros (o dobro em relação a brancos), "O tamanho da violência no Brasil", *Nexo*, 10 de julho de 2018, https://www.nexojornal.com.br/grafico/2016/08/25/O-tamanho-da--viol%C3%AAncia-no-Brasil-e-suas-v%C3%ADtimas, acesso em 06/06/2020. Numa clara herança do escravismo e da presença do racismo estrutural, em cada 100 pessoas assassinadas, 71 são negras, conforme estudo do Ipea, *Atlas da Violência no Brasil*, In: https://www.ipea.gov.br/portal/index.php?option=com_content&view=article&id=30253&Itemid=2, 5 de junho de 2017, acesso em 6 de junho de 2020.

28 Adam Przeworski. *Democracy and the Market*, cit., p.10-27.

processo de aproximações sucessivas e de radicalização acumulativa, no qual o Negacionismo Histórico desempenha um papel central.[29] Eis aí, num processo de *memórias imaginadas*, a atualidade de 1964 e de suas ferramentas, como os atos institucionais, idealizados como respostas fáceis para situações complexas a partir da crise de 2013.

O Golpe de 1964, denominado de "revolução", dita "a redentora", desde seu primeiro "ato", foi claramente original no cenário republicano brasileiro. Fugia ao "padrão" das muitas intervenções militares da História da República: a sucessão de "pronunciamentos", golpes, rebeliões, imposições e ultimatos que se seguiram à Proclamação da República depois de 1889. O Golpe de 1964 foi uma intervenção direta, continuada, onde os militares assumiram o protagonismo político e a responsabilidade integral por uma vasta obra de legislação, arranjo político e reforma econômica, além de remodelagem institucional. A tese de que seria uma intervenção limitada – propalada pelos próprios protagonistas do movimento –, seguida de eleições democráticas e da entrega do poder ao presidente eleito, em 1966, não se mantém à luz dos depoimentos dos principais chefes militares. Os próprios conspiradores, em especial os coronéis "de IPMs"[30] (grupo que antes havia sido a base conspirativa de Golbery do Couto e Silva, tais como João Baptista Figueiredo, Ivã Perdigão, Gustavo Moraes Rego, Octávio Alves Velho, Leônidas Pires Gonçalves, Newton Leitão, Daniel Venturi, Sylvio Frota e Otávio Medeiros)[31] e o próprio ministro do Exército, general Costa e Silva, tinham planos de longa duração.[32] Liderando a chamada "Linha Dura", o ministro da Guerra considerava imperiosa a suspensão das eleições, ampliação das cassações de mandatos políticos, posto que "a revolução teria que prosseguir com ele [Castelo Branco] no governo ou então estaria perdida e as reformas que pretendia efetuar não seriam realizadas".[33]

---

29 Para o conceito de "radicalização acumulativa", parte da Teoria "funcionalista" do Fascismo, Ian Kershaw, *Hitler*, São Paulo: Companhia das Letras, 2010.

30 Celso Castro e Maria Celina D'Araujo, *Os Militares e a Política na Nova República*, Rio de Janeiro: FGV, 2001.

31 René Dreyfuss, *1964: Conquista do Estado*, Petrópolis: Vozes, 1981.

32 Carlos Chagas, op. cit. p. 166 e segs.

33 "Arthur da Costa e Silva", http://www.fgv.br/cpdoc/acervo/dicionarios/verbete-biografico/artur-da-costa-e-silva, acesso em 06/06/2020.

O "Programa Revolucionário" que deveria mudar a face do país "não era de molde a ser realizado em menos de dois anos", e isso os militares sabiam. Conforme está explícito no Ato Institucional, dito mais tarde "Número 1" – ninguém, então, imaginava que a este seguiriam outros 16 atos baseados no arbítrio[34] – cabia inteiramente aos militares assumir a missão de "restauração" da Nação. Para isso se autoconstituíam em poder legiferante e executivo, simultaneamente, além de poder limitante do Judiciário, como expressa claramente o próprio texto do primeiro ato institucional:

> A revolução vitoriosa se investe no exercício do Poder Constituinte. Este se manifesta pela eleição popular ou pela revolução. Esta é a forma mais expressiva e mais radical do Poder Constituinte. Assim, a revolução vitoriosa, como Poder Constituinte, se legitima por si mesma. Ela destitui o governo anterior e tem a capacidade de constituir o novo governo. Nela se contém a força normativa, inerente ao Poder Constituinte. Ela edita normas jurídicas sem que nisto seja limitada pela normatividade anterior à sua vitória. Os Chefes da revolução vitoriosa, graças à ação das Forças Armadas e ao apoio inequívoco da Nação, representam o Povo e em seu nome exercem o Poder Constituinte.[35]

O texto instaurador da nova ordem rompia, assim, a ordem constitucional e estabelecia, sem limitações de apreciação de constitucionalidade, uma nova fonte de institucionalidade e fúria punitivista. O Supremo Tribunal Federal (STF) permitiu por total renúncia às suas atribuições inatas de guardião da Constituição, em especial na figura do seu então presidente, Ministro Ribeiro da Costa (1964-1966) o avanço do novo *poder* sobre as instituições. Nes-

---

34   Durante o Regime Civil-Militar, no período de 1964-1969 foram em seu conjunto 17 Atos Institucionais regulados por 104 Atos Complementares editados pela Ditadura, embora, com alguma razão, a Extrema Direita tenha fixação no AI-5 como a própria síntese da ditadura militar no Brasil, http://www4.planalto.gov.br/legislacao/portal-legis/legislacao-historica/atos-institucionais, acesso em 6 de junho de 2020.

35   "Preâmbulo: à Nação", http://www.planalto.gov.br/ccivil_03/AIT/ait-01-64.htm.

se momento, de fato, as instituições militares funcionavam como um *Quarto Poder*, de forma inconstitucional, ahistórica e abusiva.[36]

A "Linha Dura" de Costa e Silva/Sylvio Frota tinha, desde logo, um projeto de longa duração e de permanência na vida pública do país. Frota – mais tarde, através do seu mando no Exército e da projeção de poder no CIEx e no SNI - e eis aí a dura discrepância com o Projeto Golbery-Geisel.[37] A grande diferença reside no projeto de longo prazo, ainda em vigor hoje, e não no método - variável, flexível, mutável - desde os golpes falhados de 1954, de 1961, realizado de 1964, novamente falhado em 1977 e longamente planejado desde 1988, com novos métodos, para florescer em 2016 e se realizar por via eleitoral em 2019. O bolsonarismo, enquanto síntese, seria o principal condutor de um projeto de institucionalização de uma "República Patriótica Militar", sob a tutela permanente dos militares, como afirmaria Sylvio Frota:

> as revoluções não marcam limites no tempo. Elas, dentro da doutrina que esposaram e vêm difundir, elaboram e impõem as leis que vigorarão na nova ordem. Semeiam seus princípios, especialmente na juventude, visando a dar-lhes raízes para sustentá-la até longínquo futuro. Por conseguinte, não têm prazos e somente se exaurem com a integral concretização de seus objetivos.[38]

---

36 "Álvaro Ribeiro da Costa", http://www.fgv.br/cpdoc/acervo/dicionarios/verbete-biografico/alvaro-moutinho-ribeiro-da-costa.

37 Sylvio Frota, *Ideais Traídos,* Rio de Janeiro, Zahar, 2006, p. 58.

38 Sylvio Frota (1919-1996) foi um conspirador "de primeira hora" contra a *Quarta República*, compondo o grupo de coronéis da ESG, depois, no episódio da renúncia de Jânio Quadros e na posse de Goulart, em 1961, que defendeu uma saída de força e participou ativamente dos preparativos de 1964. Teve importante papel na criação do CIEx e depois na pressão para a edição do AI-5. A partir de 1974, assume o Ministério da Guerra de onde exerce grande atividade repressiva denunciando o comunismo e o marxismo "infiltrados" na sociedade brasileira. Denunciou aqueles que falam em "fascismo" como subversivos, fortalecendo as atividades repressivas do CIEx e do SNI. Contou com apoio de vários militares de extrema direita, incluindo os chefes da Junta Militar de 1969 e vários "revolucionários" de 1964, "Sylvio Frota", http://www.fgv.br/cpdoc/acervo/dicionarios/verbete-biografico/silvio-couto-coelho-da-frota, acesso em 20 de junho de 2020.

Frutos do Passado

O Artigo 142 da Constituição Federal de 1988, agora notório por razões erradas, estabelece no Parágrafo Terceiro o seguinte: "Os membros das Forças Armadas são denominados militares". Assim, "as Forças Armadas devem ser entendidas como instituições nacionais permanentes e regulares, organizadas com base na hierarquia e na disciplina", de modo que as FFAA não dão golpes de Estado ou infringem as Leis, em especial a Constituição.[39] Os militares, sim. Aliás, como qualquer cidadão. Neste ponto, a partir de 2016, a Nova República cada vez mais assemelha-se aos momentos críticos da Quarta República, reproduzindo as tensões e crises dos "pronunciamentos" e "manifestos" militares de então. Em 1954, o "Manifesto dos Coronéis", assinado, entre outros, pelos coronéis Orlando Ramagem, Siseno Sarmento, Jurandir de Bizarria Mamede, Antônio Carlos Murici, Alfredo Souto Malan, Amauri Kruel e os tenentes-coronéis Sylvio Coelho da Frota, Ednardo Dávila Melo, Fritz Azevedo Manso, Euler Bentes Monteiro, Golbery do Couto e Silva e Geraldo de Meneses Cortes, ameaçava políticos e instituições. Em seu texto, embora claramente combinado com políticos da UDN, denunciava as ameaças "à coesão da classe militar, deixando-a inerme às manobras divisionistas dos eternos promotores da desordem e usufrutuários da intranquilidade pública", além, é claro, da "solerte ameaça comunista".[40] Ou episódios que poderiam ser menosprezados, como o discurso fúnebre do coronel Mamede, em novembro de 1955, em homenagem ao general Canrobert, que se converteria em crise político-militar. Tais eventos, que pareciam migalhas de uma história passada retornaram, sob a forma de tuítes, ou mesmo, manifestos, na Nova República, depois de 2016, quando o Comandante do Exército, general Villas Bôas adverte que o "país está à deriva". Abria-se a represa para novas e novas manifestações da caserna. Algumas protagonizadas por ele mesmo, inclusive contra o STF. O novo "Manifesto dos Coronéis" de 2020, com linguagem chula, é uma dupla *imitatio*, que mimetiza, por um lado, a tradição da Quarta República de pronuncia-

---

39   BRASIL, *Constituição Federal* (1988), Título V, Capítulo II, https://www.senado.leg.br/atividade/const/con1988/con1988_atual/art_142_.asp, acesso em 6 de junho de 2020.

40   "Manifesto dos Coronéis", http://www.fgv.br/cpdoc/acervo/dicionarios/verbete-tematico/manifesto-dos-coroneis, acesso em 20 de março de 2020.

mentos militares, e por outro, o estilo e modo, do próprio bolsonarismo, de rude simplificação da coisa pública ao nível do baixo calão.[41]

Até mesmo a extralegalidade republicana encontra seu paralelo entre as duas Repúblicas. Tanto na *Quarta* República, quanto na Nova República emerge o fantasma da espionagem política. Golbery e seus Coronéis, que já trabalhavam, desde o começo dos anos de 1950, na instauração de um "sistema de informações privado", paralelo ao Estado republicano, núcleo da conspiração e que seria, mais tarde, em 1964, o embrião do SNI.[42] Vemos, assim, que a intenção de um "sistema de informações privado" nem mesmo é original. O IPES/IBAD,[43] financiado por empresários nacionais e estrangeiros, com contabilidade própria, foi a "cortina" para a montagem desse imenso "monstro", um aparelho de espionagem da cidadania, um sistema extralegal de informações "com milhares de fichas a respeito das principais figuras da República [...] Já em 1964, já aprovado o projeto de criação do SNI, foi só transferir os arquivos da Avenida Rio Branco para a Avenida Presidente Antonio Carlos [...] onde o Serviço passou a ocupar um andar".[44]

Já na campanha eleitoral, em princípio por sugestão do vereador Carlos Bolsonaro, depois de um grupo de militares da Reserva, em reunião no Clube da Aeronáutica – em 23 de julho de 2018 – surgiu publicamente a proposta de recriação do SNI.[45] Na reunião ministerial de 22 de abril de 2020, o próprio

---

41 "Alto escalão das Forças Armadas entra na briga entre Executivo e STF", *Correio Braziliense*, 15 de junho de 2020, https://www.correiobraziliense.com.br/app/noticia/politica/2020/06/15/interna_politica,863868/alto-escalao-das-forcas-armadas-entra-na-briga-entre-executivo-e-stf.shtml. Acesso em 15 de junho de 2020. O "Manifesto" foi assinado por 17 oficiais da Marinha, 9 do Exército, 53 da FAB e 1 da PM, com 30 assinaturas de civis, sendo dirigido contra o Ministro Celso de Mello, do STF.

42 "Manifesto dos Coronéis", cit..

43 «https://cpdoc.fgv.br/producao/dossies/Jango/artigos/NaPresidenciaRepublica/O_Instituto_Brasileiro_de_Acao_Democratica e ainda: https://cpdoc.fgv.br/producao/dossies/Jango/artigos/NaPresidenciaRepublica/O_Instituto_de_Pesquisa_e_Estudos_Sociais; Denise Assis, *Propaganda e Cinema: a serviço do Golpe (1962-1964)*, Rio de Janeiro: Mauad, 2001.

44 Carlos Chagas, op.cit, p 165.

45 "Autor da ideia, o tenente-brigadeiro da reserva Carlos de Almeida Baptista afirmou que um novo SNI evitaria casos de corrupção. 'Eu concordo 100%', disse Bolsonaro, após o oficial propor que ele evitasse militares nos ministérios". 'Como disse o

presidente da República viria a afirmar, nos moldes dos anos de 1950 e 1960, a existência de um "sistema de informações" próprio – *meu, que funciona!* – sem o controle das Instâncias Republicanas e as mediações legais, afrontando a legalidade e a superação da ditadura e do "entulho autoritário".[46]

À anomia diagnosticada pelos militares soma-se uma série de intervenções realizadas pelos próprios militares que trazem para a cena política – na contramão do "esquecimento" antes tão almejado – a temática do golpe de Estado e da intervenção militar. A ação dos generais Augusto Heleno e Luís Eduardo Ramos inscreve-se claramente na tradição, no *habitus*, cultivado pelos generais Sylvio Frota e Jurandir Bizarria Mamede, intermediados pela geração de coronéis como Brilhante Ustra, ícone sempre evocado.[47]

A ordem do dia do general Sylvio Frota, de 1977, publicada no quotidiano *Notícias do Exército*, com a preocupação de formar novos líderes na Força – "Os Tenentes de Hoje – Comandantes do Amanhã" – apontando para os ideais de 1964, mostrava-se profética. Augusto Heleno e Brilhante Ustra serão a mimesis do próprio Sylvio Frota e por sua vez, Jair Bolsonaro e Hamilton Mourão, o serão de Brilhante Ustra – reafirmando, cada vez mais, o futuro como *imitatio* do passado.[48]

Há, entre os militares, inúmeras contradições, projetos diferenciados, ciúmes e diferenças de personalidades, de geração, de armas, como apontado por Martins Filho, atestando que o vocábulo "militares" é largamente abusivo como

---

Baptista, temos um governo sem um serviço de informações'", "Bolsonaro evita se comprometer com recriação do SNI", 24 de julho de 2018.

46 "Em reunião, Bolsonaro diz ter sistema de informações 'particular' e reclama de órgãos oficiais", *Folha de S. Paulo*, 22 de maio de 2020, https://www1.folha.uol.com.br/poder/2020/05/em-reuniao-bolsonaro-diz-ter-sistema-de-informacoes-particular--e-reclama-de-orgaos-oficiais.shtml, acesso em 06 de junho de 2020.

47 Para uma análise detalhado dos manifestos da época, Francis Lampoglia, e Valdemir Miotello, "Ideologia(s) nos manifestos a favor e contra o golpe militar: olhares bakhtinianos", *Cadernos do IL*, 44: 319-346, Porto Alegre, junho de 2012, https://seer.ufrgs.br/cadernosdoil/article/viewFile/27813/18835, acesso em 6 de junho de 2020.

48 "Em despedida, general elogia Ustra e promete apoio a Bolsonaro", *Folha de S. Paulo*, 28 de fevereiro de 2018, https://www1.folha.uol.com.br/poder/2018/02/em-despedida-general-mourao-chama-coronel-ustra-de-heroi.shtml, acesso em 6 de junho de 2020.

conceito de grupo político homogêneo.[49] Contudo, existem pontos comuns que conciliam o "núcleo duro" que não podem ser ignorados.[50] O mais importante, sem dúvida, reside na contemporaneidade doutrinária dos princípios contidos na declaração "À Nação" do Preâmbulo do AI-I, de 9 de Abril de 1964. Estes são reafirmados nos manifestos publicados em defesa do *bolso-fascismo* enquanto síntese pelos clubes militares, em 2019/2020, e pelos "novos" coronéis. Há continuidade, reafirmação e, mesmo, orgulho. Os pontos centrais de um diagnóstico da Nação em crise apontam para uma sociedade (i.) assaltada pela corrupção; (ii.) em risco frente ao conluio dos inimigos internos com o inimigo externo; (iii.) com a incapacidade da elite nacional em dirigir corretamente o Estado; (vi.) com o fantasma do comunismo internacional (que pode ser "aggiornato" seja como getulismo, trabalhismo, brizolismo, populismo, petismo, bolivarianismo, ou qualquer outro "ismo". E, finalmente, (vii.) para as ofensas "imerecidas" às FFAA (quer dizer, a qualquer militar no governo).[51]

Tal *habitus*, impensável e ausente em democracias consolidadas pelo fenômeno do *Habituation*, como propunha Rüstow, faz com que a Nova República cada vez mais se pareça com a *Quarta* República (1946-1964), com seu cortejo de coronéis e generais signatários de manifestos e de jantares políticos nos clubes militares.[52] A frequência de manifestos, notas e declarações – inclusive de "explicações" da Constituição – dadas por militares cada vez mais aprofunda o paralelismo entre a *Quarta* República e a Nova República.

Os manifestos dos clubes Militar, Naval e da Aeronáutica, em 2020, nada deixam a desejar aos Manifestos/Memoriais dos anos de 1950 e começo de 1960[53] – uns, ontem, induzidos por Golbery e seus coronéis, outros, hoje, provocados por Augusto Heleno, convergem no mesmo campo semântico de

---

49 João Roberto Martins Filho, *O palácio e a caserna, 1964-1969*, São Paulo: Alameda, 2019 (1995).

50 Carlos Chagas, op. cit. p.225 e segs.

51 Rodrigo Patto Sá Motta. "A 'indústria' do anticomunismo", *Anos 90* – Revista do Programa de Pós-Graduação em História da UFGRS., 9(15), 2001, https://seer.ufrgs.br/anos90/article/view/6613, acesso em 6 de junho de 2020.

52 Sylvio Frota. op. cit., p. 59.

53 "Manifesto dos Coronéis", http://memoria.bn.br/pdf/030678/per030678_1954_00014.pdf, acesso em 6 de junho de 2020.

ameaças "imprevisíveis" ora contra o STF, ora contra o Parlamento e, sempre contra, a oposição tomada como "inimigo interno".

A Nova República nasce com um "ato interpretativo" do general Leônidas Pires Gonçalves que lê a Constituição no sentido de que José Sarney, o vice-presidente não empossado era, de fato, a autoridade maior no lugar de Ulisses Guimarães, única autoridade no cargo em linha de sucessão, para representar Tancredo Neves na cerimônia da posse presidencial, alterando o destino da democracia no país.[54] Tal precedente – os militares como intérpretes da Constituição - será recorrente na República e abrirá, em brecha, a possibilidade permanente dos militares interpretarem as leis fundantes da República. A *ideologia da tutela* é sempre reforçada: o mito de Guararapes; a Proclamação da República; a "redenção" de 1964 e a "escolha" de José Sarney em 1985 – todos momentos decisivos em que as FFAA, quer dizer, o Exército, decidiram pela Nação, antecipando-se, tomando a si a responsabilidade de fundar, refundar, regenerar e restaurar a nacionalidade, livrando o país – com sacrifício próprio – das ameaças "solertes", invisíveis para o homem comum, mas não por isso menos perigosas, da corrupção, da subversão anarquista, comunista, socialista, bolivariana, que ameaçavam a Pátria. Tudo nesse "credo" – um *corpus* doutrinário integral, que dos anos de 1950 atravessa, desde a ESG, via IPES/IBAD e as escolas e academias militares, até os nossos dias, povoa as mentalidades dos clubes militares e forma os novos militares – como na expressão de Sylvio Frota ("dos Tenentes aos novos Comandantes"). É a estrutura da mimesis do pensamento militar brasileiro. Expressão autônoma e orgânica, autoproduzida e autoveiculada, hoje em choque com as demais instituições da República, em especial ao criar o perigoso fantasma do *inimigo interno*.[55]

---

54 Alguns anos mais tarde, Ulisses Guimarães recorda os momentos dramáticos da seguinte forma: "'Quem assume é o Sarney'. Imediatamente, Ulysses concorda, para surpresa de Simon. (…) Ulysses também retorna ao Congresso Nacional. Ali, Simon lhe pergunta por que aceitara tão rapidamente a tese de Leônidas: 'O Sarney chega aqui ao lado do seu jurista. Esse jurista é o ministro do Exército. Se eu não aceito a tese do jurista, a crise estava armada'", Rudolfo Lago, Eumano Silva e Denise Rothenburg, "Manobras contra militares golpistas garantiram posse de Sarney em 1985". *Correio Braziliense*, 26 de março de 2004, acesso de 20 de maio de 2020.

55 A ideia das Forças Armadas como fundadoras da Nação, em especial o Exército, se expressa através do "mito de Guararapes", visão conservadora onde o "Poder Militar" é

Tal permanência, *imitatio*, explicita o caráter *falhado* da Transição, em especial em face a uma leitura especiosa do Artigo 142 da Constituição, em clara oposição ao Artigo 136.[56] Juristas de extrema direita reacionária, como Modesto Carvalhosa e Yves Gandra, emergem, como parte de uma política de legitimação da tutela, ao buscar, em interpretações tortuosas, formas de prover as FFAA de uma legalidade tutorial sobre a República. A narrativa histórica é apropriada por objetivos corporativos: no lugar da épica republicana, ergue-se a história como tragédia histórica. Em vez de Francisco Campos e Carlos Medeiros, juristas típicos do fascismo brasileiro, que prestaram seus serviços para o assassinato da brevíssima *Terceira República* (1934-1937) e o sacrifício da *Quarta* República, em 1964, os novos intérpretes do Artigo 142, buscam as brechas para a asfixia, via a própria Constituição de 1988, da Nova República.[57] Para isso, a tropa armada é anterior à Nação e ao Povo, forjada em Guararapes, antes mesmo do Brasil existir.

---

anterior ao Povo e à Nação e é responsável pela própria formação da Nação e por isso mesmo possui deveres e direitos de intervir e estabelecer o que é o melhor para esse povo. Ver "Raízes, Valores e Tradições". Cartilhas I-V DECEX, DPHC/Exército do Brasil, s/d/s/ref. Trata-se de uma série de cinco "cartilhas" produzidas pelo Departamento de Educação e Cultura do Exército, distribuídos aos comandantes das Oms (organizações militares), entre 2015 e 2016, com os fundamentos da História Pátria, onde se explica, com vasta bibliografia escolhida, como deve ser estudada a História do Brasil.

56   O Artigo 136, Título V, Capítulo I, estabelece: "O Presidente da República pode, ouvidos o Conselho da República e o Conselho de Defesa Nacional, decretar estado de defesa para preservar ou prontamente restabelecer, em locais restritos e determinados, a ordem pública ou a paz social ameaçadas por grave e iminente instabilidade institucional ou atingidas por calamidades de grandes proporções na natureza". Os seus desdobramentos, várias vezes duplicados no Artigo 142, tornam claramente dispensável o artigo posterior, que apenas induz a um maior destaque e protagonismo, com menor controle por parte do Congresso Nacional das ações das FFAA, BRASIL. *Constituição Federal* (1988), https://www.senado.leg.br/atividade/const/con1988/con1988_atual/art_136_.asp, acesso em 6 de junho de 2020.

57   Francisco Campos (1881-1968), jurista de extrema direita, foi autor da Constituição de 1937 e do AI-5 e Carlos Medeiros (1907-1983), foi autor do primeiro Ato Institucional, do AI-12 – que deu sustentação à Junta Militar que assumiu o poder em 1969 –, e da Constituição de 1967.

Assim, militares da Reserva, com seus manifestos, mas também da Ativa – armados pela legalidade "histórica" do mito de Guararapes -, passaram a "mandar recados" sobre como deveriam se comportar as instituições republicanas, seus tribunais e o Parlamento. A noção de "tutela" será reafirmada, como tema de debate político, em uma reunião do Alto Comando do Exército, em vésperas das eleições presidenciais de 2018, quando o pleno militar, após o comandante do Exército "sabatinar" os candidatos – "alguns por obrigação", conforme declaração pessoal do mesmo – estabelece que "O Alto Comando do Exército vai garantir a ordem institucional e não permitirá qualquer aventura promovida por inconformismo ideológico de candidato, seja qual for o resultado das eleições". O *Colegiado* assumia um "compromisso moral" com o comandante da força terrestre, o general Eduardo Villas Bôas, de garantir a realização das eleições. Assim, o ACE passa a agir como um *areópago*, onde reside de fato o poder, que se quer *tutelar* e *garante* da República. A justificativa, avançada pela comunicação do ACE, é clara neste sentido: "os militares ganharam força no atual governo e não há qualquer exagero na afirmação de que as Forças Armadas hoje tutelam [grifo nosso] a frágil democracia brasileira".[58] Retornava-se, assim, à prática das FFAA, em especial do ACE, como garante da República.[59]

---

58 Exército faz pacto para garantir a ordem institucional, 6 de outubro de 2018, https://congressoemfoco.uol.com.br/eleicoes/exclusivo-exercito-faz-pacto-para-garantir-a--ordem-institucional/, acesso em 20 de março de 2018. As declarações aqui citadas foram feitas pelo próprio general Vilas Bôas ao autor na ECEME em encontro pessoal, em 2017.

59 "Militares da ativa e ministros do Supremo reprovam nota de Bolsonaro", *Folha de S. Paulo*, 13 de junho de 2020, https://www1.folha.uol.com.br/poder/2020/06/militares-da--ativa-e-ministros-do-supremo-reprovam-nota-de-bolsonaro.shtml?utm_source=whatsapp&utm_medium=social&utm_campaign=compwa, acesso em 13 de junho de 2020. Particularmente o general Ramos, ministro da Secretaria de Governo, desde 2019 vem se manifestando pelo controle da imprensa, em especial o noticiário sobre a Pandemia de covid-19 e com ameaças sobre as consequências da oposição "esticar demais a corda". "Ramos alerta oposição a não esticar corda: Bolsonaro nunca pregou golpe" *Correio Brasiliense*, 12 de junho de 2020, https://www.correiobraziliense.com.br/app/noticia/politica/2020/06/12/interna_politica,863282/ramos-alerta-oposicao-a-nao-esticar-corda-bolsonaro-nunca-pregou-golp.shtml, acesso em 13 de junho de 2020.

Soldados influenciadores: os guerreiros digitais do bolsonarismo e os tuítes de Villas Bôas

Marcelo Godoy

Às 19h30 de 30 de novembro de 2019, o site do Ministério da Defesa publicou um texto com o seguinte título: "Formatura de aspirantes emociona Bolsonaro e leva milhares de familiares à Aman". Seria uma notícia banal se o tom laudatório não partisse de um órgão público, aquele que devia zelar para que o fato não se confundisse com a propaganda pessoal que o presidente Jair Bolsonaro faz de suas ações na redes sociais pessoais e nas de seus filhos. O texto parece não se importar em mostrar um olhar longe do tom seco das notícias institucionais das Forças, como se direcionado a militantes que compartilham frases, publicações e os sentimentos expressos pelo líder político. Dizia o texto: "Visivelmente emocionado, Jair Bolsonaro pisou no Pátio Tenente Moura, agradecendo aos céus por voltar à sua segunda casa"[1]. A visão institucional cede espaço àquela pessoal, mostrando assim os dois aspectos da relação de parte dos militares com o governo Bolsonaro.

O presidente, que todos os anos anteriores participara como deputado da formatura dos cadetes, é retratado como um Sebastião redivivo ou homem providencial que retornava às origens para redimir seu povo. Se a cúpula das Forças Armadas fazia questão, pouco depois da eleição, em 2018, de nominar o recém-eleito mandatário como um político que fora militar e deixara

---

[1] Ver "Formatura de aspirante emociona Bolsonaro e leva milhares de familiares à Aman", de 30 de novembro de 2019 na seção de notícia do site www.defesa.gov.br, https://www.defesa.gov.br/noticias/63504-formatura-de-aspirantes-emociona-bolsonaro-e-leva-milhares-de-familiares-a-aman, acesso em cache do google, em 1º de junho de 2020 (parecia não estar mais disponível no site da Defesa).

a caserna fazia 28 anos, agora era a caserna que parecia pôr abaixo o muro que separava o ambiente monumental e cinza da academia da vida colorida e múltipla dos moradores de Resende. Era preciso fazer o anfíbio deixar a terra e voltar ao mar para que se identificasse com o aquário dos jovens da Academia Militar das Agulhas Negras (Aman). Não era, pois, o presidente que o texto saudava, mas o capitão, um militar excluído do Exército em 1988 por ser indisciplinado e mentir em tribunal de honra, onde não se justificou aos superiores – decisão depois reformada pelo Superior Tribunal Militar (STM). Se a Aman fora construída para encarnar o espírito militar, Rezende seria o lado de fora, o mundo civil. Samuel Huntington fez em *O Soldado e o Estado* o mesmo paralelo entre West Point e Highland Falls. É como o comandante de uma Esparta em meio à Babilônia que o general Gustavo Henrique Dutra de Menezes, comandante da Aman, alertou os cadetes sobre "as peculiaridades da carreira militar". "É imprescindível que cada um coloque em prática o espírito de sacrifício, a coragem e a disciplina, peculiares, por natureza, ao profissional da arte da guerra. A coragem deve sempre andar de mãos dadas com a sabedoria, a prudência e o bom senso no enfrentamento dos mais diversos desafios e manterão em cada um de vocês o nosso código de honra."[2]

A presença de Bolsonaro na academia é o símbolo de um caminho de três décadas, em que as Forças Armadas se retraíram do campo político, mantendo uma atuação de baixa intensidade em defesa de sua visão sobre seu papel na história recente do país. O objetivo era a manutenção de relações cordiais com os ocupantes do Poder Civil. Comportamentos de oficiais que privilegiavam o conflito com os governantes de então eram tratados como desviantes pela cúpula das Forças. Esse era o caso do então capitão Bolsonaro. Após ser absolvido, ele continuou excluído da convivência dos quartéis e classificado pelos chefes como um "sindicalista", que punha em maus lençóis os comandantes e fazia jogo da esquerda. De fato, os generais Leônidas Pires Gonçalves e Carlos Tinoco Ribeiro Gomes, então ministros do Exército, proibiram-no de entrar nos quartéis entre 1989 e 1992. Silenciosamente, ele seria reintroduzido nas casernas em meados dos anos 1990, muito antes de sua

---

2 "Formatura de aspirante emociona Bolsonaro e leva milhares de familiares à Aman", cit.

eleição para presidente, em 2018.³ Para tanto, contou com a ajuda do então tenente-coronel João Noronha Neto, o Doutor Nilo, da Seção de Operações do Centro de Informações do Exército (CIE), que convenceu a cúpula militar a se reaproximar de Bolsonaro a fim de que o Exército pudesse contar com o então deputado para defender suas pautas no Congresso. A reaproximação se fazia sem que as mentalidades da Força ou de Bolsonaro tivessem mudado. Nem um nem outro alteraram sua visão da ditadura. Apenas aquela se retraíra em relação a expô-la publicamente⁴. Do ponto de vista das relações com o passado, as diferenças entre Bolsonaro e cúpula militar eram de forma e não de conteúdo. A intervenção de Nilo mostrava ainda a aproximação de Bolsonaro do ambiente dos guerreiros ideológicos da comunidade de informações, que começava a articular uma rede de publicações e sites por meio da qual continuaram o combate ao marxismo e à esquerda. Um modelo ainda centralizado que, após o surgimento das redes sociais, tornar-se-ia difuso e envolveria até membros da ativa.

Nilo, o contato de Bolsonaro, era um veterano da inteligência. Esteve infiltrado no 10.º Congresso do Partido Comunista Brasileiro (PCB). Realizado em São Paulo, em janeiro de 1992, ele resultou no racha, no qual a maioria votou pela transformação do partido em PPS e uma minoria decidiu construir outra agremiação para manter a sigla tradicional. O agente não estava sozinho no Teatro Zaccaro, em São Paulo, que sediou o evento. Ali também compareceu outro experiente homem da comunidade de inteligência militar: o capitão Antônio Pinto, conhecido como Carlos I. S. Azambuja, o Doutor Pirilo, do Centro de Informações e Segurança da Aeronáutica (CISA). Os dois chegaram juntos ao Congresso. "Ele (*Nilo*) dispunha de uma grande rede de informantes

---

3   Para o mau conceito de Jair Bolsonaro entre a cúpula militar, ver SIAN, Fundo: Estado-Maior das Forças Armadas – BR DFANBSB 2M, documentos BR_DFANBSB_2M_0_0_0034_v02_d0001de0001, pág. 82 e BR_DFANBSB_2M_0_0_0044_v_02_d0001de0001, páp. 108 e 174. Para a superação das resistências do Comando do Exército em relação a Bolsonaro, ver 'Para guru, Bolsonaro fazia jogo da esquerda', https://politica.estadao.com.br/noticias/geral,para-guru-bolsonaro-fazia-jogo-da-esquerda,70002733749, acesso em 11 de junho de 2020.

4   Celso Castro, *Exército e Nação*, estudos sobre e história do exército brasileiro, Rio de Janeiro: FGV, 2012, p.174.

em São Paulo", contou Azambuja[5]. Nilo mantinha ainda contato com outros políticos, em sua tentativa de criar uma bancada que servisse de interlocutora às demandas da Força.

A retração dos militares do cenário político coincidiu com a doutrinação dos jovens oficiais para que a visão interna sobre a ditadura não sofresse alteração em razão do contato com o mundo exterior. A tática é descrita no Relatório Periódico Mensal (RPM) n.º 11/87, de 10 de dezembro de 1987, assinado pelo então comandante do CIE, general Tamoyo Pereira das Neves. Diz o documento: "É preocupante a falta de conhecimento, por parte dos quadros mais jovens do Exército, a respeito dos acontecimentos políticos que provocaram a intervenção das Forças Armadas, em 1964, atendendo aos anseios da sociedade. O esclarecimento constante, através de palestras e alocuções em formaturas da tropa, atenuará os efeitos deletérios de interpretações históricas distorcidas – algumas patrocinadas pelos derrotados na Revolução de 31 de Março, que procuram denegrir a intervenção militar e desestimular a vigilância cívica castrense".[6] O sucessor de Tamoyo no CIE, general Sérgio Augusto de Avellar Coutinho, aumentaria a difusão dos relatórios do Centro nos quartéis e começaria a propagar a ideia de que as forças adversas no interior do país, identificadas com os partidos de esquerda, haviam apenas mudado de estratégia para a conquista do poder.

Em maio de 1989, ele escreveu no RPM 04/1989 o texto *A nova esquerda e o processo revolucionário*, no qual diz: "Inspirados e influenciados quando de sua estada no estrangeiro pelos pensamentos do ideólogo italiano Antonio

---

5   Entrevista com Antônio Pinto, em Índice de nomes e entrevistas com Pirilo, p. 245 e 246, Arquivo do Autor. Pinto entrou no NSISA em 1967 e só deixou o serviço em 1995. Faleceu em 21 de maio de 2018, no Rio. Seu arquivo pessoal, com mais de 2 mil documentos, foi recolhido em sua casa por coronel da FAB, veterano da contrainformação do CISA. Além de Pinto, um general de brigada e o coronel Romeu Antônio Ferreira, ex-chefe das Seções de Informações e de Operações do CIE, também confirmaram o papel de Noronha (ver Entrevista coronel Romeu Antonio Ferreira. 21 de abril de 2018, p. 34 a 36 e arquivo áudio Romeu. Antonio.Ferreira.21.04.2018.F5, ambos no Arquivo do Autor)

6   Relatório Periódico Mensal n.º 11/87, in SIAN, Fundo: Estado-Maior das Forças Armadas – BR DFANBSB 2M, documento BR_DFANBSB_2M_0_0_0034_v02_d0001de0001, p. 99.

Gramsci, considerado depois de Lenin o maior teórico do marxismo, passaram a buscar o domínio das instituições culturais e de educação". E conclui: "Pretendiam, assim, criar uma contra-hegemonia social, viabilizando as transformações que permitiriam a conquista do poder e a modificação da estrutura vigente".[7] O movimento comunista internacional não mudara: ainda penetrava o país, catequisava seus habitantes e criava lideranças e bases em seu interior. Tornava apenas mais dissimulada a infiltração dos governos, a degradação dos costumes e dos valores cívicos por meio da dominação cultural. Passava-se da contrainsurgência à luta contra a "hegemonia das esquerdas nas universidades, no mundo artístico" e pela manutenção dos valores da família, da religião e da liberdade econômica. Iniciava-se a guerra cultural dos guerreiros ideológicos da comunidade de informações.

Coutinho manteve uma atuação intramuros na campanha eleitoral de 1989. Todas as candidaturas da esquerda – Leonel Brizola, Luiz Inácio Lula da Silva e Roberto Freire – foram fustigadas. Sobram críticas até para setores do PMDB e do PSDB. Na década seguinte, o general fará palestras pelo País e publicará textos sobre a luta contra o "gramscismo" e o "marxismo cultural"[8], identificados como sucessores da hermenêutica leninista no movimento comunista internacional. E assim mantinha o discurso anticomunista entre militares, mantendo o perigo vermelho vivo e identificando a ameaça com forças políticas progressistas. Essa estratégica contaria nos anos 1990 com o auxílio do surgimento de grupos mantidos por oficiais da reserva, como Inconfidência, Guararapes e Ternuma, a fim de divulgar interpretações históricas sobre os inimigos internos, dos anos 1930 à atualidade. Para tanto, usaram material recolhido pelos centros de informações das três Forças e reunido em um livro, o Orvil.

Tudo começou em 27 de março de 1984, quando o então tenente-coronel Romeu Antônio Ferreira, analista do CIE, escreveu uma apreciação para o chefe, o coronel Agnaldo Del Nero. O documento mostra como ainda no regi-

---

7   Relatório Periódico Mensal nº 04/89, in DIAM, Estado-Maior das Forças Armadas – BR DFANBSB 2M, documento BR_DFANBSB_2M_0_0_0044_v_02_d0001de0001, p. 90.
8   Sérgio Augusto de Avellar Coutinho, *A Revolução Gramscista no Ocidente, a concepção revolucionária de Antonio Gramsci e os cadernos do Cárcere*, Belo Horizonte: Ombro a Ombro, 2002.

me militar – e antes do lançamento do livro *Brasil: Nunca Mais* – militares já pensavam em contar sua versão sobre os fatos. Dizia o documento: "As novas gerações de militares, atoladas na avalanche da propaganda ideológica marxista, desconhecem as lutas enfrentadas contra a guerrilha urbana e rural". E concluía: "Há que se escrever a história verdadeira, a história dos vencedores, a nossa história. Sabemos que há muita coisa que não pode ser contada. Sabemos, entretanto, que há muita coisa que pode e deve ser contada. Temos os dados e os fatos. Falta-nos a vontade e a decisão."[9]

A decisão veio pouco depois, em 1985, quando Leônidas Pires Gonçalves era ministro do Exército. Em 1988, o Orvil estava pronto. Tinha 953 páginas. Durante quase três anos, dezenas de oficiais das três Forças consultaram arquivos militares, mas, quando tudo ficou pronto, o ministro decidiu engavetar o projeto. O mundo mudava – em 1991, acabaria a parceria entre policiais e militares na companhia de informações, sucessora do Destacamento de Operações de Informações (DOI) de São Paulo. Leônidas não queria confusões com o mundo civil. Oficiais fizeram cópias do material. O destino do Orvil se tornou um símbolo da retração – apenas aparente – da cúpula militar.[10]

Mas, embora não tenha sido publicada, como o CIE planejara, a obra serviria para satisfazer a necessidade dos guerreiros ideológicos de se lutar pela memória do regime. Do projeto nasceram livros como *A verdade Sufocada*, do coronel Carlos Alberto Brilhante Ustra, e *A Grande Mentira*, de Agnaldo Del Nero. Os dois eram veteranos dos órgãos de informação nos anos 1970 e 1980: Ustra comandou o DOI do 2º Exército e a Seção de Operações do CIE e Del Nero, a Seção de Informações do CIE. Ambos eram ligados ao Ternuma, em Brasília. Por meio de sites, de listas de e-mails e de jornais, os militares

---

9   GÉRMEN DO ORVIL - CIE 1984 e outros docs ROMEU, folhas 1 a 3, Arquivo do Autor; entrevista com Romeu Antonio Ferreira, 21 de abril de 2018, págs. 8, 27, 34 e 38 e arquivos de áudio Romeu.Antonio.Ferreira.21.04.2018.F1 e Romeu.Antonio.Ferreira.21.04.2018.F5, no Arquivo do Autor. O livro Brasil: Nunca Mais, da Arquidiocese de São Paulo, foi lançado pela editora Vozes em 1985. Depois de seu lançamento, os chefes de Ferreira e Del Nero autorizaram o início dos trabalhos do Orvil.

10 Para a o fim da parceria entre policiais e militares em Marcelo Godoy, *A Casa da Vovó. Uma biografia do Doi-Codi, 1969-1991*, São Paulo: Alameda Editorial, 2014, p. 514 a 525.

da reserva foram além do planejado, inicialmente, pelo comando: informar o público interno e, assim, manter a coesão do Exército por meio da aceitação da narrativa castrense sobre a ditadura. A publicação de livros e a criação de sites ampliou o público alvo. Deixava-se a "família militar" para lutar por um projeto novo, a organização de uma rede de oposição às forças políticas compromissadas com a Constituição de 1988 e com a Nova República.

Símbolo dessa atuação foi a criação do grupo Terrorismo Nunca Mais (Ternuma), em 1998, cujo site passou a divulgar as ideias de ex-integrantes da comunidade de informações. O grupo se identificava como "um punhado de democratas civis e militares inconformados com a omissão das autoridades legais e indignados com a desfaçatez dos esquerdistas revanchistas"[11]. Bolsonaro se aproximou do Ternuma, com o qual o Doutor Nilo mantinha relações, criando uma ligação que manteria até os dias atuais[12]. Com a atuação do grupo, atingia-se o público externo, além dos muros das casernas. Buscavam golpes de cena, como a ida em 2005 de Bolsonaro ao Congresso com o coronel Lício Maciel, que atuara na repressão à guerrilha do Araguaia[13], em um dos tantos episódios que demonstram a ligação do deputado com os veteranos da área de informações.

Esse modelo intramuros de atuação de baixa intensidade se manteve até a crise que levaria à derrubada por meio do impeachment do governo de Dilma Rousseff (PT). É então que integrantes da Forças começam publicamente a abandonar a neutralidade e o apartidarismo que caracterizavam os pronunciamentos dos chefes na maior parte dos governos da Nova República. Para tanto, contam dois movimentos vindos de fora dos quartéis: a derrocada do governo de esquerda e a possibilidade de ascensão do candidato da extrema

---

11   "Para militares, Estado combatia o terrorismo", *Folha de S. Paulo*, 27 de maio de 2012 reproduzida no site oficial do Exército, http://www.eb.mil.br/web/imprensa/resenha/-/journal_content/56/18107/1734249#.XuL5TNVKjcs, acesso em 12 de junho de 2020.

12   Para a proximidade de Bolsonaro com o Ternuma e seu primeiro presidente, o coronel Carlos Alberto Brilhante Ustra, ver link https://politica.estadao.com.br/noticias/geral,bolsonaro-tem-encontro-com-viuva-de-brilhante-ustra,70002959525, acesso em 12 de junho de 2020.

13   Para a visita, ver SIAN, Arquivo Nacional, FUNDO Comissão Nacional da Verdade - BR RJANRIO CNV, documento BR_RJANRIO_CNV_0_OCO_00092_003151_2014_41.

direita. Pouco a pouco Bolsonaro consolidará o apoio da oficialidade, inclusive de generais do Alto Comando do Exército, deixando no passado fatos de sua biografia, como a apuração sobre um plano para colocar bombas em quartéis.[14] A nova conjuntura altera a intensidade como eles se relacionam com o político e com a política.

É como se reconhecessem às claras que, se a guerra é política em sua essência, a política também se transforma em guerra ou pelo menos a ela se assemelha. Começam, então, a pressionar seus pares ou aliados para impor, por meio da ameaça do uso da violência, sua vontade aos adversários. O movimento parte da ativa, com as declarações do general Hamilton Mourão Filho e da reserva com as do general Luiz Gonzaga Schroeder Lessa. Foi no dia em que este último se manifestou que o general Eduardo Villas Bôas disse ter sido obrigado, para que a situação não fugisse ao seu controle, a usar o Twitter. Na noite de 3 de abril de 2018, o comandante do Exército pressionou o Supremo Tribunal Federal a não conceder habeas corpus a Luiz Inácio Lula da Silva.[15] O tuíte criticando a impunidade mostrava o veto à possibilidade de o petista disputar a eleição de 2018 contra o futuro candidato da caserna: Jair Bolsonaro.

A aproximação entre a política e a guerra nos quartéis realizava o sonho da comunidade de segurança dos anos 1970. Os fins da primeira deixavam de ser a produção de consenso e passaram a ser submeter o adversário às "nossas vontades"; os meios se tornavam "desarmar o adversário, controlar os valores básicos que articulam a cultura para, mediante isso, orientar as consciências e determinar as condutas humanas, ou seja, afirmar a hegemonia de um grupo social".[16]

---

14 Para o plano e o julgamento de Bolsonaro na Justiça Militar, Luiz Maklouf de Carvalho, *O Cadete e o Capitão*, São Paulo: Todavia, 2019.

15 https://www1.folha.uol.com.br/poder/2018/11/bolsonaro-nao-e-volta-dos-militares-mas-ha-o-risco-de-politizacao-de-quarteis-diz-villas-boas.shtml, acesso em 12 de junho de 2020. As declarações de Lessa acontecem no dia em que Villas Bôas resolve tuitar. As de Mourão, quando ele ainda era do Alto Comando do Exército, https://politica.estadao.com.br/noticias/geral,supremo-pode-ser-indutor-de-violencia-diz-general-da-reserva,70002252153 .

16 Para a relação entre a política e a guerra no caso brasileiro, Oliveiros S. Ferreira, *Elos partidos, uma nova visão sobre o poder militar no Brasil*, São Paulo: Habra, 2007, p. 116 e 117.

Ao contrário da cúpula da ditadura, que deixou de aproximar esses dois tipos de conflito – a Política e a Guerra – os militares de Bolsonaro os identificaram. Primeiro porque, a exemplo do presidente, não pensavam em produzir consenso. E, sem este, só se governa por meio da corrupção ou da força. Diminuir a intensidade do combate – e consequentemente do uso da força – é uma opção tática em uma guerra prolongada. "Para essa luta prolongada, que é necessariamente a luta contra o comunismo, torna-se indispensável compreender a estreita vinculação dialética existente entre a sua teoria e a sua prática", escreveu em *A Hidra Vermelha*, sob o pseudônimo de Carlos Azambuja, o capitão Antônio Pinto, do CISA. E concluiu: "A guerra ideológica que nos foi declarada pelo marxismo-leninismo exige dos não comunistas, como condição primeira, a opção por uma posição clara e definida, sem tergiversações, e a responsabilidade primária de conhecer suas estratégias e táticas, a fim de que possamos combatê-lo e derrotá-lo na forma de luta que escolher."[17] A obra de 2016, começara a ser gestada, segundo o autor, nos anos 1980.

Não seria o golpe, o fechamento do regime, nem o massacre indonésio o caminho para se alcançar o poder e mantê-lo. O bolsonarismo civil, assim como seus adeptos nas Forças Armadas, apostou na vitória a ser obtida pouco a pouco com o domínio de um novo terreno de operações, as redes sociais, a fim de não perder a ductilidade da ação, a manobra tática e o contato permanente com a massa. Mas, ao escolher esse caminho, o movimento abriu espaço para o surgimento de clivagens entre os militares, dificultando a unidade de ação do grupo, segundo um plano determinado e degradando o ethos da organização, o que fica claro em postagens públicas de oficiais da ativa.

Para verificar o impacto do bolsonarismo entre os homens da ativa, a escolha foi rastrear as relações públicas e o alcance da conta no Twitter de Villas Bôas, que depois da eleição de Bolsonaro assumiu um cargo de assessor no governo. A forma escolhida aqui para essa averiguação foi analisar as contas de militares da ativa seguidas pelo general, um ato de sua escolha pessoal. Para melhor compreender o significado dessas manifestações, é preciso saber que, além de serem impedidos pelo Estatuto dos Militares e pelo Regulamento

---

17   Carlos Ilich Santos Azambuja (Antônio Pinto), *A Hidra Vermelha*, Brasília: Observatório latino, 2016, p. 365 a 367.

Disciplinar de se manifestarem em público sobre temas políticos, os militares da ativa estão ainda sujeitos à ação penal com base no artigo 166 do Código Penal Militar, que define o crime de publicação de crítica indevida a qualquer resolução do governo ou ato de seu superior. A pena é de dois meses a um ano de detenção. Assim, os militares devem não só obediência e respeito ao comandante, mas observar o seu exemplo, algo essencial para compreender os caminhos que a Força trilha. A importância do exemplo nessas organizações pode ser medida não só pelo culto aos patronos, mas também pelos documentos produzidos pelos comandantes. A história do Exército mostra o quanto destaca o papel dos chefes.

A presença de Villas Bôas no Comando e seu ato do dia 3 de abril assumem, dessa forma, uma singular importância. Reconhecer isso não significa superdimensionar o papel do indivíduo na história. Como indivíduo, ele pode modificar a fisionomia de um fato, ainda que isso não altere a orientação do momento histórico. Assim como a eliminação de um líder pode mudar uma série de variáveis que só existiriam na presença do homem providencial, da liderança forte, do Lúcio Quíncio Cincinato sonhado por alguns generais para salvar nossa República, um general mudo, sem conta no Twitter, não cancelaria o resultado final da história.[18] A verdade é que o fenômeno que levou à volta de militares da ativa ao debate político – a ascensão de forças políticas populistas de direita – não deixaria de ocorrer sem Villas Bôas. Talvez mesmo sem Bolsonaro ou a facada de Adélio Bispo contra o candidato. Dito de outra forma, não fossem o Twitter de Villas Bôas ou a candidatura de Bolsonaro, o fenômeno encontraria outras formas de se manifestar. Talvez, menos eficientes para dissolver barreiras entre o mundo militar e o civil, levando a política aos quartéis e quartéis à política.

A dissolução das barreiras entre o mundo da caserna e a praça pública tem como uma de suas formas de manifestação as publicações em redes sociais abertas. Nelas, oficiais da ativa – ainda que não percebam, recriam de forma difusa a prática dos manifestos militares do século passado por meio

---

18 Para o papel do indivíduo na história, Jean-Paul Sartre, *Questions de méthode,* Paris: Gallimard, 2005, p. 119 a 121. Para Lúcio Quíncio Cininato, ver Tito Lívio, *História de Roma (Av urbe condita libri),* São Paulo: Paumape, 1989, p. 224 a 240.

de publicações que recebem likes, retuítes e comentários. O velho soldado cidadão ressurge nas redes enquanto o comando da tropa afirma manter o ideal do profissionalismo, que vê na expulsão da política partidária dos quartéis fator de aprimoramento do estamento militar, afastamento dos riscos de divisão interna e de indisciplina, favorecimento a prontidão das tropas. O ideal da neutralidade e do apartidarismo é deixado de lado – mas não negado –, paulatinamente, pelos guerreiros digitais em nome do salvacionismo da República, supostamente traída pela sua elite corrupta e degradada por décadas de esquerdismo, que vilipendiava os homens das armas, fustigando seu prestígio social e vantagens históricas, que uma organização nacional garantia aos seus membros na época em que o Estado brasileiro era incapaz de produzir quadros para suprir todas as funções necessárias ao seu funcionamento.

Após o 3 de abril de 2018 e à medida em que se aproximava o dia das eleições, oficiais da ativa começaram a se comportar como os usuários civis das redes sociais. Verdadeiros influenciadores digitais, postaram opiniões, compartilharam mêmes e opiniões de políticos, propaganda do governo e de partidos, demonstrando sua adesão à candidatura à Presidência do então deputado Jair Bolsonaro. O fenômeno – um dos tantos índices que atestam a mudança de postura de parte dos militares em relação à política a partir de 2015 – continuou após a vitória eleitoral e, nem mesmo portaria do Comando do Exército conseguiu acabar com as manifestações partidárias no grupo analisado nesta pesquisa. É possível afirmar que o ideal do profissionalismo cedeu espaço à política com a ascensão do bolsonarismo, apesar da ausência de dados – e, portanto, de controle sobre o fenômeno – a respeito de punições aos transgressores na Força mais afetada: o Exército.

Dados. Para medir a influência do tuíte de Villas Bôas, foram analisados o comportamento de 23 militares da ativa e da reserva mais próximos do comandante do Exército, representados pelos usuários da rede social que são seguidos pelo general – o ex-comandante do Exército acompanhava então 51 pessoas na rede. Dentro dos 23 perfis, foram selecionados outros militares da ativa que são, por sua vez, seguidos pelo restrito grupo de oficiais e praças que Villas Bôas decidiu acompanhar na rede social. E, assim, chegou-se ao total de 122 contas analisadas, das quais foram excluídas as que pertenciam a militares da reserva ou reformados – sete ao todo. Com os 115 oficiais e praças restantes, foi possível verificar que eles acompanhavam 42.613 perfis em 15 de abril de 2020. Haviam ainda produzido 152.106 tuítes e eram seguidos por 674.045 contas – não foi feita verificação para saber quantos perfis acompanhavam ou eram seguidos por mais de um dos 115 militares. Das contas de oficiais da ativa, 82 apresentavam posts de caráter político-partidário, de propaganda pessoal de Bolsonaro e do governo ou de crítica à oposição. Os donos de outras 32 não se manifestaram politicamente no Twitter, a não ser para reproduzir material institucional da Força e de outros exércitos nacionais ou para publicar material sobre sua vida pessoal, clubes de futebol ou comemoração de datas nacionais. Por fim, não foi possível ter acesso aos dados de um perfil.

A influência de Villas Bôas nesse processo pode ser medida pelo fato de 31 (37,8% do total) dos 82 militares da ativa que se manifestaram politicamente só abrirem suas contas após os tuítes famosos do comandante. Mesmo entre aqueles que tinham perfil antes, o exemplo da manifestação de Villas Bôas encontrou eco. Esse foi o caso de generais, como o comandante militar do Sul, Antônio Miotto, e o comandante do Oeste, José Luiz Freitas, que apoiaram e retuitaram o chefe – o retuite entre os militares indica endosso da ideia publicada quando rompem a neutralidade. De fato, é por meio de republicações (cerca de 80% dos posts) que a maioria dos militares se manifesta na rede social. Ao todo, as contas de 35 oficiais generais (31 do Exército, 2 da Força Aérea e 2 da Marinha) foram analisadas, além de 37 coronéis, um capitão de mar e guerra, 33 tenentes-coronéis, um tenente-coronel-aviador, seis majores, um tenente, cinco subtenentes, dois sargentos e um militar cuja patente não foi possível verificar na época dos tuítes. Destes, 19 generais (12,9% do generalato da ativa), dois contra-almirantes e um brigadeiro publicaram posts políticos no período pesquisado - 3 de abril de 2018 a 15 de abril de 2020 -, enquanto estavam na ativa. Em relação aos coronéis, o número de oficiais com publicações políticas chegou a 30 dos 37. A proporção de tenentes-coronéis com esse comportamento foi menor: 22 dos 33.

As publicações com comentários pessoais sobre a política são mais raras. Quase todas criticavam a oposição a Bolsonaro ou os partidos de esquerda. Há casos como o do general de brigada Carlos Augusto Ramires Teixeira. Então comandante da 3.ª Brigada de Cavalaria Mecanizada, ele tuitou em 20 de junho uma crítica ao presidente do Congresso, o senador Davi Alcolumbre (DEM-AP), em razão de uma suposta sabatina do então ministro Sérgio Moro (Justiça) pelos parlamentares: "Como cidadão, fico pensando: fortalecer a democracia? Debater o quê??? Do exposto, vai ser um monólogo sobre as 'denúncias'. E denúncias cabem à esfera judicial. Mais tempo perdido e nosso dinheiro pagando!!!" Advertido por um subtenente de que a notícia era falsa, bem como o perfil do senador que o general retuitara, o general respondeu ao subordinado: "Aço!!!" No dia seguinte, Ramires voltou à carga, mais uma vez defendendo o ex-juiz Moro: "É triste ver Moro ser interrogado por alguns recordistas de processos".

A saída de Moro do governo e as denúncias de corrupção envolvendo o senador Flávio Bolsonaro (RJ), filho do presidente, foram os dois únicos temas a suscitar críticas públicas contra o presidente. A primeira veio do general Carlos Russo Assumpção Penteado, comandante da 5.ª Divisão do Exército. Em 18 de dezembro de 2018, pouco depois do surgimento das primeiras denúncias de apropriação de recursos públicos pelo senador, quando ele era deputado estadual no Rio, o general publicou em sua conta: "Diz um axioma nas Forças Armadas que o COMANDANTE é o responsável por tudo o que acontece ou deixa de acontecer. Ventos novos exigem posturas novas". Em 28 de dezembro de 2018, o general Penteado afirmou que "o desmanche do Estado brasileiro devia se iniciar pelo Judiciário". Três meses depois, o mesmo oficial resolveu manifestar seu apoio ao ministro Moro: "O ministro Moro, independentemente do que diz a mídia, é o Norte a ser seguido pelo governo. Ele representa tudo o que queremos para o País. Somos todos Sérgio Moro". O apoio explícito a Moro não acabou nem depois do rompimento com o governo. Em 24 de abril, um coronel de Cavalaria da ativa publicou a seguinte frase: "A minha melhor continência a este patriota". Ela aparecia ao lado de um texto com a frase dita por Moro no dia de sua saída do governo: "Faça a coisa certa, sempre". Moro foi, assim, o único político brigado com Bolsonaro capaz de mobilizar parte dos militares tuiteiros. Um dos generais chegou mesmo a mudar o nome de seu perfil, adotando outra identidade na rede após a demissão do magistrado e começou a tuitar contra o presidente, criticando-o por sua atuação diante do combate à pandemia do coronavírus.[19]

---

19   Para os casos dos tuítes políticos até junho de 2019, ver https://politica.estadao.com.br/noticias/geral,exercito-enquadra-tuites-politicos-de-militares-da-ativa,70002930364, acesso em 12 de julho de 2020 e https://politica.estadao.com.br/noti-

Ninguém, entretanto, é mais citado do que Bolsonaro. É o que revelam os tuítes dos três campeões de publicações: um coronel de Infantaria, um tenente-coronel de Infantaria e um tenente-coronel de Cavalaria. Juntos, eles foram responsáveis por 1.496 tuítes políticos no período estudado. Desse total, 320 foram posts de propaganda de ações do governo que não tinham nenhuma relação com o Ministério da Defesa. Outras 312 publicações traziam críticas à oposição a Bolsonaro e aos partidos de esquerda em geral. Logo em seguida, os militares carregaram as tintas retuitando políticos bolsonaristas (219 casos). Entre os mais citados estão as deputadas federais Carla Zambelli e Bia Kicis, os deputados federais major Vitor Hugo, Eduardo Bolsonaro e Luiz Philippe de Orléans e Bragança e o vereador Carlos Bolsonaro. Juntos, eles foram republicados 130 vezes.

A frequência da aparição dos políticos é quase igual aos casos de propaganda pessoal do presidente por meio, principalmente, da republicação de mensagens do chefe (207) que não mantinham relação com a área da Defesa ou pudesse ser uma questão pessoal, técnica ou institucional. Logo em seguida, em quinto lugar, apareceram as publicações com críticas à imprensa (136 publicações), seguido pela propaganda de ideias bolsonaristas gerais em diversos campos (128 casos). Foram ainda registradas 84 críticas ao Judiciário – uma constante no governo Bolsonaro – e 83 publicações sobre política internacional. Por fim, houve 4 casos de críticas ao governo e 3 de propaganda da ditadura. As publicações dessas três contas foram fotografadas.

Ao todo, a pesquisa encontrou 3.427 tuítes políticos de militares da ativa. Destes, 1.667 foram publicados por 55 militares antes de o Estado-Maior do Exército editar a portaria 196, de 12 de julho de 2019. Na época, o Comando do Exército informou: "Com a entrada em vigor da portaria, ficam objetivamente estabelecidos parâmetros para adequação de perfis e conteúdos das mídias sociais aos demais preceitos regulamentares da Força". O Comando ainda informava ser livre a criação de perfis pessoais nas redes, "sendo o criador responsável por todas as suas interações digitais, observando-se fielmente o prescrito no Estatuto dos Militares e no Regulamento Disciplinar do Exército."

---

cias/geral,quem-dara-habeas-corpus-ao-supremo-questiona-general,70003298636, acesso em 12 de junho de 2020.

Mesmo depois da portaria, embora parte dos militares tenha parado de fazer publicações políticas, outros os substituíram, pois o total de contas publicando manifestações proibidas permaneceu 55 e o número de posts subiu: 1.760. Esse último número se deve largamente à ação de quatro oficiais, responsáveis por 1.210 posts, sendo que 603 foram feitos por um oficial de Infantaria cuja conta só era acessível para as publicações feitas a partir de 11 de novembro de 2019. Em 150 dias, ele publicou uma média de 4 posts políticos por dia – recorde do levantamento –, comportando-se como propagandista do presidente.

Em outro extremo, o daqueles que raramente publicam tuítes políticos, foi constatada a existência de 31 contas que antes da portaria fizeram até 5 dessas publicações – 33 perfis depois da portaria. Ou seja, a edição da norma alterou pouco o universo dos militares tuiteiros. A única mudança significativa foi uma concentração maior dos posts em um número menor de contas. Assim é que antes dela, 24 militares haviam feito no mínimo 11 publicações políticas. Depois da portaria, a quantidade dos mais ousados, com 11 ou mais manifestações, caiu para 18, sendo observada uma aceleração após o início da crise provocada pela covid-19 e pela saída de Moro do governo, em abril. Outros três eventos catalisaram as manifestações dos militares: a eleição de 2018, a posse do presidente Bolsonaro e a eleição dos novos presidentes da Câmara e do Senado.

A perspectiva da vitória dos candidatos alinhados com o bolsonarismo provocou o efeito que Ernst Jünger cita em um dos últimos episódios de *Tempestades de Aço*. Na ofensiva alemã de 1918, seu grupo de assalto toma uma trincheira inglesa, cujos defensores fogem em debandada. "O sucesso produz um efeito mágico. Ainda que há muito não fosse possível falar em formações regulares que se pudessem comandar, só existia para cada um dos homens uma única direção: avante!" E lá iam os alemães à caça do inimigo, apesar do risco de alcançar a barragem rolante de sua própria artilharia. Jünger vê mágica no caos do combate. Essa embriaguez tomou conta de parte dos militares[20]. Em 12 de outubro de 2018, o tenente-coronel Rodrigo Otávio Fagundes, que trabalhava então na Academia Militar das Agulhas Negras e era um dos mais atuantes militares da rede social, republicou texto de Bolsonaro contra o PT. Seu colega, o tenente-coronel Leonardo Franklin, comandante do 1.º Regi-

---

20 Ernest Jünger, *Orages d'acier*, Paris: Christian Bourgois, 1970, p. 369.

mento de Cavalaria Mecanizado, publicou o nome do candidato e seu número na eleição: "Bolsonaro17". Outro coronel, Ricardo Omaki, resolveu tuitar no dia do primeiro turno: "Compareça às urnas. Vote consciente. Por nós. Por nossos filhos. Brasil acima de tudo! Deus acima de todos!", repetindo o slogan do presidente. Assim também se comportou o general Penteado, que no dia do segundo turno escreveu em sua conta, ao retuitar um texto em defesa da candidatura do capitão: "O Brasil não suporta mais cleptocratas disfarçados de políticos, que destruíram nossa democracia".

Todos esses oficiais militaram politicamente, deixando de lado a neutralidade e o apartidarismo da farda. Ninguém foi punido até a publicação da portaria. Depois dela, o Exército se negou a fornecer dados sobre punições por mau uso das redes sociais, solicitados em fevereiro de 2020 por meio da Lei de Acesso à Informação. A instituição alegou não dispor dos números totalizados, mas também não determinou que as seções responsáveis pela justiça e disciplina nas organizações militares enviassem os dados para que fossem reunidos. Das três Forças, apenas a Aeronáutica informou ter aberto cinco procedimentos disciplinares em 2019 em razão do mau uso de redes sociais pessoais ou corporativas, sendo que foram aplicadas quatro punições, que atingiram seis militares.[21]

A falta de controle dos dados ou de publicidade sobre as ações públicas de militares da ativa é mais um problema para o Poder Civil. A possibilidade de essa atuação se manter, mesmo depois de terminado o governo Bolsonaro, aumenta o desafio descomunal representado pela afirmação do Poder Civil sobre o Militar em um País em que uma parte da oficialidade preserva a visão de que as Forças Armadas cumprem um papel moderador e de tutela das instituições, ligando o desenvolvimento nacional à tradicional modernização conservadora que caracterizou grande parcela do pensamento político da oficialidade na República. Se, por natureza as Forças Armadas tendem a desafiar o Poder Civil, tanto mais difícil será essa tarefa quanto mais esgarçada for a disciplina entre seus membros. Quanto mais instáveis forem os mecanismos de controle internos e externos dos militares, mais frágil será a democracia brasileira, uma situação que abre espaço para políticas oportunistas e interesses corporativos

---

21 Ver pedido de Lei de Acesso à Informação protocolado com o número 60 502000377202091, no Comando da Aeronáutica em 10 de fevereiro de 2020.

em detrimento da sociedade e do Estado. Ao liquefazer a fronteira entre público e privado, as redes sociais ajudaram a criar o ambiente em que o espaço da caserna se confundiu com o da praça pública e o do Poder Militar com o Civil. Os guerreiros digitais produzem os soldados influenciadores e, deles, extraem novos líderes de um novo partido militar. As consequências da volta dos militares à política são por demais visíveis na sucessão de crises e ameaças de ruptura da República. É por meio do conflito que opõe os militares do Executivo aos civis dos demais Poderes que o bolsonarismo procura unir a caserna. A instabilidade torna-se a forma de reunir as diversas pontas dessa equação.

Entrevistas, sites e arquivos e periódicos consultados:

Romeu Antônio Ferreira, Antônio Pinto (Carlos Ilich Santos Azambuja), Folha de S. Paulo, Estado de S. Paulo, Arquivo do Autor, Arquivo de O Estado de S. Paulo e www.estadao.com.br, www.folha.com.br, http://www.planalto.gov.br, https://esic.cgu.gov.br, http://sian.an.gov.br, www.defesa.gov.br e www.eb.mil.br.

Maquiavel, Bolsonaro e os soldados

João Roberto Martins Filho[1]

Houve uma vez um lugar onde o governante tinha quatro filhos, que viviam se imiscuindo em seu governo. Não havia "nenhum jeito de evitar a importunação e a presunção" dos três varões e da moça.[2] Nunca quatro bastardos foram tão infames. Mas é bom evitar comparações superficiais: a prole do cardeal Rodrigo Borgia (depois de 1492, papa Alexandre VI) era brilhante: herdeira das tradições espanhola e italiana de fazer política, teve a mais refinada educação, conhecia história e viveu nos anos posteriores ao pontificado de Sisto IV (1471-1484), que criou os Arquivos do Vaticano e deixou seu nome na Capela Sistina. O primogênito é um dos heróis da obra-prima de Maquiavel, escrita em 1513: "eu mesmo não saberia dar melhores ensinamentos a um príncipe novo que o exemplo de suas ações", disse dele o florentino.[3] Não por acaso, a edição de *O príncipe* que citaremos aqui traz na capa a figura de César Borgia, o Duque Valentino.[4]

---

1 Sem querer comprometê-los com o resultado final, o autor agradece a Manuel Domingos Neto, Francisco Carlos Teixeira, Marcelo Godoy, Tânia Pellegrini, Carlos Eduardo Viegas e Angelita Matos Souza pela leitura crítica.

2 Marion Johnson, *The Borgias*, Londres: Penguin, 2001, p.119.

3 Nicolau Maquiavel, *O príncipe*, São Paulo: Companhia das Letras, 2010, tradução de Maurício Santana Dias e prefácio de Fernando Henrique Cardoso. As referências apenas aos capítulos permitem que o leitor encontre as citações em outras edições da obra.

4 Em referência ao ducado que seu pai lhe conseguiu em Valência. Antes, foi bispo de Pamplona e cardeal. Alexandre teve mais filhos, mas estes não deixaram rastro. A prole acima é a que gerou sua amante, a bela Vanozza dei Catanei, quando era o

Ninguém compreendeu as regras da política como Nicolau Maquiavel, que de 1494 a 1512 foi segundo chanceler da República de Florença e depois de deixar o poder escreveu três obras-primas em sete anos, as duas que se citam aqui, mais *A arte da guerra*. Para ele, conquistar e manter o poder era uma questão de *virtú* e de fortuna. A primeira referia-se ao dom da liderança. A segunda não dependia dos homens, que apenas podiam tentar amenizar seus efeitos. Como o destino é imprevisível, quanto menos o príncipe depender da sorte e quanto mais contar com seus talentos, mais fácil será manter-se no poder.

Para começar, é preciso conhecer exemplos históricos ou lendários, como está no capítulo VI: "um homem prudente deve tomar sempre a via trilhada por homens ilustres, que foram exemplos excelentíssimos a serem imitados". Moisés, Rômulo, Ciro e Teseu são alguns dos príncipes de máxima *virtú*. Pela graça da fortuna chegaram a governar, mas por suas excelsas virtudes não tiveram dificuldades em manter o governo.

No Brasil atual, tanto o capitão como os generais que o cercaram ou cercam tiveram sem dúvida a fortuna a seu lado, para vencer as eleições com tão grande margem. Embora a versão da vitória que construíram a descreva como uma operação de guerra, são muitos os responsáveis pela ascensão de tão incauto mandatário.[5] Mas de Bolsonaro e seus conselheiros militares não se pode dizer, como o fez o historiador Justiniano referindo-se aos grandes líderes: "nada lhes faltava para reinar, exceto o reino". Sobre ele, talvez fosse mais correto adequar o ditado: "tudo lhe falta para governar, só tem o reino". [6]

---

cardeal Rodrigo: além do mencionado César, nascido em 1475, Juan (segundo Duque de Gandia), em 1477, a infame Lucrécia (casada três vezes com gente famosa), em 1480 e Jofré (Príncipe de Esquillace), em 1481. Para imensa dor do pai, Juan foi assassinado, Johnson, cit., p.90-91 e 119-20.

5   Ver a este respeito o artigo do editor do jornal *Valor*, Pedro Cafardo, onde ele diz: "há hoje, no Brasil, uma extensa lista de entidades e pessoas que precisam fazer o mea culpa pela escolha de 2018, quando a disputa democrática oferecia pelo menos sete candidatos melhores que o eleito". E complementa: "está claro que a escolha do presidente foi responsabilidade das elites brasileiras". "Mea culpa, mea culpa, mea máxima culpa", *Valor*, 15 de junho de 2020.

6   Alguns dos generais que chegaram ao palácio adquiriram notoriedade na caserna por suas atitudes de insubordinação, nos governos anteriores. Foi o caso dos generais Mourão, Heleno e Santa Rosa. Para mais detalhes, ver meu artigo "Ordem desunida: militares e política no governo Bolsonaro", *Perseu*, 18, outubro de 2019, p. 167-193.

Maquiavel escreveu, no capítulo VII de seu livro: "aqueles que passam de homens privados a príncipes exclusivamente por obra da fortuna, o conseguem com pouco esforço, mas a muito custo se mantêm; não encontram nenhum obstáculo no caminho, já que o sobrevoam: mas todas as dificuldades nascem depois que são empossados".

Jair Bolsonaro passou de simples deputado a mandatário por graça da fortuna; jamais foi um homem virtuoso. Esperto talvez, não mais do que isso. Saiu da obscuridade ao ver publicada, em 3 de setembro de 1986 na *Veja*, com o título "O salário está baixo", uma carta onde reclamava dos soldos. Pouco mais de um ano depois, envolveu-se num controverso plano cujo objetivo era explodir bombas em vários locais, a fim de chamar a atenção para o mesmo problema. Quando, em junho de 1988, seu caso chegou ao Superior Tribunal Militar, um dos ministros declarou em seu voto, referindo-se à atitude do jovem oficial insubordinado para com o ministro do Exército, Leônidas Pires Gonçalves: "Nos últimos decênios é o fato mais grave, de repercussão negativa maior, de maior conteúdo antiético, de maior conteúdo violador das normas, da disciplina e da hierarquia, que já passou por esse país no âmbito das Forças Armadas. Nunca, nem antes de 1964, se não me falha a memória, um capitão teve a coragem de afrontar um chefe militar como se afrontou".[7]

Embore se jacte de seu passado na caserna, o capitão passou por cima de princípios ancilares da organização militar. Mas teve suficiente fortuna para alcançar a absolvição por 9 votos a 4 no STM. Saltou para a carreira política, foi vereador por breve tempo e logo se elegeu parlamentar. No Congresso Nacional, conforme Thaís Oyama, "mais do que um deputado do baixo clero, ele era um representante daquilo que os jornalistas de Brasília apelidaram de cota folclórica do Congresso — parlamentares que costumam despertar a atenção pelo histrionismo, pelos arroubos verbais no plenário e pelas confusões em que se metem".[8] Ainda assim, na campanha presidencial de 2018, recebeu o decidido apoio unânime dos soldados da mais alta hierarquia.

Num capítulo de título dramático, "De como escapar ao desprezo e ao ódio", Maquiavel referiu-se aos homens de farda: " a primeira coisa a notar é

---

7   Luiz Maklouf Carvalho, *O cadete e o capitão: a vida de Jair Bolsonaro no quartel*. Edição em eBook Kindle, 2019.

8   *Tormenta: O governo Bolsonaro: crises, intrigas e segredos*. Edição em eBook Kindle, 2020.

que, se em outros principados basta combater a ambição dos poderosos e a insolência do povo, os imperadores romanos enfrentavam uma terceira dificuldade, que era suportar (...) a cobiça dos soldados". Era difícil satisfazer, ao mesmo tempo, os militares e o povo. Afinal este queria sobretudo a tranquilidade, "ao passo que aqueles preferiam um príncipe de espírito guerreiro (...) de modo que eles pudessem duplicar o soldo e desafogar sua cobiça".

Voltando ao Brasil, ao embarcar na aventura bolsonarista, os generais, do comandante do Exército, Eduardo Villas Bôas, ao velho rebelde Heleno, depois chefe do Gabinete de Segurança Institucional (GSI), sabiam quem era o capitão. Com base nesse conhecimento, alimentaram a esperança de que, uma vez no poder, ele adquiriria juízo. Para tanto estariam a seu lado, de prontidão, para tutelá-lo e aconselhá-lo. Mas, depois de tomar posse, o homem se revelou incapaz de aprimoramento. E logo se mostrou também incontrolável. Isso sem falar nos três filhos maiores, de cuja importunação e presunção ninguém mais escapou em Brasília. Homens sem qualidades, em conluio com jovens amigos de seu mesmo jaez, que colocaram em altos postos, e orientados pelos ensinamentos de um controverso filósofo, logo se firmaram como grupo influente, para infortúnio dos altos soldados e do próprio principado.

Para Maquiavel, como já dissemos, o príncipe por excelência foi César Borgia, que chegou ao poder por fortuna (na estranha condição de filho de um papa), para logo mostrar rara *virtú*, sendo capaz de lançar os alicerces que lhe permitiram manter-se como príncipe em várias regiões da Itália. Sempre soube agir de forma certeira e implacável contra os obstáculos. Só a desgraça de uma doença impediu que continuasse a reinar até morrer de morte natural. Esse infortúnio se juntou ao desaparecimento do pai, que o deixou sem proteção contra os ódios que por toda a vida tinha alimentado. Nosso autor, em sua condição de alto funcionário da República de Florença, o encontrou pessoalmente. Viu em seus olhos negros e frios alguém que com muita "bravura e virtude", soube "tão bem como ganhar os homens ou fazê-los perder-se". E concluiu: "eram tão sólidos os fundamentos que em tão pouco tempo assentará" que, se não tivesse sofrido com a má fortuna, "teria suportado qualquer adversidade".

Nos capítulos VIII e IX, depois de falar nos métodos empregados pelo Duque Valentino para atingir seus objetivos, Maquiavel refletiu: "a crueldade bem empregada – se é lícito falar bem do mal – é aquela que se faz de uma só vez, por necessidade de segurança; depois não se deve perseverar nela, mas convertê-la no máximo de benefícios para os súditos". Traduzindo, é preciso ser cirúrgico ao ofender, pois assim as ofensas "ferem menos ao paladar". Mas "os benefícios devem ser feitos aos poucos, para que sejam mais bem saboreados". O príncipe "que se baseie no povo e que possa comandar e que seja um homem de coração – e não se amedronte nas adversidades nem seja despreparado e mantenha todos animados sob suas ordens e seu ânimo (...) nunca será traído pelos seus e verá que seus fundamentos são bons".

Sábias e eternas lições. Ignorante delas, antes de completar dois meses de governo, o novo mandatário começou a mostrar seu gosto pelas maldades: demitiu Gustavo Bebbiano, o secretário da Presidência, "que serviu como advogado, cabo eleitoral e segurança do ex-capitão durante a campanha", homem que tinha por ele adoração e que ao ver chegar sua desgraça "chorou feito criança". Se estivesse na Itália do Valentino teria sido executado. O filho Carlos esteve na origem das desavenças entre o pai e seu até então mais fiel escudeiro.[9] Mas esta foi apenas a primeira crueldade. Logo depois, o pai compartilhou um vídeo de Olavo de Carvalho (cada um tem o Maquiavel que merece), no qual este dizia considerar o presidente "um mártir" e chamava de "filhos da puta" os generais do palácio. Poucos dias depois, foi premiado com uma honraria: o grau máximo da Ordem Nacional de Rio Branco, a Grã-Cruz.[10]

Sobrou para o general Villas Bôas, ex-comandante do Exército, a quem o presidente nos primeiros dias tinha atribuído sua vitória, defender os soldados das agressões do filósofo. A resposta não tardou: no Twitter, Carvalho afirmou que não esperava ver "altos oficiais militares (...) irem buscar proteção escondendo-se por trás de um doente preso a uma cadeira de rodas". O chefe da nação guardou silêncio.[11] No palácio, protegido pelos Dragões da Independência, percebeu como chefe que na sua nova situação podia ofender, pessoalmente ou por interposta pessoa, com mais dano. Revelou-se um dragão da maldade.

---

9   Thaís Oyama, op.cit..
10 *O Estado de S. Paulo*, 1 de maio de 2019.
11 "Villas Bôas: 'Olavo de Carvalho presta enorme desserviço ao país'", *O Estado de S. Paulo*, 7 de maio de 2019.

Em seu segundo clássico, *Comentários sobre a Primeira Década de Tito Lívio*, o livro em que se dedicou a estudar a República romana e a virtude de suas instituições, Maquiavel se referiu aos agitadores que, "reunidos em clubes e praças públicas, criticavam muitos cidadãos, ameaçando-os de revelar suas artimanhas e de puni-los, se chegassem um dia a fazer parte do governo". Ocorria que, às vezes, "um desses descontentes chegava à magistratura suprema, na qual, vendo as coisas de mais perto, percebia as verdadeiras fontes do mal e os perigos que ameaçavam o Estado – os quais eram difíceis de remediar". Assim, "mudavam logo de linguagem e de conduta". Ao passarem de simples cidadãos à dignidade suprema, tornavam-se serenos, por conhecerem melhor os segredos do Estado. Isso acontecia tantas vezes que deu origem a um provérbio: "Estes têm dois modos de pensar: um em praça pública, outro em palácio".[12] No nosso caso presente, não houve essa diferença: do palácio desceu o presidente com frequência à praça pública, para arengar ao povo, a pé, em cima de um veículo, a cavalo, ou mesmo de helicóptero, trazendo ao lado o ministro da Defesa. Só não chegou de fragata porque Brasília fica longe do mar.

O secretário de governo de Bolsonaro era um alto soldado, dos mais próximos do presidente, de quem foi colega na academia militar. Teve até mesmo experiência de guerra. Se havia um ministro disposto a auxiliar Bolsonaro a superar sua falta de *virtú*, este era o general Santos Cruz. Para isso, confiava contar com a antiga camaradagem e talvez com sua experiência de comandar capitães. Enganou-se. Em meados do ano, de novo em razão de intrigas advindas de sua insaciável prole, o pai demitiu o general. Em seu lugar, colocou outro camarada, Luiz Eduardo Ramos, amigo de 40 anos.[13]

Pensar a política como ela é e não como deveria ser: eis a maior contribuição de *O príncipe*. Ainda assim, Maquiavel não faz no livro um elogio da maldade e não considera coisas de somenos importância as virtudes cristãs, como a liberalidade, a generosidade, a piedade, a fidelidade e a integridade.

---

12   Brasília: Editora UNB, 2000, p.151. Tradução de Sérgio Bath.
13   Na imprensa, alguns colunistas passaram a afirmar que o Exército já não podia dizer que estava fora do governo. Fabio Victor e Thais Bilenky, "Um general da ativa no centro da coordenação política", *Piauí*, 13 de junho de 2019.

"Seria louvabilíssimo, diz ele no capítulo XIV, um príncipe ter as melhores qualidades". Mas na impossibilidade de ter todas elas "é necessário ser prudente a fim de escapar à infâmia daqueles vícios que põem em risco o governo". Se for impossível ser virtuoso, deve-se ir adiante. Insistir na falta de virtude é, no entanto, temerário, pois revela a falta de prudência, de bom senso e de equilíbrio, que levou à desgraça tantos líderes. Sugiro ao leitor guardar na memória essas três virtudes.

Após demitir Santos Cruz, Bolsonaro afastou dois generais e rebaixou um terceiro.[14] À mesma altura, numa cerimônia militar, elogiou, como o fizera em campanha, o armamento da população, para dar ao povo a capacidade de resistir a uma ditadura que beneficiasse seus inimigos.[15] Depois desses episódios, quem sabe um pouco desnorteados pelo fogo amigo, os soldados parecem ter se retirado para o fundo do palco. A única reação que se ouviu foi uma entrevista em código do general Etchegoyen, ex-chefe do GSI no governo Temer, que anunciou que a força terrestre não iria aumentar sua participação institucional no poder.[16] Naquela altura, já eram cem os oficiais em cargos importantes.[17] Mas o próprio secretário demitido não esqueceu a ofensa. Chamou o cotidiano do palácio de "show de besteiras", referindo-se à atuação do presidente, de sua prole e dos cortesãos.[18]

Como a seu paladar simples e rude não ofendem as ofensas cometidas, Bolsonaro resolveu seguir em frente, como aconselhava Maquiavel, sem pres-

---

14   "Bolsonaro demite terceiro militar em uma semana", *O Estado de S. Paulo*, 14 de junho de 2019 e "Bolsonaro tira general da cúpula do governo e coloca nos Correios", *O Estado de S. Paulo*, 20 de junho de 2019.

15   "Bolsonaro defende armar a população para evitar golpe de Estado", *Folha de S. Paulo*, 15 de junho de 2019. A propósito, o capítulo intitulado "Como o príncipe deve proceder acerca das milícias" e os outros dois que trazem no título o termo, não se referem àquilo que à primeira vista parece ser seu tema, mas às tropas de defesa dos principados. Neles, o autor revela sua ojeriza aos exércitos mercenários, aos quais atribui a ruína da Itália. É só isso.

16   Ver Igor Gielow em *Folha de S. Paulo*, 23 de junho de 2019.

17   "Bolsonaro rearranja relação com ala militar do governo", *Folha de S. Paulo*, 29 de junho de 2019.

18   "Bolsonaro reage a Santos Cruz e diz que general é 'página virada'", *Época*, 20 de junho de 2019.

tar atenção a suas outras advertências. Assim, fez saber que a fome no Brasil era uma grande mentira, que a jornalista Miriam Leitão inventara que tinha sido torturada sob a ditadura, que eram falsas as acusações de destruição da Amazônia, lançando a culpa dos incêndios às costas das ONGs, além de ter chamado os governadores do Nordeste de "paraíbas". Mas, como Alexandre VI, soube ser magnânimo com os filhos: prometeu entregar a Eduardo a embaixada brasileira em Washington, o que afinal não fez.[19] E para completar, disse que se o presidente da Ordem dos Advogados do Brasil, Felipe Santa Cruz, quisesse saber como seu pai tinha morrido, ele poderia contar. O pai de Felipe, Fernando, teve sua condição de desaparecido político reconhecida oficialmente pelo Estado.[20] Mas não parou por aí: quando um vazamento de petróleo atingiu os estados do Nordeste, o capitão acusou as ONGs, a esquerda brasileira e o ditador Maduro, da Venezuela, de tramarem o ato criminoso. Até hoje não surgiram provas de que isso tenha acontecido.[21]

Na política externa, indispôs-se com o francês Macron, por causa da Amazônia e referiu-se de forma inacreditavelmente grosseira à mulher desse mandatário, ao mesmo tempo que mandava a chanceler Angela Merkel "ficar com a grana" que seu país costumava investir na proteção da região, para "reflorestar" a Alemanha.[22] No final do ano, xingou de "pirralha" a jovem criadora do movimento das sextas-feiras pelo clima, Greta Thunberg, dias antes de ela ser indicada pela revista *Time* "Personalidade do Ano".[23] Nas relações internacionais, Bolsonaro, seu filho Eduardo e o chanceler Ernesto Araújo privilegiaram relações com governos, principalmente o de Donald Trump, e não com estados. Com notável falta de *virtú*, o trio empenhou-se em destruir

---

19   Eliane Cantanhêde, "Nonsense", *O Estado de S. Paulo*, 21 de julho de 2019.

20   "Ataque de Bolsonaro desagrada a parte da direita e dos militares", *Estadão Política*, 30 de julho de 2019.

21   "Bolsonaro relaciona vazamento de 'óleo venezuelano' nas praias do nordeste a Dilma e ao PT", *Forum*, 23 de outubro de 2019.

22   "Macron questiona se Bolsonaro está 'à altura' do cargo depois das piadas que fez com sua mulher", *El País*, 26 de agosto de 2019 e "Bolsonaro manda Merkel reflorestar Alemanha com dinheiro suspenso", *UOL Notícias*, 14 de agosto de 2019.

23   Jamil Chade, *Uol*, 18 de janeiro de 2020.

metodicamente o lugar e a respeitabilidade que o país tinha construído em décadas, a ponto de se tornar um pária no mundo.[24]

Feito esse rápido inventário, é ponto de voltarmos às páginas inspiradoras d'*O príncipe*. No capítulo XVIII, um dos mais citados da obra, Maquiavel trata da dupla natureza humana, como chave para entender a ação política, ou como diz o autor "as duas matrizes de combate", "a primeira própria dos homens, a segunda dos animais". Para ser bem sucedido, o líder precisa se valer de ambas, porque "uma sem a outra não produz resultados verdadeiros". Afinal, "é preciso ser raposa para evitar as armadilhas e leão para afugentar os lobos – aqueles que simplesmente adotam o leão não entendem do assunto". Mas isso devia ser complementado com a capacidade de dissimulação. O bom governante tem que saber parecer o que não é e saber enganar o povo com profissões de virtude: "que ele pareça, ao ser visto e ouvido, todo piedade, todo fé, todo integridade, todo humanidade, todo religião". Principalmente isso, pois "parecer possuir esta última qualidade é o que há de mais necessário".

O tema continua no capítulo seguinte, já mencionado. Nele, nosso autor retorna aos imperadores romanos. Cita Severo, mestre na arte de ser raposa ou leão, conforme as circunstâncias. Já o filho, Antônio Caraca, "homem de grandes méritos", não era exemplo a ser seguido. Por ser militar, era "adorado pelo povo e benquisto pelos soldados". Mostrava-se "desprezador de alimentos delicados e de qualquer frouxidão, o que o tornava amado por todos os exércitos". Apesar disso, "sua truculência e crueldade eram tantas e tão inauditas (...) que se tornou odiado por todo o mundo e passou a ser temido até pelos mais próximos". Foi "morto por um de seus centuriões durante uma campanha do exército". O que leva à conclusão: "o príncipe deve apenas evitar infligir grande injúria a um dos que lhe sirvam mais de perto e prestem serviços diretos ao principado". Aí também se fala de Cômodo, filho de Marco Aurélio, que "sem cuidar de sua dignidade, descia frequentemente às arenas dos teatros para combater com gladiadores, praticando atos vis e indignos da majestade imperial, até tornar-se desprezível perante

---

24 Miriam Gomes Saraiva e Paulo Afonso Monteiro Velasco Júnior, "Estamos sem rumo, sem aliados e sem interlocutores", *Folha de S. Paulo*, 20 de junho de 2020.

os soldados". Mas a história desse príncipe não teve final feliz, pois, "sendo odiado por uma parte e desdenhado pela outra, foi vítima de conspiração e terminou assassinado".

Em Brasília, protegido pelo avanço da civilização dos métodos de punição da Itália de Maquiavel, o presidente tratou um general ferrenhamente anticomunista de "melancia" (termo equivalente a "comunista disfarçado") e, pior, "defensor da guerrilha do Araguaia".[25] Ao mesmo tempo, empenhou-se em abrir as avenidas que levam à Esplanada a mais soldados: em pouco tempo, a participação dos homens de armas no governo subiu para 2500 cargos.[26] Ainda assim um editorial elogiou o "saudável distanciamento por parte dos militares", com a exceção do general Augusto Heleno, chefe do GSI, que apoiara a manifestação de Eduardo Bolsonaro a favor da volta do Ato Institucional número 5, editado em dezembro de 1968, sob a ditadura militar de 1964-85.[27] Na primavera, Bolsonaro demitiu mais um chefe militar: Maynard de Santa Rosa, que tinha prestígio na força e sob Dilma Rousseff criticara o plano de criação da Comissão Nacional da Verdade.[28] Mas quase chegado o verão já estava claro que, na questão dos soldos dos altos escalões dos soldados, a mão que punia sabia também afagar.[29]

Enquanto isso, o general Santos Cruz continuou seus ataques aos varões, sem se dispor a abater o pai.[30] Admitiu que o ex-chefe governava para os seus, mas falou da esquerda como uma das responsáveis pela polarização do país. Para ele, faltava honestidade de propósitos na forma de governar e havia interferência dos filhos. Atacou o juvenil "cordão magnético" (ex-

---

25 "General chamado por Bolsonaro de 'melancia' diz que o centro é que dá virtude", *O Estado de S. Paulo*, 22 de julho de 2019.

26 "Bolsonaro amplia presença de militares em órgãos federais", *Folha de S. Paulo*, 14 de outubro de 2019.

27 "A prudente distância dos militares", *O Estado de S. Paulo*, 6 de novembro de 2019.

28 Tales Faria, "Saída de general expõe crise entre militares de alta patente e Bolsonaro", *UOL Notícias*, 5 de novembro de 2019.

29 Adriana Fernandes, "Com apoio de Bolsonaro, militares conseguiram tudo o que queriam", *O Estado de S. Paulo*, 4 de dezembro de 2019.

30 "Fritura é a escória do comportamento político, diz ex-ministro Santos Cruz na CPMI das Fake News", *O Globo*, 26 de novembro de 2019.

pressão de Santa Rosa) que cercava o líder.[31] O grupo que atuava dentro do palácio para espalhar notícias falsas, depois conhecido como o "gabinete do ódio" era para ele um "caso policial". Contudo, no balanço geral, em sua visão, o presidente "acertou em alguma coisa e errou em outras".[32] Se tivesse que repetir seu voto, o repetiria.

O general também disse que "a função dos ministros palacianos, militares ou civis, era dizer diretamente ao mandatário o que estava errado". Aqui, ainda no capítulo XXII, encontramos algo de interesse contemporâneo na obra de Maquiavel. Para ele, o poder deve se cuidar dos aduladores e deixar claro que seus conselheiros não o ofendem quando lhe dizem a verdade. Para isso, o príncipe deve saber escolher homens sábios para formar seu governo. "Há de ser largo nas perguntas e, acerca do que foi indagado, ouvir pacientemente as verdades". Aliás, "caso note que alguém as omita, deve mostrar-se irritado". Os bons conselhos devem surgir da prudência do príncipe "e não a prudência do príncipe dos bons conselhos".

Aqui, nos trópicos, esta qualidade retirou-se para lugar ignorado. Na sua ausência, o capitão fez escola. Basta um exemplo: o titular da pasta de Educação, Abraham Weintraub, aproveitou o Dia da República, a 15 de novembro, para aludir ao marechal Deodoro da Fonseca. Para o ministro, "tratava-se de um 'traidor': tinha a confiança do Imperador, participou do golpe e não teve coragem de falar pessoalmente com Dom Pedro II que (sic) ele e sua família seriam exilados". Os soldados evidentemente sentiram-se ofendidos ao ver atacado um de seus heróis. Mas a única reação pública veio de forma anônima, em declarações como a de um chefe militar: "nunca vi nada igual. Faltam educação e civismo ao ministro da Educação". O jornalista Marcelo Godoy notou que o ministro agia "dentro da lógica virtual que o bolsonarismo mantém na internet, que se diverte ao enxovalhar a honra e ameaçar a família dos que se lhe opõem".[33]

---

31 Chico Alves, "General Santa Rosa sobre Bolsonaro: 'governar não é ação entre amigos'", *UOL Notícias*, 4 de dezembro de 2019, onde ele disse: "torço para que o governo dê certo, mas se acontecer vai ser por acaso".

32 "'Governo Bolsonaro se afastou do combate à corrupção', afirma Santos Cruz", entrevista a Mariana Schreiber, *BBC Brasil*, dezembro de 2019, 6 de janeiro de 2020.

33 Marcelo Godoy, "Para generais, Weintraub é o ministro da 'falta de educação'", *O Estado de S. Paulo*, 18 de novembro de 2019.

Mas voltemos, mais uma vez, ao texto clássico. "Não é de pouca importância para um príncipe a eleição de seus ministros, os quais são bons ou ruins segundo a sensatez do soberano", advertiu Maquiavel. "Como existem três gradações de inteligência – o primeiro entende por si, o segundo discerne o que o outro entendeu, o terceiro não entende nem a si nem a outrem", explicou, o primeiro "é excelente, o segundo ótimo e o terceiro inútil". Porque "toda vez que alguém consegue discernir o bem e o mal que o outro faz ou diz, ainda que não possua inventiva própria, saberá reconhecer as boas e as más ações de um ministro, exaltando aquelas e corrigindo estas, e o ministro, por sua vez, não pode pretender enganá-lo e se manterá na linha". Dessa forma, "quando os ministros e seus príncipes estão assim predispostos, podem confiar um no outro: do contrário, o fim será sempre danoso para um ou para outro".

Aos trancos e barrancos, o ano de 2019 chegou ao fim, com inesperada renovação de esperanças. Em sua coluna, o mesmo jornalista resumiu: "os generais estão otimistas. Depois das tormentas, eles voltaram a acreditar que o governo Jair Bolsonaro pode dar certo".[34] Nessa altura, ao comparecer a uma cerimônia de formatura no Instituto Militar de Engenharia, o presidente afirmou que a última fortaleza contra o socialismo eram seus soldados.[35] Quase terminado o verão, deslocou o leal Onyx Lorenzoni, da chefia da Casa Civil para um ministério menor. Em seu lugar, pôs Walter Braga Netto, até aí chefe do Estado-Maior do Exército e interventor militar na área da segurança pública no Rio de Janeiro, durante dez meses, em 2018. Agora, todos os seus ministros com sede no palácio vieram da farda, um deles da Polícia Militar.[36]

O centurião logo foi visto como uma espécie de chefe do Estado-Maior de novo tipo.[37] Quanto ao capitão, este definira as relações que pretendia ter com os

---

34 "Aumentam as razões de otimismo dos generais com o governo Bolsonaro", *O Estado de S. Paulo*, 9 de dezembro de 2019.

35 "Em evento no Rio, Bolsonaro diz que as Forças Armadas são 'último obstáculo para o socialismo'", *O Globo*, 12 de dezembro de 2019.

36 "Bolsonaro tira Onyx da Casa Civil e coloca general da intervenção para o cargo", *O Estado de S. Paulo*, 12 de fevereiro de 2020.

37 Roberto Godoy e Marcelo Godoy, "Na Casa Civil, Braga Netto chefiará Estado-Maior do Planalto", *O Estado de S. Paulo*, 13 de fevereiro de 2020.

generais, cada vez mais fiéis a ele.[38] Acostumado a ser ferino em atos e palavras, fingiu que estava dominado pelos generais, por meio de uma ironia: "ficou completamente militarizado o meu terceiro andar", disse a um grupo de visitantes na sede do governo. "Bolsonaro desconfia da própria sombra, imaginando-se cercado de 'traíras'", alertou um editorial de imprensa numa frase que, sem a gíria, poderia figurar na grande obra. No mesmo texto, se pode ler: "pouco são os ministros de Bolsonaro que podem se dizer seguros no cargo, mesmo os que supostamente se ligam a ele pelo espírito de camaradagem dos quartéis".[39]

Mas nesse ato não deixou de mostrar uma certa *virtú*. Vale a pena lembrar aqui o jeito como César Borgia tratou seu capataz e mestre na arte das maldades, Ramiro de Orca, mandando cortá-lo em dois antes de expor seu corpo em praça pública. Mudando de assunto, no interior da Bahia, um ex-assessor de um dos filhos de nosso líder também foi eliminado de forma cruel. O episódio ainda espera esclarecimento.[40] Bolsonaro tinha agora os chefes militares identificados ideologicamente com ele e convictos de que um futuro retorno da centro-esquerda não era alternativa. O professor Francisco Carlos Teixeira explicou nesta altura: "a participação esporádica dos militares me parece agora descartada: como eles se identificaram de vez com Bolsonaro e sua agenda – desnacionalização, ultraliberalismo, alinhamento direto com os EUA, supressão dos programas sociais, desmonte da cultura, educação e ciências – sabem que o retorno de uma frente nacional e popular ao Poder terá um preço alto para as FFAA".[41] De todo modo, se tudo terminar em fracasso, sempre haverá quem lembre outra frase de Maquiavel, no capítulo XXIV: "que esses nossos príncipes que perderam seus principados, à frente dos quais estiveram tantos anos, não acusem a fortuna por isso, mas sua própria ignávia".

As coisas estavam assim quando a dinâmica do governo adquiriu ritmo próprio. Mimetizando o chefe, o decano dos generais no palácio sugeriu que

---

38 Bernardo Mello Franco, "O capitão entre os generais", *Folha de S. Paulo*, 13 de fevereiro de 2020.

39 "A militarização do Planalto", *O Estado de S. Paulo*, 15 de fevereiro de 2020.

40 "Miliciano Adriano Nóbrega morre em confronto com policiais na Bahia", *G1*, 9 de fevereiro de 2020.

41 Mensagem pessoal ao autor, 18 de fevereiro de 2020.

ele chamasse o povo às ruas para pressionar o Congresso a aprovar suas propostas. "Não podemos aceitar esses caras chantageando a gente. Foda-se", disse Heleno. Então, o próprio presidente tinha elevado o grau das maldades, referindo-se de forma escatológica a uma respeitada profissional da imprensa, enquanto no Ceará uma rebelião de policiais militares parecia revelar a ousadia de outro tipo de soldados.[42] Por pouco, o caldo não entornou. Daí em diante, o capitão e alguns de seus ministros parecem ter adotado a falta de *virtú* e o excesso de maldades como lema, jogando fora definitivamente o livro de Maquiavel e seus impertinentes conselhos. Este, por exemplo: "não há nada que faça um príncipe mais estimado que empreender grandes campanhas e dar de si memoráveis exemplos".

E então veio a pandemia, a forma assumida no Brasil de 2020 pela intervenção dos fatores inesperados, tão bem caracterizada na obra-prima. O penúltimo capítulo desta tem como título: "Em que medida a fortuna controla as coisas humanas e como se pode resistir a ela". Maquiavel diz aí: "Não ignoro que muitos tiveram e têm a convicção de que as coisas do mundo sejam governadas pela fortuna e por Deus, sem que os homens possam corrigi-las com sua sensatez, ou melhor, não disponham de nenhum remédio; e por isso poderiam julgar que não vale a pena suar tanto sobre as coisas, deixando-se conduzir pela sorte". Pensar assim é um grande erro, defende ele, pois "a fortuna decide sobre metade de nossas ações, mas deixa a nosso governo a outra metade, ou quase". A força de destruição que atingiu o Brasil e o mundo com a chegada do vírus é conhecida. Não nos estenderemos sobre isso. Mas é bom lembrar o que disse sobre a reversão da sorte um cidadão de Florença, em 1513:

> Comparo-a a um desses rios devastadores que, quando se enfurecem, alagam as planícies, derrubam árvores e construções, arrastam grandes torrões de terra de um lado para outro: todos fogem diante dele, todos cedem a seu ímpeto sem poder contê-lo minimamente. E, como eles são feitos assim, só resta aos homens providenciar barreiras e diques em tempo de calmaria, de modo que quando vierem

---

42 Leonardo Sakamoto, "Da chantagem do general ao caos no Ceará: Brasil vive 'Era do Foda-se'", *UOL Notícias*, 20 de fevereiro de 2020.

as cheias, eles escoem por um canal ou provoquem menos estragos e destruições com seu ímpeto. Algo semelhante ocorre com a fortuna, que demonstra toda sua potência ali onde a virtude não lhe pôs anteparos; e para aí ela volta seus ímpetos, onde sabe que não se construíram barreiras nem diques para contê-la.

Mas já dissemos, em nosso país, a prudência, como Inês, já era morta. O resto é conhecido: ao invés de se mostrar virtuoso diante da peste, o capitão perdeu as estribeiras. Desde o início, esforçou-se por negar a reversão de fortuna; em nenhum momento mostrou *virtù*. Sob o signo da morte, apresentou-se como mercador de drogas miraculosas, não mostrou empatia para com os doentes, escarneceu da dor, aproveitou-se do medo para incitar seus seguidores e nessa trilha espicaçou os juízes. Desceu à praça, contrariando mais um dos conselhos de Maquiavel, para se juntar a atos contra a lei; xingou e esbravejou em reunião do ministério, disse uma coisa no domingo para desmentir na segunda-feira. Demitiu ministros, deixou seu general de estimação acusar tribunais de conspirar contra o presidente, levou consigo altos soldados, sempre dispostos a defendê-lo e a justificar seus gestos, para ocasiões indignas de um verdadeiro príncipe. Orgulhou-se de mostrar em público que todos no palácio obedeciam a qualquer ordem sua, ameaçou o principado com a volta dos fardados ao poder, esquecendo-se de que para tal bastava que ficassem onde já estavam. Faltou com a palavra dada ao se aliar à escória da política para salvar a própria pele, ordenou que escondessem os números da pandemia e mandou seus asseclas invadirem hospitais para mostrar leitos vazios. A lista de maldades é interminável.

A falta de *virtù* de Bolsonaro diante da crise sanitária mundial lhe garantiu um lugar entre os piores governantes do planeta. Francis Fukuyama afirmou: "os fatores responsáveis pelas respostas bem sucedidas à pandemia têm sido a capacidade estatal, a confiança social e a liderança. Países com todos os três – um aparelho de Estado competente, um governo em que o povo confia e é por ele ouvido e líderes efetivos – saíram-se de forma admirável, limitando o dano que sofreram. Países com estados disfuncionais, sociedades polarizadas ou liderança sofrível deram-se mal, deixando seus cidadãos e economias expostos e vulneráveis". E completa, diante da Covid-19, "a demagogia e a incompetência logo são expostas", arriscando uma previsão: "Isso deve criar um benéfico efeito de seleção ao final, recompensando políticos e governos que agem bem e penalizando aqueles que fazem o contrário. Jair Bolsonaro do Brasil, que persistentemente esvaziou as instituições democráticas de seu país nos anos recentes, tentou blefar com a crise e agora está tropeçando e presidindo um desastre sanitário".[43]

Com tudo isso, os soldados continuaram solidários ao príncipe. Na ausência de movimentos sociais que pudessem requerer seu anticomunismo da guerra fria, militares palacianos e da reserva passaram a publicar cartas abertas ou escrever manifestos, onde o novo inimigo era o Supremo Tribunal Federal, acusado de procurar impedir Bolsonaro de governar. De uma hora para outra, brotou na caserna o interesse pelo Direito Constitucional e o artigo 142 da Constituição, que define o papel das Forças Armadas, passou a ser interpretado como base para uma eventual intervenção militar "moderadora". Nem um manifesto de 700 juristas, nem a manifestação do Supremo convenceram os generais do absurdo de sua doutrina.[44]

Quando a pandemia ultrapassou 70 mil mortos e o número oficial de infectados beirou os 2 milhões, o ministro do STF Gilmar Mendes, para grande indignação dos chefes militares, alertou que, com um general interino há dois meses no Ministério da Saúde, o Exército corria o risco de se tornar cúmplice de genocídio.[45] À mesma altura, um ex-procurador-geral do estado de São Paulo discutiu a possibilidade do presidente ser acusado, por suas atitudes face à Covid-19, de crimes contra a humanidade.[46]

Diante desse triste quadro, resta-nos resgatar a beleza e a pungência do capítulo "Exortação a tomar a Itália e a libertá-la dos bárbaros", o último da

---

43   "The pandemic and political order", *Foreign Affairs*, July/August 2020.
44   Ver minha entrevista a Bruno Lupion, "Militares não mudaram seu modo de pensar depois da ditadura", *DW*, 4 de junho de 2020
45   "'O Exército está se associando a esse genocídio', diz Gilmar Mendes sobre pandemia", *O Globo*, 12 de julho de 2020. Para um balanço da gestão do general Eduardo Pazuello, ver Beatriz Jucá, "'Máscara ideológica' e outras contradições de um Ministério da Saúde militarizado", *El País Brasil*, 13 de julho de 2020.
46   Marcio Sotello Felippe, "Um Nuremberg para Bolsonaro", *Revista Cult,* 13 de julho de 2020.

obra. Nele, o frio observador da política transmuta-se em utopista, como se bafejado pelo espírito de seu contemporâneo Thomas Morus. Diz que quando um país chegou ao fundo do poço, só resta reerguê-lo e que, às vezes, é necessário uma nação reduzida "aos termos atuais (...) mais escrava que os judeus, mais serva que os persas, mais dispersa que os atenienses: sem líder, sem ordem, derrotada, espoliada, varrida, tendo suportado toda a sorte de ruína para que se levante". E se, após tantas desgraças, pareça cada vez mais que "a virtude militar se extinguiu", nessa parte do mundo, "isso procede de que suas antigas instituições não eram boas, e não tenha surgido ninguém que tenha sabido encontrar novas". Não há que desanimar, a causa é justa. Afinal, "a todos cheira mal este bárbaro domínio".

Bolsonaro e os índios

Manuel Domingos Neto e Luís Gustavo Guerreiro Moreira

Em memória de Sued de Castro Lima

A promessa de destruir a política indigenista rendeu muitos votos a Bolsonaro. Quem percebe os povos originários como estorvo a ser removido em nome da fé, da civilização, da modernidade e do lucro fácil ficou animado. Empresários agrícolas, mineradores, madeireiros, garimpeiros, grileiros, evangélicos, patriotas castrenses e outros incomodados com os povos originários sobreviventes compuseram a linha de frente na batalha pela cadeira presidencial.

Nenhuma outra proposição do candidato exemplificaria melhor a captura do Estado pelo capital agrário e extrativista sedento de terras e de amparo público para expandir seus empreendimentos; nenhuma outra agradaria mais ao predador estrangeiro rico e cobiçoso que nunca tirou o olho do vasto e desconhecido espaço além-mar; nenhuma outra negaria tão radicalmente os direitos humanos e da defesa do meio ambiente.

As etnias sobreviventes estão majoritariamente situadas na Amazônia. Os que querem a floresta a qualquer custo foram contemplados com a vitória de Bolsonaro.

Diante do índio, empresários, aventureiros e instituições mostram suas índoles coloniais; o legislador e o juiz revelam seus compromissos de classe; leis, estatutos e convenções nacionais e internacionais evidenciam suas ambiguidades e inspirações conflitantes.

Diante do índio, o soldado narcísico e truculento mostra a fragilidade da narrativa de fundador da nação. O Exército, que se reclama nascido da união entre o nativo, o lusitano branco e o negro escravizado em luta contra o holandês maldito, surge de corpo inteiro diante dos povos originários sobreviventes. Sua lenda perde a beleza quando se opõe à reprodução do nativo negando-lhe o espaço indispensável à sobrevivência. O patriota dá lugar ao bandeirante, o genocida mais famoso da colonização. Nos anos 1960-1970, a ditadura investiu contra povos indígenas praticando torturas, assassinatos em massa, ataques bacteriológicos e químicos, estupros e trabalhos forçados. Com Bolsonaro, teria condições de voltar à carga.

Logo em seguida à posse do novo presidente, em curto espaço de tempo, um complexo arranjo institucional foi estabelecido para limitar a atuação de ONGs e movimentos sociais que defendiam os índios. Oficiais do Exército, policiais e pastores evangélicos conduziram essa operação.

A Secretaria de Governo, outrora encarregada de manter o diálogo com instâncias participativas da sociedade civil, tendo à frente um general, passou a supervisionar organizações voltadas para a defesa ambiental e para a proteção das "tribos" sobreviventes.[1] Tais atores haviam sido previamente criminalizados pelo patriotismo castrense. Sem jamais apresentar provas, comandantes e seus ventríloquos civis atacaram as ONGs como inimigos do interesse brasileiro.

O novo governo passou à sistemática destruição do Instituto Nacional de Colonização e Reforma Agrária (Incra), do Instituto Brasileiro do Meio Ambiente (Ibama), do Instituto Chico Mendes de Conservação da Biodiversidade (ICMBio) e da Fundação Nacional do Índio (Funai), os mais importantes instrumentos públicos voltados à proteção ambiental, ao indígena e à redistribuição fundiária. Militares assumiram o controle destes órgãos estratégicos e deram vazão à vontade de "pôr nos trilhos" servidores especializados que viam como "corruptos", "incompetentes", "preguiçosos" e sem amor à pátria.

Poucas horas após a cerimônia da posse, Bolsonaro editou a Medida Provisória nº 870, transferindo para o Incra, que integra o Ministério da Agricultura, Pecuária e Abastecimento o poder de conduzir o processo interministe-

---

[1] A palavra "tribo" é condenada por antropólogos, indigenistas e pelos próprios índios. O termo não contempla a complexidade da forma de organização desses povos; remete a uma ideia pejorativa de que estariam perdidos no passado. Mesmo o termo "índio" é problemático: encobre a diversidade cultural composta por 305 diferentes etnias. É cada vez mais adotada a expressão "povos indígenas" para designar essas coletividades.

rial de demarcação das terras indígenas, antes atribuído à Funai. A este órgão, cabiam os estudos iniciais de identificação das terras, sua delimitação e homologação fundiária. A tradição e expertise da Funai passaram a ser destroçadas por decretos e portarias.

Em agosto de 2019, o plenário do Supremo Tribunal Federal suspendeu a referida Medida Provisória fundamentado no artigo 231 da Constituição e na Convenção 169 da Organização Internacional do Trabalho (OIT), da qual o Brasil é signatário.[2]

O artigo 6º da Convenção obriga o governo a consultar os povos interessados, mediante procedimentos apropriados (através de suas instituições representativas) quanto às medidas legislativas ou administrativas suscetíveis de afetá-los diretamente. O artigo 14 reconhece "aos povos interessados os direitos de propriedade e de posse sobre as terras que tradicionalmente ocupam".

A cruzada contra o índio alimentou a judicialização da política. Questões "interna corporis" saltaram das tribunas parlamentares e do palácio presidencial para tribunais sobrecarregados, aturdidos e acovardados.

A efetivação dos direitos dos povos indígenas requer a garantia do princípio da autodeterminação, indispensável para manter suas formas de organização social e culturas. Esse é princípio inaceitável para segmentos sociais conservadores que sempre perceberam as culturas indígenas sobreviventes como "bizarras" ou "ridículas", incompatíveis com os sagrados interesses da pátria.

O direito à autodeterminação dos povos indígenas fora paulatinamente erigido com base na ideia de que a comunidade nacional nascente deveria legitimar o Estado formalmente desvencilhado dos poderes conferidos ao sangue real.

As políticas indigenistas atuaram ao longo do tempo como iniciativas estratégicas de muitos Estados nacionais para impor seus desígnios diante de culturas ditas "primitivas" ou "incivilizadas". A resistência a estas políticas genocidas se deu com a obstinação dos povos originários em preservar sua existência, que recebeu amparo da consciência humanitária mundial, inclusive da Igreja Católica.

---

2   A Convenção 169 da OIT, que diz respeito aos direitos dos povos indígenas em âmbito internacional, é mandatória.

No Brasil, apesar de a legislação ter sido atualizada após a ditadura militar de 1964, as políticas públicas foram desenvolvidas atribuindo ao índio uma espécie de regime de "autonomia vigiada". A Carta de 1988 reconheceu a autonomia dos povos indígenas, o respeito às suas organizações sociais, culturas e modos de vida. Refletiu o anseio democrático do ambiente em que foi escrita.

Mas, contraditoriamente, manteve o velho padrão assimilacionista e integracionista do indigenismo oficial, dando sobrevida às velhas práticas do colonizador europeu. O indigenismo governamental foi orientado na perspectiva do relacionamento interétnico, ou seja, da integração forçada em nome de uma "comunhão nacional". Caberia ao índio comportar-se como "bom-selvagem", dócil e servil, entregando o pescoço ao cutelo do "civilizado". Sua resistência em inserir-se na sagrada comunhão nacional seria vencida no mais assimétrico confronto.

A sociedade brasileira representada na Constituinte abraçou ambiguamente a humanidade do índio, que lhe daria o direito de existir. O etnocentrismo endossaria a percepção excludente, insensível à complexidade dos agrupamentos humanos, observou Aílton Krenak. A luta indígena interferiu mais nas políticas públicas e nas leis do que nos fundamentos etnocêntricos orientadores da construção do Estado.

Conceitos como o de "emancipação social" não teriam vaga na Carta. Na melhor das hipóteses, o Estado ensejaria condições para resolução de tensões pontuais de natureza etnoambiental decorrentes da adoção de políticas de "desenvolvimento sustentável", como a oferta de infraestrutura (acesso à energia elétrica e à água encanada ou a garantia de benefícios sociais).

A desvinculação dos direitos indígenas de suas dimensões sociais e históricas foi consagrada. A possibilidade de um "bem-estar" imediato, nos moldes do modelo societário dominante, foi a conquista possível.

Durante os treze anos em que o PT governou, a preservação das etnias foi praticamente ignorada. Milhares de indígenas expulsos de seus espaços pelo avanço da agricultura de exportação vagaram sem rumo nas periferias de cidades que simbolizam o Brasil que "dava certo". Homens e mulheres transformados em mendigos compunham espetáculos dantescos. Muitos eram consumidos pelo álcool, pelas drogas ou se entregavam à morte. O indígena não foi prioridade, as práticas genocidas não foram contidas. A demarcação de terras estagnou.

O que diferenciou a administração Bolsonaro de seus antecessores foi a postura escrachada, abertamente favorável ao genocídio. O presidente agiu sem pudor, despreocupado com a lei e sem temor frente à repercussão internacional.

Em 2017, em visita a Mato Grosso, Bolsonaro declarou-se contrário a demarcação de novas terras indígenas: "Não terá um centímetro quadrado demarcado", afirmou. Em discurso na instalação do Conselho da Amazônia, criminalizou o reconhecimento de direitos das etnias sobre suas terras estigmatizando-o como "indústria de demarcação de terras indígenas". Bolsonaro nega claramente ao índio o uso das terras que habitam. Sem medo das penalidades da lei e da execração mundial, condena-o à extinção acelerada.

Cumprindo promessa de campanha, Bolsonaro pretende viabilizar a exploração mineral e agropecuária em terras demarcadas ou de ocupação tradicional. Ignora as determinações de que as atividades nestas terras sejam social e ecologicamente sustentáveis; procura liberar o arrendamento das terras indígenas para a expansão do agronegócio; promete "tratar os povos indígenas como brasileiros" e "proporcionar meios para os índios se integrarem à sociedade".

Reproduzindo velha concepção castrense, Bolsonaro considera o ser índio uma condição transitória entre a barbárie e a civilização. Essa crença orientou o colonizador e permitiu a construção das sociedades latino-americanas através do genocídio continuado.

O lastro teórico da ação colonial é aristotélico: a força, uma espécie de mérito, configura direitos, entre os quais o de escravizar ou abater o mais fraco. A modernidade preservou este lastro. Nas Américas, o europeu exerceu o direito do mais forte. O "estágio evolutivo" dos povos teve como padrão classificatório a sociedade burguesa europeia, conturbada posteriormente pela luta colonial, que de alguma forma foi instada a abraçar as noções de cidadania e nacionalidade.

A percepção do índio como "sub-cidadão", ou seja, como elemento incapaz de auferir plenamente direitos conferidos pela lei, foi vencida tardiamente com a Constituição de 1988 e reafirmada pela Convenção 169/OIT.

Na prática, porém, permaneceu a noção de que o indígena seria incapaz de sobreviver sem deixar de ser indígena, ou seja, sem integrar a sociedade dos que queriam suas terras. Sobraram aos povos originários duas saídas: desaparecer biologicamente ou desaparecer culturalmente.

Manuela Carneiro da Cunha observou que, em relação ao índio, o "civilizado" atribuiu às leis naturais aquilo que é essencialmente obra humana: a política. Concluiu que tal forma de pensar funcionaria para todos, menos para suas vítimas.

Povos originários, obviamente, não reconhecem fronteiras geográficas resultantes do embate de poderes discricionários de Estados. Desta forma, sempre constituíram "ameaça" à ideia de soberania territorial firmada com a intensificação das trocas comerciais.

A modernidade, exaltando os direitos do ser humano, dobrou-se ao direito de sobrevivência das etnias, formalmente configurado como "problema internacional". Sem entendimentos entre Estados acerca do gerenciamento adequado de espaços ocupados pelas populações originárias, suas existências seriam objetivamente negadas.

Pablo Casanova, observando na colonização das Américas o mesmo que ocorrera na África, afirmou que fronteiras políticas influenciaram direta ou indiretamente a formulação e uso de categorias sociológicas, entre elas, o colonialismo. Nações projetadas a partir da experiência colonial ignoraram as interconexões imemoriais dos povos originários e revelaram a impossibilidade de Estados, individualmente, darem conta de problemas que jamais seriam exatamente "domésticos".[3]

O Estado que diz "minhas etnias são problemas meus" nega a responsabilidade da humanidade consigo mesmo. Ao empregar expressões do tipo "crise humanitária", "socorro humanitário", "ajuda humanitária", a ONU nada mais faz do que tentar conter a barbárie embutida na alma "civilizada" posto que, na selvageria sem limites, o capitalismo não funciona.

O conceito "colonialismo" tem sido usado, sobretudo, como um fenômeno que explica as relações assimétricas e de dominação entre Estados. Casanova enfatizou seu aspecto de fenômeno "interno", ou seja, de dominação e submissão entre grupos envolvidos na construção de Estados nacionais. A tendência do "nacional" é sempre assumir as práticas do colonizador que se perdem na memória do tempo.

---

3   Pablo González Casanova, "Internal colonialism and national development", *Studies in Comparative International Development*, 1(4):27-37.

Os povos originários se destacam como vítimas das relações de poder configuradas na modernidade para ensejar a reprodução do capital. Aníbal Quijano está entre os que demonstraram como o desenvolvimento capitalista em ex-colônias, amparado nos aparelhos estatais, ressignificou procedimentos que não desapareceram após a ruptura com a metrópole. Nas Américas, noções de raça e etnia do europeu permaneceram moldando perturbadoramente a construção de novas nacionalidades.[4]

Na experiência histórica deste Continente, raça e trabalho, espaço e povo são articulados conforme as necessidades dos civilizados brancos, observou Boaventura de Sousa Santos. O colonialismo reflete as demandas do capital, sendo um processo empacotado como "progresso" e "civilização".

A mentalidade colonial em escala planetária explica por que o capital global, concentrado no Norte, é baseado na exploração de trabalhadores pobres no Sul, considerados racial e etnicamente inferiores.

Isso também acontece no âmbito dos Estados, forçados a adotar políticas públicas concebidas por agências multilaterais como o FMI e o Banco Mundial. O desenvolvimento das relações capitalistas demanda normatizações em todos os quadrantes.

Ramón Grosfoguel observou que as zonas periféricas permanecem em "situação colonial" depois de libertadas do jugo metropolitano e rebate a velha ideia de que, no âmbito do Estado-nação, as sociedades apresentem sequência histórica pré-traçada. Sublinha que o sistema-mundo dominado pelo capital articula diferentes formas de trabalho consoante a classificação racial dos povos do mundo.[5]

A construção das sociedades nas ex-colônias, afirma Quijano, é influenciada pela anti-historicidade: desconsidera a violência e a tutela do passado; ignora a imposição de formas civilistas eurocêntricas de relações entre o território, o Estado e a sociedade. Não credita importância à disparidade de forças

---

4   Aníbal Quijano, "Colonialidade do poder e classificação social", in Meneses Santos Org.). *Epistemologias do Sul*, São Paulo: Cortez, 2010. p. 84 – 130.,

5   R. Grosfoguel, "Descolonizando los universalismos occidentales: el pluriversalismo transmoderno decolonial desde Aimé Césaire hasta los zapatistas", in Ramón Grosfoguel y Santiago Castro-Gómez (eds.), *El giro decolonial. Reflexiones para una diversidad epistémica más allá del capitalismo global*, Bogotá: Iesco/ Instituto Pensar/Siglo del Hombre, 2007, pp. 63-77.

em conflitos sociais, quando braços do Estado causam danos aos grupos mais débeis; desconsidera cultura, história e domínio ancestral de territórios em detrimento dos que deveriam ser seus beneficiários.

Nos últimos 40 anos, a luta dos povos indígenas, entrecruzada com as preocupações ambientais, ganhou expressão geopolítica. Reivindicações de povos originários por terra, recursos, direitos e autogovernança surgiram como desafios aos arranjos dos Estados nacionais em mãos de elites econômicas.

Com novos canais de comunicação e intercâmbios, a consciência política indígena internacional ganhou força, tanto em países desenvolvidos quanto nos periféricos. Grupos indígenas aperfeiçoaram seus recursos jurídicos a partir da própria normatização dos dominantes, passando a arguir o direito de tomar conta de suas próprias vidas.

Disso resultou a Declaração das Nações Unidas sobre os Direitos dos Povos Indígenas, de 2007. O arrazoado em defesa das comunidades indígenas teve como ponto de partida o primeiro artigo da Carta das Nações Unidas: "todas as pessoas têm direito à autodeterminação; em virtude desse direito, elas podem determinar livremente seu status político e buscar livremente seu desenvolvimento econômico, social e cultural".

O conceito de autodeterminação é um dos mais discutidos, negligenciados e contraditados pelas instituições do Estado e pela sociedade brasileira. É particularmente repelido pelos militares, que em sua percepção corporativa de pátria, o veem como atentatório à sacralidade dos limites territoriais.

A Convenção 169 da OIT sobre Povos Indígenas e Tribais em Países Independentes, aprovada em 1989 e ratificada pelo Brasil em 2002, após quase onze anos de tramitação no Congresso Nacional, estabelecia que, em virtude do direito à autodeterminação, os povos indígenas determinariam livremente sua condição política assim como buscariam livremente seu desenvolvimento econômico, social e cultural.

A ideia de "autodeterminação" e os precedentes legais que a estabelecem foram adotados por grupos étnicos em todo o mundo. As lutas por direitos diferenciados implicaram na substituição de estruturas estatais monolíticas por outras mais adaptadas à pluralidade cultural.

O conceito também foi arguido nas lutas por demarcação de terras e contra as grandes obras de infraestrutura como usinas hidrelétricas ou ainda em loteamentos, empreendimentos industriais e construção de barragens em áreas indígenas. Os esforços pelo empoderamento de grupos étnicos minoritários exigem o reconhecimento do direito de reivindicar nos parâmetros da Lei. Daí seguiu-se a necessidade de conciliação. Tais esforços sempre foram rejeitados pelas elites políticas e militares como incompatíveis com a unidade e a soberania nacionais.

A dominação colonial pretendeu suprimir os espaços dos povos indígenas; impôs-lhes um tipo de subordinação funcional aos seus interesses e uma adaptação forçada às políticas que lhes afetam diretamente. Tal relação conflita com a autonomia organizacional e decisória das comunidades indígenas.

O Estado brasileiro optou pela negação sistemática da heterogeneidade cultural indígena, levando Caio Prado Júnior (1972) a considerar inconclusa a transição entre a colônia e a nação. A diversidade cultural persistiu, refugiando-se em formas organizacionais mais ou menos afastadas e conflitantes com o "projeto nacional" destruidor de expressões autóctones.

A luta pelo reconhecimento jurídico da autonomia dos povos indígenas no Brasil tem sido constante, não deixando de impor algum respeito ao princípio da autodeterminação.

A política indigenista brasileira moderna foi organizada no diapasão positivista que orientou a Proclamação da República (1889) e a instauração do novo regime. Em 1910, foi fundado o Serviço de Proteção ao Índio e Localização de Trabalhadores Nacionais, depois chamado de Serviço de Proteção ao Índio (SPI).

A "nacionalização" do índio ou "silvícola" implicava em sua transformação em camponês e em sua integração ao mercado em nome da "comunhão nacional", expressão usada por intelectuais antes da Primeira Guerra Mundial, quando já estava clara a importância das nacionalidades para a legitimação do Estado.

Um dos intuitos dos militares brasileiros era evitar problemas na fronteira: grupos arredios poderiam ser atraídos por Estados vizinhos. O SPI foi incorporado pelo Ministério da Guerra e chefiado por Cândido Rondon, já então "sertanista" consagrado. Posteriormente, o SPI seria subordinado ao Ministério da Agricultura, da Indústria e Comércio e ao Ministério do Interior.

As variadas afetações institucionais exprimiam a insegurança do aparelho de Estado acerca do lugar dos indígenas na construção da sociedade. Para todos os efeitos, o índio deveria compor a comunidade nacional.

O Código Civil de 1916, data em que o serviço militar obrigatório e universal foi efetivado, formalizou a "relativa incapacidade" dos indígenas (ou "silvícolas") para a vida civil. Desta forma, o Estado determinaria a sujeição pelo regime tutelar. Leis e regulamentos elaborados desde então se voltaram para adequação do indígena à "civilização". Negava-se o reconhecimento do direito de existências das etnias.

Após 1930, o Estado imaginou a figura do "trabalhador nacional", classificação genérica dada ao operariado urbano e rural na qual o indígena deveria ser incluído. A proletarização integrava o projeto de construção da "comunidade imaginada", que ignorava desigualdades, hierarquias e privilégios.

Era o tempo em que os militares passaram a dirigir importantes órgãos públicos. A ditadura presidida por Getúlio a partir de 1937 empregaria sofisticados e brutais recursos na construção da nacionalidade. Levas de nordestinos foram conduzidas para disputar o espaço amazônico com os autóctones, sendo designados como "soldados da borracha". A colonização da Amazônia ganhava terminologia militar. Vivia-se a guerra mundial e a autoridade do Estado chegava ao ápice. O patriotismo castrense constituía o manto sagrado legitimador das políticas ditatoriais.[6]

O eixo condutor da política indigenista foi reforçado com a ditadura inaugurada em 1964. Os "salvadores da pátria" removiam pela força qualquer obstáculo aos seus planos de promover "segurança e desenvolvimento" e de "integrar" o espaço brasileiro. A Amazônia foi posta no centro do Programa de Integração Nacional (PIN), criado em 1970, que compreendia a construção de rodovias, obras de infraestrutura e projetos de colonização. O conjunto de iniciativas visava erigir o "Brasil Potência".

Os planos ditatoriais atingiram duramente as etnias sobreviventes. Segundo a Comissão Nacional da Verdade (CNV), pelo menos 8.350 indígenas foram assassinados ou desapareceram entre 1964 e 1988.

Sob a ditadura, o povo waimiri atroari quase sumiu. Os massacres se estenderam pelos anos 1960-1970, durante a execução de dois projetos com grande impacto sobre a terra indígena: a abertura da BR-174 (rodovia Ma-

---

6 Manuel Domingos Neto, "Sobre o patriotismo castrense", in *Perseu*: Revista do Centro Sérgio Buarque de Holanda da Fundação Perseu Abramo, São Paulo,13 (18):13-35, 2019.

naus-Boa Vista) e a construção da hidrelétrica de Balbina, situada no rio Uatumã, no nordeste do Amazonas. Paralelamente, ocorreram conflitos violentos entre empresas mineradoras e garimpos legais e ilegais.

Os massacres foram sistematicamente escondidos. Não ganharam destaque nem entre os opositores da ditadura. Mas foram relatados em sete mil páginas, escritas em 1967, pelo procurador Jader de Figueiredo Correia a mando do general "linha dura" Afonso Augusto de Albuquerque Lima, ministro do Interior no governo Costa e Silva e referencial do nacionalismo castrense.

Conhecido como "Relatório Figueiredo", o documento revela crimes praticados por militares, latifundiários e funcionários do SPI contra indígenas de todo o país, incluindo corrupção, tortura, assassinatos em massa, ataques, bacteriológicos e químicos, estupros e trabalhos forçados.

A precariedade do atendimento aos indígenas e a subnotificação permitem considerar um número de vítimas muito superior. A Comissão Nacional da Verdade reconhece as limitações das investigações e sugere sua continuidade através da criação de uma Comissão Nacional Indígena da Verdade.

A criação da Funai, em 1967, pelo ditador Costa e Silva, não representou uma ruptura com o modelo do SPI, mas uma adequação às demandas do "Brasil Potência". O órgão integrou a estrutura do poderoso Ministério do Interior, entre cujas competências estavam o "desenvolvimento regional", a "radicação de populações", a "ocupação do território" e assuntos ligados a migrações internas e gestão de territórios federais.

A capacidade de intervenção deste ministério servia de plataforma de lançamento para a "candidatura" de Albuquerque Lima. Esse engenheiro defendia o papel do Estado no desenvolvimento econômico e o extermínio dos comunistas e povos originários.

A vinculação da Funai ao ministério responsável por grandes projetos de desenvolvimento e integração nacional indica o tipo de modernidade aspirada pelos militares: a construção do "Brasil Potência" era incompatível com a preservação das etnias. O relatório de uma CPI do Congresso Nacional em 1977 confirmava "abusos" contra os índios e corrupção generalizada na Funai. Este órgão passara a "acelerar a integração gradativa dos índios" absorvendo e dinamizando práticas administrativas que resultavam em genocídio.

Além da criação da Funai, em 1967, a adoção da lei 6.001/73, conhecida como "Estatuto do Índio", refletia a mentalidade do colonizador, mas ensejava procedimentos mais sofisticados. A ideia "integracionista" ("Integrar para não entregar", mantra da ditadura) era reafirmada, assim como o princípio estabelecido pelo Código Civil brasileiro de 1916, de que os índios seriam "relativamente incapazes" e deveriam ser tutelados.

A legislação agasalhou disposições discriminatórias, assimilacionistas e expropriadoras fundando-se na ideia de "transitoriedade" da condição indígena. Ficou estabelecida a remoção de grupos por razões de segurança nacional ou para a realização de obras de interesse público, a autorização de mineração por estatais e a tolerância para contratos de arrendamento em terras indígenas.

O direito dos indígenas às suas terras, mesmo sistematicamente transgredido, fora reconhecido desde a época colonial, sendo inscrito nas Constituições republicanas desde 1934, como registrou Manuela Carneiro da Cunha. Na constituição de 1967, a posse inalienável lhes foi assegurada, mas a propriedade das terras seria da União.[7]

A Constituição de 1988 suprimiu a ideia da assimilação, garantindo a preservação física e cultural das minorias étnicas; nos artigos 231 e 232, considerou os povos indígenas como partes legítimas para defender em juízo seus direitos e interesses. A inovação consistiu no conceito de autodeterminação: ao índio foi concedido o direito à autonomia quanto às suas formas de organização cultural e o direito à consulta prévia, livre e informada em assuntos que afetassem seu modo de vida.

A legislação indigenista passou a ter um caráter de "interação", não mais "integração". A Constituição ensejou mudanças importantes na resolução de lides, apesar de o Estatuto do Índio não ter sido alterado e não haver determinações que facilitassem a sobrevivência das etnias. Persistiram as violações de seus direitos, destacando-se a dificuldade para a preservação de seus territórios, acesso às políticas sociais, agrícolas, de saúde ou previdenciárias.

A representação da sociedade brasileira acerca do índio como um elemento relativamente ou completamente incapaz se manifesta em todas as es-

---

7   Manuela Carneiro da Cunha, "Índios na Constituição", *Novos Estudos: CEBRAP*, São Paulo, 37(3):429-443, dezembro de 2018.

feras de poder. As instituições persistiram admitindo que o índio fosse tutelado pela Funai. O reconhecimento jurídico-constitucional da autonomia não revogou o entendimento positivista de que o índio se encontraria na condição transitória entre a barbárie e a modernidade.

O colonialismo nas políticas indigenistas se manifesta plenamente na demarcação de terras, mas está presente em todas as ações governamentais. A Funai, em sua página na internet, reconhece oficialmente a persistência da tutela: "... apesar de a Constituição Federal de 1988 ter estabelecido um novo paradigma sobre os direitos dos povos originários do Brasil, rompendo com a perspectiva tutelar e integracionista, a concretização dessa ruptura ainda é um processo em curso".[8]

Os indígenas continuam a ocupar um lugar de exterioridade ontológica e política na nação constituída. As políticas públicas foram impostas verticalmente, à revelia de interlocuções com os beneficiários.

Há iniciativas de acesso aos benefícios sociais que reproduzem preconceitos e reforçam a ideia de que o lugar do índio é sob a tutela da Funai, como no caso dos benefícios previdenciários. O Instituto Nacional do Seguro Social (INSS) estabeleceu que o "Segurado Especial Indígena" deve ser reconhecido pela Funai, a quem cabe comprovar sua atividade rural individualmente ou em regime de economia familiar. Essa exigência desconsidera a autodeterminação dos indígenas, pois ao segurado não-indígena, basta que o próprio INSS comprove, sem a intermediação de outros órgãos.

O mesmo ocorre quanto ao acesso à educação. Para comprovar sua identidade e acessar as cotas étnicas que lhes são destinadas nas universidades, os índios se submetem ao penoso processo burocrático, que inclui em muitos casos longas viagens em busca de declarações da Funai. A este órgão cabe reconhecer o que já está formalmente estabelecido pela Constituição: a condição indígena.

A permanência de uma postura tutelar assimilacionista e integracionista não quer dizer, necessariamente, que todos os governos tenham atuado exatamente da mesma forma. Há práticas que perpassam todas as administrações, mas as sensibilidades foram diferenciadas.[9]

---

[8] FUNAI. Direitos sociais, http://www.funai.gov.br/index.php/nossas-acoes/direitos-sociais, acesso em 07 de julho de 2020.

[9] Maria Augusta Assirati e Luís Gustavo Guerreiro Moreira, "O estado anti-indígena: da colônia ao novo golpe", *Tensões Mundiais*, 2019, 15(29):97-118.

Ao longo dos governos do PT ocorreram massivos programas de distribuição de renda, de acesso à educação em todos os níveis e de geração de empregos que afetaram para melhor a vida dos povos originários. Programas como o Fome Zero e o Bolsa-Família reduziram a quantidade de indígenas vivendo abaixo da linha da pobreza. Foram criados e reformulados conselhos de participação social nas políticas públicas em que os índios tiveram oportunidade de se manifestar.

Mas a perspectiva etnocêntrica persistiu estruturando os rumos das políticas públicas. A principal pauta do movimento indígena, a demarcação de suas terras, foi objeto de fortes ataques dos que apoiariam Bolsonaro.

O governo conservador de José Sarney e os de orientação neoliberal, como os de Fernando Collor e Fernando Henrique Cardoso, foram, curiosamente, os que mais demarcaram terras indígenas, refletindo os impactos dos debates da Constituinte de 1988 e das pressões internacionais em favor da preservação das etnias.

A partir do segundo governo de Lula (2007-2010), os empresários agrícolas já estavam consolidados como força política. O peso das exportações agrícolas tornara-se economicamente decisivo. No golpe contra Dilma Rousseff, na eleição de Jair Bolsonaro e na preservação de seu mandato, impuseram seus interesses.

A Frente Parlamentar Agropecuária (FPA) forçou uma pauta abertamente contrária aos povos originários. Torpedeou as políticas indigenistas em suas diversas dimensões (educacional, de assistência social e de etnodesenvolvimento) sem perder o foco na captura das terras indígenas.

A trajetória parlamentar de Bolsonaro foi recheada de declarações racistas e ataques ao índio. Em 2004, na Câmara dos Deputados, Bolsonaro chamou os indígenas de "fedorentos, não educados e não falantes de nossa língua". Em 2008, em audiência pública, mandou o líder indígena Jecinaldo Barbosa "comer um capim ali fora para manter as suas origens". O racismo explícito não bastou para que perdesse o mandato.

Durante a campanha eleitoral, Bolsonaro afirmou em diversas ocasiões que existia no Brasil uma "indústria de demarcação" organizada pela Funai e por ONGs. Com frequência, classifica as etnias como grupos em "situação inferior". No melhor estilo do colonizador belga em terras africanas, compara os índios aos "animais em zoológicos".

Eleito presidente, Bolsonaro manteria seu discurso. Em maio de 2019, durante uma feira de tecnologia agrícola em Brasília, prometeu liberar e estimular o armamento para os fazendeiros: "No que depender de mim, o homem do campo vai ter fuzil em sua propriedade". Declarou também que deixar o agricultor desarmado seria "inconsequente e irresponsável" posto que ficaria "à mercê do Movimento dos Trabalhadores Sem-Terra e outros tipos de bandidagem". O Presidente tornou-se o mais importante porta-voz dos que almejam a criminalização dos movimentos que lutam por reforma agrária e pela sobrevivência dos povos originários.

O interesse dos ruralistas é o avanço sobre as terras indígenas. Os setores mais radicais das igrejas evangélicas querem ampliar sua zona de influência através das ações missionárias. Os militares acreditam que a preservação das populações indígenas ameaça a soberania nacional. A confluência desses interesses se manifesta na luta pela desregulamentação do processo de demarcação de terras, que abrange as políticas de produção, exploração e acesso à terra indígena.

A Frente Parlamentar Agropecuária é atualmente a maior força política organizada do Congresso Nacional, com 257 deputados (em um total de 513) e 32 senadores (em um total de 81). Atua na prática como um partido político que sabe o que quer e tem consciência de seu poderio. Seus integrantes entendem que a demarcação de terras indígenas limita a expansão de empreendimentos e compromete o futuro do Brasil: haveria "muita terra para pouco índio". Aludem ao fato de que 14% do território nacional estão em posse de grupos étnicos que representam menos de 0,5% da população. Nem de longe lhes ocorre que os povos originários já perderam 86% de seu espaço. Além disso, denunciam a insegurança jurídica nos casos em que as demarcações não estão resolvidas.

Apesar de exprimir interesses do agronegócio, o governo Bolsonaro não deixa de agir em seu desfavor ao desenvolver uma política externa que conturba as exportações brasileiras. O atrelamento radical aos interesses dos Estados Unidos e as agressões gratuitas à China, o maior comprador da produção agrícola brasileira, revelam a desorientação governamental.

Pressões parlamentares fizeram com que Bolsonaro desistisse de manter a Funai no Ministério da Mulher, da Família e dos Direitos Humanos, entregue à pastora evangélica Damares Alves, que não se opõe ao cancelamento de demarcações de terras e se alinha a entidades missionárias interessadas em evangelizar os indígenas. A Funai voltou a integrar o Ministério da Justiça e Segurança Pública.

Quando tentou transferir a responsabilidade de demarcação de terras indígenas da Funai para o Incra, subordinado ao Ministério da Agricultura, dominado por ruralistas, Bolsonaro visava uma cartada importante contra os índios, mas foi derrotado na instância judicial. Sua obstinação nessa iniciativa, inclusive, gerou momento de tensão: o ministro Luís Roberto Barroso acusou o presidente de promover "inaceitável afronta à autoridade suprema da Constituição Federal".

Além de combater a demarcação de terras, Bolsonaro defendeu a desregulamentação das áreas já regularizadas, de interesse das empresas de mineração, que há muito lutam pelo abrandamento de leis de proteção etnoambiental e a permissão para explorar o subsolo em terras indígenas. As terras constituem áreas de preservação ambiental, são de uso e posse exclusiva dos povos indígenas e de propriedade da União.

Em fevereiro de 2020, ao dizer que proporia ao Congresso a mineração em terras indígenas, Bolsonaro declarou: "índio é um ser humano igual a nós, tem coração". O jornal *Folha de S. Paulo* comentou que o presidente reproduzia o modelo colonialista.

A FPA também luta para desregulamentar a proteção ambiental e a atividade agrícola sustentável em terras indígenas. Com a Proposta de Emenda à Constituição 187/2016, a bancada ruralista, em acerto com Bolsonaro, pretende que estas terras sejam exploradas por não indígenas. A medida configura o retorno ao modelo integracionista e assimilacionista, incompatível com a mencionada Convenção 169 da OIT.

A presidência da Funai foi entregue a um delegado da Polícia Federal e suas diversas coordenações regionais estão nas mãos de militares. A gestão de setores estratégicos e técnicos, como a "Coordenação de Índios Isolados e de Recente Contato" ficou sob encargo de um missionário evangélico fundamentalista. É fina a sintonia entre a Funai e as bancadas evangélica e ruralista.

As manifestações de Bolsonaro contra os índios e a defesa ambiental estimulam o instinto predador de parcelas significativas da sociedade brasileira.

Os assassinatos de líderes indígenas saltaram de dois, em 2018, para sete, em 2019, segundo a Comissão Pastoral da Terra (CPT). Os casos de invasão, grilagem, roubo de madeira e garimpo ilegal também dispararam. Segundo o Conselho Indigenista Missionário (CIMI), nos nove primeiros meses de 2019, ocorreram 160 casos de invasão em 153 terras indígenas, em 19 estados. Ao longo de 2018, esta contabilidade trágica era menos expressiva: ocorreram 111 casos de invasão em 76 terras indígenas, em 13 estados.

Os povos originários foram os primeiros a se manifestar depois da posse de Bolsonaro, em janeiro de 2019. A Articulação dos Povos Indígenas do Brasil (APIB) tem denunciado na ONU e na OEA as violações e violências cometidas durante o atual governo. O líder indígena Dinaman Tuxá sintetiza a situação: "Nossas perspectivas são as piores possíveis, porque mesmo a Funai voltando para o Ministério da Justiça, nós continuamos esbarrando numa política de extermínio". Acrescenta ainda que a paralisação da Funai "por asfixia" indica que o órgão ficará sem condições de funcionar de forma plena.

A desestruturação do Ibama, do ICMBio, da Funai e do Incra mostra a determinação de Bolsonaro de cumprir suas promessas de campanha. O meio ambiente e os povos originários estão sendo sacrificados em favor dos apoiadores de Bolsonaro. A Amazônia fica exposta à sanha dos novos bandeirantes. A edição da Medida Provisória nº 910, que concede título de propriedade para especuladores imobiliários, invasores e desmatadores de terras públicas, é o sinal verde para práticas até recentemente tidas como criminosas.

A defesa da Amazônia tem sido arguida pelas Forças Armadas como demonstrativa do papel que lhes cabe como guardiãs da pátria. Respaldando Bolsonaro, os oficiais revelam sua concepção de defesa da floresta. A sobrevivência das 305 etnias indígenas formalmente reconhecidas pelo Estado brasileiro está comprometida, não por incompetência ou descaso, mas por decisão consciente.

O acaso parece conspirar em favor da índole genocida de Bolsonaro. Segundo os dados da Secretaria Especial de Saúde Indígena (SESAI), a taxa de letalidade da pandemia entre os povos indígenas é de 3,9%, abaixo à da população em geral. Mas a Apib contradita o governo afirmando que a letalidade chega a 8,8%. A diferença decorre de uma tentativa de manipulação estatística: o governo só aplica testes em contextos urbanos.

Dois fatores ampliam a letalidade do vírus: grande parte dos indígenas apresenta menos anticorpos devido às dificuldades de acesso às campanhas de vacinação e à ausência de uma política estruturada de combate à pandemia.

Os indígenas são atendidos por um Subsistema de Saúde do SUS específico para casos de baixa complexidade e de prevenção. Agentes indígenas de saúde geralmente atuam em suas próprias aldeias. Criada em 2010, a Sesai tem cadastro de aproximadamente 752 mil indígenas em 5.852 aldeias distribuídas em 34 áreas administrativas conhecidas como Distritos Sanitários Especiais (DSEIs). Essa estrutura tem ampla participação popular através de Conselhos Locais e Conselhos Distritais, que discutem e fiscalizam a política de saúde a partir da Conferência Nacional de Saúde Indígena.

Bolsonaro pretende acabar com esse controle. Em abril de 2019, editou o Decreto 9.759, que extinguiu colegiados ligados à administração federal. A participação e o controle social são imprescindíveis à disseminação de informações nas aldeias.

O contingenciamento orçamentário debilita a Sesai. Dentre as políticas indigenistas, o atendimento à saúde foi o que mais perdeu recursos em 2018 e 2019. Os dados do Instituto de Estudos Socioeconômicos (Inesc), indicam uma redução de R$ 1,76 bilhão em 2018 para R$ 1,48 bilhão em 2019. No orçamento total, houve um corte de R$ 870 milhões para R$ 673 milhões, representando uma redução de 23% entre 2013 e 2019.

O desmonte da saúde indígena é uma relevante contribuição para o extermínio dos indígenas. Se o sofrimento dos brasileiros "civilizados" pode ser mitigado pela ação de governadores e prefeitos, os povos originários estão completamente entregues à responsabilidade federal. No Ministério da Saúde, oficiais do Exército lotados no Subsistema de Saúde Indígena executam uma atividade macabra.

Em curtíssimo espaço de tempo, Bolsonaro conquistou lugar de destaque na história brasileira. Caso não perca a cadeira, logo poderá ser referenciado como o último bandeirante.

Da campanha à conquista do Estado: os militares no capítulo da guerra híbrida brasileira

Piero C. Leirner[1]

Introdução

Este capítulo constitui uma tentativa de se entender qual foi, e é, o papel dos militares nos eventos políticos que estamos assistindo no Brasil, pelo menos desde 2013, a partir do foco de uma modalidade de guerra. Coloco esta data como um ponto inicial pois ultimamente algumas pessoas têm levantado a hipótese de que naquele ano os eventos conhecidos como jornadas de junho foram na verdade um protoplasma de revolução colorida,[2] que seria por sua vez uma primeira etapa de um fenômeno do qual muita gente fala, mas do qual pouca gente entende: uma guerra híbrida.

Não tenho a intenção de discutir esses movimentos, especificamente, que ocorreram em paralelo às movimentações militares. Pelo contrário, minha ideia aqui é justamente mostrar que os militares construíram algo que pode

---

[1] Pesquisador do CNPq. Este texto é uma versão modificada de uma apresentação realizada no VII Congresso da APA – Associação Portuguesa de Antropologia, realizado em junho de 2019, e posteriormente convertido em artigo publicado em inglês na *HAU: Journal of Ethnographic Theory*, 10 (1): 41–49. Agradeço a João Roberto Martins Filho e aos demais colegas do Grupo de Estudos de Defesa, pela oportunidade de introduzir o problema da guerra híbrida nos debates atuais no Brasil.

[2] O conceito de revolução colorida é amplo, e se refere a diversos movimentos antigovernistas que eclodiram na década de 2010 em vários países. Para um entendimento desta aplicação no Brasil, ver Pepe Escobar, "O Brasil no epicentro da Guerra Híbrida", 2016. https://jornalggn.com.br/analise/o-brasil-no-epicentro-da-guerra-hibrida-por-pepe-escobar/, acesso em 25 de março de 2019.

até ter se aproveitado do desdobramento de um ciclo à direita das jornadas que tinha uma feição intervencionista,[3] mas que efetivamente passou por uma montagem que envolveu concepções muito mais restritas do que a agitação popular. No meu entendimento, tratou-se da galvanização de vários setores militares ao antipetismo em conjunto com um emprego de instrumentos de guerra híbrida que culminaram na sua tomada do Estado. Adianto que este é um processo em andamento e por isso prefiro aqui me ater a processos mais sistemáticos, que apontem para alguns padrões. Ainda assim, a análise do que vem ocorrendo, a partir sobretudo de 2019, sugere uma intensificação ainda maior do protagonismo militar no Governo.

Evidentemente não estou descartando que os militares, assim como muita gente, foram influenciados pelos "climas gerais" que tomaram conta do país, sobretudo com os desdobramentos da operação Lava-Jato. Certamente muitos foram a reboque disso, sendo levados a uma adesão cada vez mais frequente à candidatura de Jair Bolsonaro. No entanto, mais do que esse movimento, me interessa entender como conscientemente um grupo de generais articulou certos procedimentos, emplacou certas visões e viabilizou uma movimentação do conjunto da tropa. Não por mera coincidência, esses generais formam um seleto grupo de pessoas que mantiveram contato próximo ao longo de suas carreiras; chegaram a empregar estratégias *MOUT* (Military Operations in Urban Terrain) em operações de contra-insurgência no Haiti e na África e depois em Operações de Garantia da Lei e da Ordem (GLOs), aqui no Brasil; têm treinamento de forças especiais e operações psicológicas e, finalmente, trouxeram uma interpretação própria da "teoria da guerra híbrida" aplicada à realidade brasileira.

Esta é uma base conceitual militar que foi utilizada na campanha, mas que vai além dela.[4] Estou falando aqui de uma teoria da guerra híbrida que faz, ela própria, uma guerra híbrida. Embora esta espiral pareça um tanto confusa, um dos pontos que quero levantar é que ela é justamente a peça central da doutrina que desembocou na estratégia de defesa norte-americana que está

---

3   Angela Alonso, "A Política das Ruas. Protestos em São Paulo de Dilma a Temer", *Novos Estudos Cebrap,* número especial, 2017.

4   Ver minha entrevista em https://www1.folha.uol.com.br/poder/2018/10/comunicacao-de-bolsonaro-usa-tatica-militar-de-ponta-diz-especialista.html.

na base desta nova forma de fazer a guerra. Trata-se, de maneira resumida, de estabelecer vários "loops" e inversões visando afetar a cognição de uma nação, de uma população, de uma elite ou de setores de um Estado.[5]

O que estou querendo mostrar é que, antes de mais nada, houve uma alavancagem inicial de um "loop" ou "ataque cognitivo" dentro das Forças Armadas e posteriormente este processo tomou conta das movimentações políticas em torno da candidatura e da Presidência de Jair Bolsonaro. Arrisco dizer, assim, que a guerra híbrida afetou tanto os militares quanto a população em geral. O resultado disso é esta sensação que estamos vivendo, dia após dia, no Brasil, de que tudo está desencontrado, caótico e que o tempo de eventos bombásticos passou a correr mais rápido e mais intensamente. Trata-se, para usar uma concepção de Virilio,[6] de uma outra velocidade, que produziu um *blend* entre guerra e política. O grande problema que este processo envolve é que sequer percebemos isto como uma guerra, de tão heterodoxas que são estas ações.

Para tratar disso vou dividir o texto em três partes. A primeira mostrará quais pressupostos formam um *ataque* na guerra híbrida, apontando inclusive para como cheguei a esta análise em termos etnográficos. Na segunda, focarei os parâmetros de uma guerra híbrida, e das teorias que de alguma maneira definem sua aplicação. Finalmente, mostrarei como os elementos levantados nos pressupostos da guerra híbrida se aglutinaram resultando no processo de tomada do poder em forma contínua de guerra no Brasil.

Gostaria, antes de continuar, de alertar para algo que diz respeito ao formato e ao método usados aqui. A maior parte das informações que trago vem de percepções acumuladas ao longo de mais de 25 anos estudando o tema e realizando etnografia com militares.[7] Esta trajetória teve momentos mais intensos de pesquisa entre 1992-1996 e depois em 2010 e 2013, em múltiplos lo-

---

5 John Boyd, *Essence on Winning and Losing*, 1995, http://bit.ly/essencewinninglosing, acesso em dois de fevereiro de 2019.; Ford, *A Vision so noble: John Boyd, the OODA Loop, and America's War on Terror*, Durnham: War Bird Books, 2010.

6 Paul Virilio, *Velocidade e Política*, São Paulo: Estação Liberdade, 1997.

7 De certa maneira o que está escrito aqui é um resumo de elementos que estão em minha tese de progressão para o cargo de Professor Titular da UFSCar, defendida em dezembro de 2019 e publicada como *O Brasil no Espectro de uma Guerra Híbrida*, São Paulo: Alameda, 2020.

cais. Foram várias conversas e vivências em que os temas "política" e o "papel dos militares" acabaram sendo o foco principal, mesmo quando não se tratava disso. Isto é a base sobre a qual construí o caminho que vai da política à guerra e desta de novo à política. Fundamental dizer, desde já, que uma definição de guerra híbrida passa pela eliminação da fronteira entre estes dois planos: não há "continuação por outros meios", um é o meio do outro.

Infiltração às Avessas

É preciso uma nota etnográfica e pessoal aqui, para se entender como cheguei à noção de que há uma guerra híbrida operada em várias escalas no Brasil – inclusive no interior das próprias Forças Armadas –, que por fim viabilizou a chegada de Bolsonaro à Presidência e com ele de um grupo de militares que está no núcleo de poder.

Como disse, comecei uma etnografia com militares em 1992. Ainda naquela época era absolutamente clara a intenção deles de estabelecer uma espécie de relação de troca com a *Universidade*. Eles me acolheriam e me "formariam" em estudos militares desde que eu me engajasse em um projeto de contato entre a Instituição Militar e a Universidade, a fim de galvanizar um processo que desse conta de estabelecer um projeto para o Brasil.[8] Na avaliação deles (que, notadamente, pouco mudou desde então), o Brasil carecia de elites que conseguissem ter força e articulação suficientes para se tocar um projeto nacional de fato. Viam, então, que apenas as duas instituições com feições mais hierárquicas que poderiam começar a condução desse processo eram "eles" e "nós". De certa maneira, todo processo etnográfico foi atravessado por um sentido político, que em parte se desfez quando se estabeleceram as formalizações para um intercâmbio maior entre a Universidade de São Paulo, através do seu departamento de Ciência Política, e a Escola de Comando e Estado-Maior do Exército (ECEME), que hoje forma os oficiais em nível de doutorado – trata-se da elite militar.[9]

---

8   Piero Leirner, *Meia-Volta, Volver: um estudo antropológico sobre a hierarquia militar*, Rio de Janeiro: FGV, 1997.

9   Para chegar ao generalato no Brasil é necessário passar por esta escola. Todo ano, mais ou menos mil oficiais, que estão no posto de major, tentam a seleção e apenas aproximadamente cem ingressam.

Embora o fim desse padrão de relação tenha produzido um efeito colateral,[10] que foi meu interesse em pesquisar os temas relacionados à hierarquia e guerra, vale dizer que durante algum tempo refleti sobre o processo etnográfico e suas consequências no modo como passei a perceber não só os militares, mas também a política e o mundo que cercava o Estado, a partir do ponto de vista deles. Muito disso se deveu ao fato de que boa parte do que ocorreu durante a etnografia só foi decantado algum tempo depois, quando já me encontrava distante de militares. Uma das consequências imediatas da publicação da minha etnografia, em 1997, foi o corte de relações e o fechamento do Exército para todos os civis que desejassem fazer uma pesquisa em suas instalações por tempo indeterminado, o que teve consequências principalmente sobre os meus orientandos que queriam seguir desdobramentos de minha pesquisa.

Desde o começo de minha entrada no meio militar ficou patente que o mundo é pensado aí em termos de uma categoria primordial, que é a dicotomia amigo/inimigo. O mais interessante dela é sua operacionalidade multi-escala: vale para uma pessoa, para uma Instituição, para uma Força Armada estrangeira, para um País, para uma ideologia. Sempre estive na berlinda dessa chave e definitivamente entendi que, com o término da minha pesquisa, tinha passado da chave "amigo" para a de "inimigo". Se não tive exatamente uma explicação nativa de por que isso ocorreu, uma série de reflexões, que retomaram o processo de coisas que aconteceram, me ajudou a chegar a uma conclusão.

O primeiro ponto que posso evocar diz respeito ao modo pelo qual os militares produzem um constante movimento de domesticação do mundo de fora.[11] A engenharia social que realiza esse feito baseia-se sobretudo em um dia-a-dia ritualizado, inteiramente marcado pela repetição de um ordenamento da realidade. Tal fato é traçado por uma diagramação constante dos horários e dos modos de conduta; de reconhecimento automático de dispositivos de ação, como ordens, posturas corporais e etiqueta, assim e também como o reconhecimento de símbolos e notações, como os emblemas e os sinais que se

---

10   Piero Leirner, "Side Effects of the Chain of Command on Anthropological Research; the Brazilian Army", in Helena Carreiras and Celso Castro, *Qualitative Methods in Military Studies,* London: Routledge, 2013.

11   Piero Leirner, "O Estado como fazenda de domesticação". *R@U: Revista de Antropologia da UFSCar.* 4(2), São Carlos: UFSCar, 2012.

estampam nos uniformes e, finalmente, de uma terminologia marcada pelo emprego de uma linguagem cifrada por meio de siglas e termos nativos.[12]

De outro lado, a pior coisa que pode acontecer é tornar explícita essa série de regras implícitas. Trata-se de um mundo cifrado, onde as categorias precisam ser apreendidas até se tornarem naturalizadas. Para que isto ocorresse, no meu caso, fui submetido a uma constante série de tratamentos contraditórios, de furos, de inversões quanto a elementos combinados, de tentativas de imputação a mim de erros propositalmente concebidos. Tudo isso foi exposto na minha etnografia e creio que por isso mesmo depois notei que "não havia percebido como se portar como um deles" e que ao invés de dissimular essa série recorrente de "testes" que eram realizados comigo eu decidi expô-los como parte de um processo de tentativa de indução à "paranoia, perseguição e acusação".[13]

Por fim, embora não tenha espaço para explorar em maiores detalhes estes movimentos aqui, cabe dizer que posteriormente isso me chamou a atenção para um movimento geral em termos etnográficos: tratou-se em geral de uma *inversão de princípios*, onde o etnógrafo era o pesquisado. Isso ocorreu o tempo todo, passei por inúmeras sessões que pareciam um interrogatório. Mas, mais do que qualquer outra coisa, fui perceber algum tempo depois que sempre houve uma "operação padrão" no modo pelo qual a relação era cotidianamente estabelecida, que era a relação, sempre, com dois militares ao mesmo tempo: um com um papel mais compreensivo e amigo e outro com uma postura mais fechada, cética e "belicosa".

Este é um *modus operandi* básico, algo como a estratégia *good cop/bad cop* dos interrogatórios policiais. E isso tem consequências no modo como comecei a entender as movimentações atuais dos militares. Pois, como estamos vendo agora no processo político-militar, trata-se de uma constante produção de contradições, dualidades, ambiguidades, que, não por acaso, fui encontrar também descritas nas operações psicológicas em manuais militares. Trata-se aqui de aplicações de um conjunto de teorias que ficaram mais em evidência para os antropólogos depois da implementação nos EUA do chamado *Human Terrain System*

---

12 Piero Leirner, "A Etnografia como extensão da guerra por outros meios", *Mana*. 12(1). Rio de Janeiro: PPGAS/MN/UFRJ, 2009.

13 Ibidem.

(HTS) – um complexo doutrinário que institui como principal parâmetro de ação operações de inteligência que utilizam como apoio a psicologia, a linguística e a antropologia. Tal diretriz foi adotada parcialmente também pelo Estado-Maior do Exército (EME), no Brasil e desde 2008, pelo menos, alguns militares começaram a publicar e dar palestras sobre "inteligência cultural", culminando mais recentemente em "teorias brasileiras da guerra híbrida".

Como ficou bastante notório há alguns anos, o engajamento de antropólogos foi algo debatido por uma série de acadêmicos entre os anos de 2008 e os dias de hoje.[14] Esta foi uma conversa que ficou muito restrita aos EUA, que encerraram em 2014 o HTS. No entanto, depois de alguns anos, eles próprios alavancaram uma certa expertise em "etnografia" e passaram a produzir seus próprios oficiais de inteligência com ela.[15] Foi isso que chegou ao Brasil e assim permanece até agora como uma área restrita, de pouco acesso aos não militares. Seja por desinteresse, seja porque de fato está muito pouco visível, pouca gente (fora dos especialistas em ciências militares) se debruçou sobre o conteúdo dessas teorias que são a base das Opsys, que por sua vez são a base das assim chamadas guerras híbridas. Vejamos, de maneira bem sintética, de que se fala.

Ataque: Blitzkriege

Antes de mais nada, é preciso esclarecer que essas teorias da guerra, incorporadas nas doutrinas militares, têm enorme capilaridade entre as mais diferentes forças armadas, mundo afora. Não se tratam apenas de empréstimos, mas antes de posicionamentos que elas se obrigam a ter umas em relação às outras, bem como a qualquer força que represente uma ameaça a suas existências. É natural, como me explicou um coronel sobre exercícios militares em outras nações, que qualquer Exército "se posicione frente aos mais poderosos, e aí os EUA se destacam, incorporando seus códigos e problemas, pois é isso que eles vão usar".

---

14 Ver, entre outros, Network of Concerned Anthropologists, *The Counter-Counterinsurgency Manual, or, notes on demilitarizing American society,* Chicago: Prickly Paradigm Press, 2009; David H. Price, *Anthropological Intelligence,* Durham: Duke University Press, 2008.

15 Piero Leirner, op. cit. nota 14.

Este, aliás, foi um dos dois principais pontos de minha tese de doutorado: a lógica da guerra aciona imperativamente um conjunto de trocas que põem as forças opostas em sistema.[16] O outro ponto, conectado a este, vem a ser justamente o que hoje está chamando a atenção daqueles que se debruçam sobre as guerras híbridas: se os posicionamentos entre inimigos operam em sistema, e a inimizade ocorre em múltiplas escalas, não faz sentido algum separar guerras estatais das não estatais.[17] Todos os conflitos que chamamos de guerra têm uma característica única, que é um "sistema de inimizade generalizada". A guerra, portanto, é uma relação e não uma intensidade baseada no "grande divisor" estatal (utilizando o termo de Latour).[18]

É por volta de meados dos anos 2000, basicamente durante e após as experiências norte-americanas no Iraque e Afeganistão, que começa a aparecer o termo guerra híbrida em documentos militares. A primeira sistematização mais ampla é sem dúvida o texto "Conflict in the 21st Century: the rise of the hybrid wars", de Frank Hoffman.[19] Em sua definição, a guerra híbrida se aproxima das guerras "selvagens", mistura capacidades de "guerra convencional com formações e táticas irregulares" e até técnicas terroristas e criminais (p. 29). O ponto mesmo que ele quer levantar é a indistinção (*blur*, em inglês) entre guerras estatais e não-estatais, que torna os conflitos generalizados: não há mais fronteira entre guerra e paz, civis e militares (p.27), e basicamente podemos estar em guerra sem percebê-lo. Tudo isto aponta para um quadro de superação do que seria um esquema amplamente aceito (em meios militares), esboçado por William Lind de "guerra de quarta geração", ou "guerra

---

16   Piero Leirner, *O Sistema da Guerra. Uma leitura antropológica dos exércitos modernos.* Tese de Doutorado em Antropologia Social. São Paulo: USP, 2001.

17   Ibidem.

18   Bruno Latour, *Jamais fomos modernos: ensaio de antropologia simétrica,* Rio de Janeiro: 34, 1994. Curiosamente ele também vai falar nos "híbridos" que borram uma miríade de distinções artificiais, Bruno Latour e Steve Woolgar, *Laboratory Life. The Construction of Scientific Facts*, Beverly Hills: Sage, 1979.

19   Frank Hoffman, *Conflict in the 21st Century: the rise of the hybrid wars,* Arlington: Potomac Institute for Policy Studies, 2007.

irregular", "assimétrica" e "não-convencional".[20] A híbrida seria ou um desdobramento destas, ou um salto para a quinta geração, dependendo do autor.[21]

Estas noções são fundamentais para entendermos o que vem posteriormente, o *turning point* da doutrina norte-americana, que finalmente faz uma guinada de uma matriz antes baseada em Clausewitz para outra baseada em Sun-Tzu. Em poucas palavras, a ideia passa a ser predominantemente atuar sobre a "vontade do inimigo", dissuadindo-o de lutar até a rendição. O aparato militar, agora, age em conjunto com, ou mesmo em função de uma "ofensiva cognitiva" sobre o inimigo. Este é o ponto central dos manuais de operações: os "FM" (*Field Manuals*) que estão geralmente sob a classificação com códigos iniciando em "31", "33", "34" e "35", que prescrevem operações em "guerras não convencionais", "contra-insurgência", "MOUT" (cf. supra), "operações psicológicas", "forças especiais" e "inteligência e contra-inteligência em conflitos assimétricos". Cabe aqui voltar a dizer, colocando como um parêntese para contextualizar o leitor sobre o caso brasileiro, que praticamente todos os generais que assumiram a campanha de Jair Bolsonaro à Presidência e que depois se alocaram em cargos no topo do Governo, foram "adestrados" (termo nativo) nessas operações, especialmente quando comandaram Forças de Paz no Haiti, República Democrática do Congo e nas Operações de Garantia da Lei e da Ordem no Brasil, como no Rio de Janeiro (fevereiro-dezembro de 2018). Mas voltemos às teorias.

Um elemento crucial que está na base conceitual dos manuais é a teoria criada a partir das experiências e leituras de um ex-coronel da USAF (Força

---

20   William S. Lind, "Fourth-Generation Warfare's First Blow: A Quick Look", *Marine Corps Gazette*, Vol. 85, Nº 11, November/2001. Ver o capítulo de Eduardo Costa Pinto nesta coletânea.

21   Colocando aqui de maneira muito esquemática, diria que para Lind a primeira geração é "massa", típica guerra pós Westphalia, com "colunas" de gente (p.ex., guerras napoleônicas); a segunda seria "poder de fogo", rifle, metralhadora, sendo o protótipo a 1ª Guerra; a terceira seria a mecanizada, "manobra", cujo eixo estaria no "carro de combate", como na 2ª guerra. A quarta seria a da computação, dos sistemas conhecidos como C3I (Comando, Controle, Computação e Inteligência). Há quem fale na guerra de quarta geração em outros termos, porque combina a computação com a "abordagem indireta", "dissimulação", etc, fora o uso de inteligência artificial (cf. Andrew Korybko, *Guerras Híbridas. Das revoluções coloridas aos golpes*, São Paulo: Expressão Popular, 2018).

Aérea dos EUA), John Boyd, tido como um gênio para as ciências militares tal qual Heisenberg foi para a física com seu princípio da incerteza.[22] No limite, podemos dizer que Boyd inventou um "mapa cognitivo" que visa dar a chave para induzir o caos e incerteza na percepção dos inimigos.[23] O ponto nevrálgico é um simples gráfico, que se tornou, possivelmente, o mais importante display para toda uma série de práticas e ações que mudou o *American way of war*. Trata-se de algo que não vou discutir em pormenores aqui (a bibliografia elencada na nota abaixo basicamente é uma discussão sobre este gráfico), mas que vale a pena reproduzir. O *OODA Loop*:

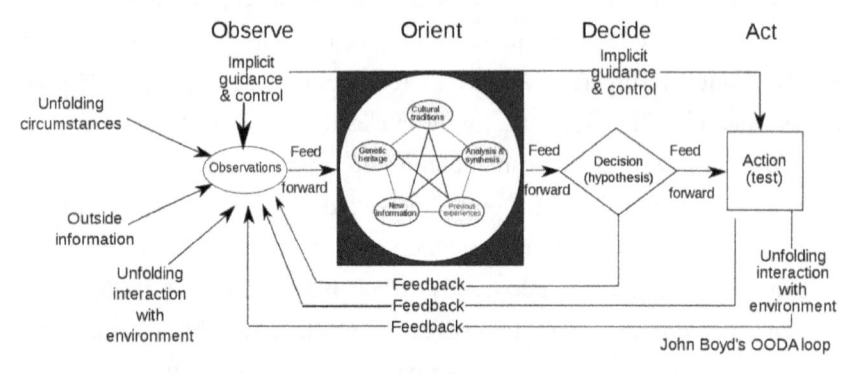

Fonte: https://en.wikipedia.org/wiki/OODA_loop#/media/File:OODA.Boyd.svg

O ponto central da teoria que sai deste display é a ideia de que se deve atacar justamente os dois primeiros elementos do ciclo, observação e orientação do inimigo. Trata-se de introduzir fraturas nestes elementos de modo a produzir dissonâncias cognitivas, e a partir daí comandar as decisões e ações alheias sem que se perceba. Para Boyd, isto é um desdobramento de duas estratégias e suas táticas

---

22 Robert Coram, *Boyd: The Fighter Pilot Who Changed the Art of War*, New York: Little, Brown & Company, 2002.

23 Boyd nunca escreveu um livro; quase tudo sobre ele foi baseado em anotações, slides, apresentações e entrevistas. Uma análise mais pormenorizada dele será realizada posteriormente. Ver, por exemplo, Ford, op. cit., nota 5; Frans Osinga, *Science, strategy and war: the strategic theory of John Boyd*, Delft: Eburon Academic Publishers, 2002; João G. Burmann Costa, *Boyd e Szafranski: elementos de estudo da guerra psicológica de espectro total*. Trabalho de Conclusão de Curso, FCE/RI. Porto Alegre: UFRGS, 2014; além dos próprios *slides* e *papers* de Boyd.

respectivas: *blitzkriege* (inspirada pela estratégia alemã na batalha da França de 1940) e infiltração (Ford, op. cit., 31-36),[24] ambas possíveis graças a um conjunto de ações que produz um ambiente de dissimulações, confusões, "caos controlado" e contradições. De certa maneira isso foi testado com algum sucesso por forças israelenses no Líbano, naquilo que Weizman[25] chamou de guerra rizomática, em uma menção ao conceito deleuziano. Sua origem está de fato nos movimentos de guerrilha pela independência de Israel[26] e, para Ssorin-Chaikov já dá sinais de uma matriz operacional do hibridismo: "mistura de roupas civis e militares, confusões, emboscadas, codificações" em múltiplos níveis.[27]

A natureza dissimulada que essas operações exigem não pode ser passada de ponta a ponta pela cadeia de comando: é necessário que ela opere no registro de uma célula, para garantir a eficácia de sua codificação criptografada. Além disso, seguindo os preceitos de Boyd, a velocidade é um fator fundamental – é preciso que minha ação disruptiva corra mais rápido que o ciclo OODA do inimigo a fim de conseguir se infiltrar nele.[28] Ao mesmo tempo, para atingir este objetivo não se pode empregar unidades ou dispositivos que estejam sujeitos à velocidade da burocracia da cadeia de comando. Por isso mesmo, o ataque ao OODA inimigo deve ser feito rapidamente, com vários códigos sobrepostos (de modo a garantir uma cobertura ou criptografia que não denuncie que há um ataque e um atacante) e em múltiplas direções, sobretudo realizado a partir de células descentralizadas.

24   Ford, op. cit., nota 23.
25   E. Weizman, *Hollow land: Israel's architecture of occupation,* London: Verso, 2007.; Nikolai Ssorin-Chaikov, "Hybrid Peace: Ethnographies of War", *Annual Review of Anthropology,* 47:251–62, 2018.
26   Ben-Ari Eyal. 1998. *Mastering Soldiers: Conflict, Emotions, and the Enemy in an Israeli Military Unit,* Oxford: Berghahn Books.; Piero Leirner, op. cit. nota 16.
27   Ssorin-Chaikov, op.cit., nota 25, p. 260.
28   Caso o leitor estiver se perguntando se isso tem a ver com essa avalanche de acontecimentos que estamos vivendo no Brasil, onde cada dia parece que somos acometidos por algo que vai virar o mundo de ponta-cabeça, diria que possivelmente há algo que afetou nosso "ciclo OODA" e produziu a "dissonância cognitiva". Interessante notar que em outra ponta Virilio entendeu que a velocidade é o elemento crucial da guerra moderna (Paul Virilio, op. cit., nota 6; Paul Virilio e Sylvère Lotringer, *Pure War,* Los Angeles: Semiotext(e), 2003 (1983).

A dissimulação e a sobreposição são, assim, dois aspectos centrais da confusão entre guerra e paz que está no núcleo da guerra híbrida, inclusive quando fala em "paz híbrida". Toda sorte de *blends* passa a ser assim parte de um desdobramento estratégico, cuja característica principal é produzir um ambiente contaminado por um espectro total de dissimulações. Por isso a vantagem é sempre de quem detém a "chave criptográfica" das "bombas cognitivas" que são lançadas: a essência do ataque híbrido é fazer que as pessoas entrem em um processo de dissonância, e isto se faz lançando mão de um constante bombardeio de mensagens contraditórias. Estas contradições em sequência respondem talvez à ponta de uma estratégia mais ampla de intervenções multinível, onde o emissor inicial do ataque desaparece por conta do estabelecimento de uma série de operadores que agem "por procuração". São procuradores que subcontratam outros procuradores e assim vai, se estabelecendo uma *proxy war*.[29] Para resumir, a guerra híbrida ideal é aquela em que teoricamente as pessoas sequer notam que estão no meio de uma guerra. Segundo Korybko, desdobrando a teoria de um outro coronel da USAF, Richard Szafranski, trata-se da evolução de uma "Guerra psicológica de espectro total" para a de uma "guerra neocortical": infiltração no aparelho cognitivo da população.[30]

---

29 Korybko, op. cit., nota 21; Romulus Maya e Piero Leirner, "Urgente: EUA planejam derrubar avião brasileiro e culpar Venezuela?', https://duploexpresso.com/?p=104661, acesso em 19 de maio de 2019.

30 "A guerra neocortical é uma guerra que se esforça por controlar ou moldar o comportamento dos organismos inimigos sem destruí-los. Para tanto, ela influencia, até o ponto de regular, a consciência, as percepções e a vontade da liderança do adversário: o sistema neocortical do inimigo. Dito de maneira mais simples, a guerra neocortical tenta penetrar nos ciclos recorrentes e simultâneos de "observação, orientação, decisão e ação" [o *OODA Loop*] dos adversários. De maneiras complexas, ela esforça-se por munir os líderes do adversário – seu cérebro coletivo – de percepções, dados sensoriais e dados cognitivos projetados para resultar em uma gama de cálculos e avaliações estreita e controlada (ou predominantemente grande e desorientadora). O produto dessas avaliações e cálculos são escolhas do adversário que correspondem às escolhas e resultados que desejamos. Influenciar os líderes a não lutar é imprescindível." (Richard Szafranski, *Neocortical Warfare? The Acme of Skill* Los Angeles:RAND Corporation, 1994, http://www.rand.org/content/dam/rand/pubs/monograph_reports/MR880/MR880.ch17.pdf, *apud* Korybko, op. cit. nota 21, p. 49), acesso em 9 de julho de 2014.

Voltando ao Brasil

Como disse acima, nada dessas teorias chegou por acaso a mim. De certa maneira, elas não só foram lidas durante os anos de pesquisa de campo com militares, como esta mesma chegou a produzir efeitos de dissonância na minha própria experiência.[31] Então, eu já conhecia um pouco dessa literatura quando se começou a dizer, nos idos de 2016, que o Brasil estaria no "epicentro de uma guerra híbrida". Um pouco antes do impeachment de Dilma Roussef, Pepe Escobar fez a primeira menção publicada de que tenho notícia sobre uma guerra híbrida no Brasil:[32]

> No manual da Guerra Híbrida, a percepção da influência de uma vasta 'classe média não-engajada' é essencial para chegar ao sucesso, de forma que esses não-engajados tornem-se, mais cedo ou mais tarde, contrários a seus líderes políticos. O processo inclui tudo, de 'apoio à insurgência' (como na Síria) a 'ampliação do descontentamento por meio de propaganda e esforços políticos e psicológicos para desacreditar o governo' (como no Brasil). E conforme cresce a insurreição, cresce também a 'intensificação da propaganda; e a preparação psicológica da população para a rebelião.' Esse, em resumo, tem sido o caso brasileiro.[33]

Se levarmos às últimas consequências a aplicação das teorias que formaram o corpo doutrinário da guerra híbrida, e pensando nelas a partir do que vivemos no Brasil nos últimos anos (dando, enfim, o tom etnográfico a este texto), chegamos à conclusão de que esta forma de guerra teve aqui seu ponto ótimo de eficácia: algumas pessoas intuíram, mas até agora não apareceu um consenso, que os conflitos[34] daqui estivessem no patamar de

---

31 Piero Leirner, op. cit., nota 9.

32 Embora pelo menos um general tenha tratado do assunto no site Defesanet, em 2015, mas se referindo ao contexto da Georgia, e basicamente reproduzindo argumentos de um artigo do *El País*.

33 Pepe Escobar, op. cit..

34 Ronaldo Almeida, *A onda quebrada: evangélicos e conservadorismo na crise brasileira*

uma guerra.³⁵ Vale dizer, ou o que ocorreu definitivamente não tem nada a ver com uma guerra; ou, ao contrário, a guerra híbrida ocorreu (e ocorre) *comme il fault,* isto é, sem que se perceba exatamente do que se trata. Penso aqui que esta última é uma hipótese que deve ser ao menos considerada, pois não estou falando apenas de uma camuflagem dos "atacantes" ou "agressores", mas, principalmente, de uma total criptografia dos próprios cenários e dispositivos pelos quais as batalhas se desenrolam. Evidentemente, e como está cada vez mais claro a cada dia que passa, o fato de militares estarem no centro dos acontecimentos só eleva o grau de plausibilidade de que há coordenação nos eventos de que tratamos.

Ou seja, penso que ocorreu a apropriação de toda esta parafernália militar e sua aplicação doméstica. Observei algum padrão familiar ao chamado *lawfare* sofrido por Lula sendo usado de forma constante na campanha de Bolsonaro. Houve uma disputa narrativa que praticamente tornou ambos indissociáveis, mas não foi só isto que me chamou a atenção.³⁶ As constantes contradições incansavelmente emitidas pela equipe de Bolsonaro eram um sinal claro, para mim, de que estavam sendo utilizadas técnicas descritas nos manuais de operações psicológicas militares.³⁷ Embora minha intenção neste momento não seja discutir os pormenores da campanha eleitoral, é possível dizer que em grande parte ela se pautou nos seguintes procedimentos de Opsy (entre outros):

> Emissão constante de sinais contraditórios junto com resoluções anteriormente planejadas. Por exemplo, desde a

---

(2013-2018). Tese de Livre-Docência em Antropologia. Campinas: Unicamp, 2019.

35   É verdade que muita gente por aqui tem falado da "guerra híbrida no Brasil" como foi o caso daquilo que Pepe Escobar levantou em 2016 – os movimentos a partir de 2013 que culminaram na derrubada de Dilma. E isto tem sido associado ao fenômeno que Korybko retoma de "Dominação de Espectro Total" (op. cit., nota 21, p. 38 e ss.), a partir do livro de F. William Engdahl, *Full Spectrum Dominance: Totalitarian Democracy in the New World Order.* Wiesbaden: Engdahl, 2009, dedicado ao fenômeno das Revoluções Coloridas.

36   Ronaldo Almeida, op. cit., nota 33.

37   Ver minhas entrevistas em "Comunicação de Bolsonaro usa tática militar de ponta, diz especialista", *Folha de S. Paulo,* 14 de outubro de 2018 e "'Contradições e bate-cabeça de campanha de Bolsonaro são intencionais'", *El Pais Brasil,* 29 de outubro de 2018.

campanha os candidatos a presidente e vice lançaram visões contraditórias entre si. As dissonâncias produzem uma enorme cortina de fumaça, contradições se sobrepõem a outras contradições, e no fim perde-se de vista quem está controlando o processo. Nesse elemento introduz-se sobretudo a camuflagem. Ninguém percebeu que havia militares agindo no sentido de provocar esse conjunto de dissonâncias. Na campanha, atribuiu-se esse aparente "caos" a um "primitivismo" e ausência de coordenação, tendo como efeito colateral a ideia de que se tratava de uma campanha "legítima" e "sem recursos". Primeiramente esta ação ocorreu no interior das próprias Forças Armadas, que foram alvo de campanha eleitoral de Bolsonaro desde 2014. Durante quatro anos, um grupo de generais passou a publicar e dar palestras nas escolas militares convencendo seus pares de que o Brasil estaria sendo alvo de uma guerra híbrida conduzida pelo próprio governo Dilma Roussef, e depois do impeachment dela a guerra continuou e se intensificou, sendo travada pelo PT, junto com ONGs, ONU e organizações populares e sociais (índios, quilombolas, sindicatos, Igreja). Este ponto se liga aos dois próximos, mas é preciso estar atento aqui ao fato de que este foi um processo que produziu um certo "contágio" em outros poderes do Estado (especialmente no Judiciário) e organizações (*think tanks*, imprensa, alguns setores universitários). Como a base deste processo é uma enorme inversão de papéis (ver itens 2 e 3, logo à frente), basta pensar que o procedimento adotado para "combater a guerra híbrida" (nas palavras de um general) foi parecido com aquele que eles acusam Lula, Dilma e o próprio PT de terem feito: um intenso esforço de aparelhamento de setores do Estado e construção de uma ideologia hegemônica. Não há espaço suficiente para mostrar em pormenor como isso foi realizado, mas cabe dizer que um dos seus principais instrumentos foram a Escola Superior de Guerra e *think tanks* gaúchos, muito ligados aos principais generais que hoje estão em cargos importantes do Governo: Hamilton Mourão, vice-presidente; Augusto Heleno, ministro do GSI; Eduardo Villas Bôas, ex-comandante do Exército e depois conselheiro do GSI, entre outros. Todos eles, de diferentes formas, desde 2014 passaram a atuar dentro e fora dos quartéis na construção de dois elementos interligados: a hipostasiação de um "inimigo interno" na figura do PT e da esquerda, e a solução a partir de uma candidatura ligada aos militares. Posteriormente, então, isso se replicou numa estratégia de guerra desdobrada na própria campanha eleitoral de Bolsonaro, cujo resultado todos agora sabemos qual foi.

Uso de redes sociais como o Whatsapp como "estações de repetição" de *fakenews* e produção de *false flags*.[38] As redes são descentralizadas e, caso uma caia, outras continuam funcionando. Esta é uma técnica que vem, classicamente, das operações de tipo "comandos", "forças especiais", "células". O padrão é a replicação intensa a partir de grupos com conexões pouco estruturadas e nada evidentes. Este foi o principal instrumento para o contágio, ou talvez melhor dizendo, *replicação* do padrão de agenciamento acima para fora de coteries específicas, atingindo o grande público. Aqui a essência é a criptografia, para nunca se saber quem na realidade é o agente precipitador do discurso. Uma vez que a primeira indução militar deu alguma diretriz, as células começam a funcionar sozinhas. Foi assim que de modo algum se percebeu como os militares estavam envolvidos desde o começo na sustentação política de Bolsonaro (e, nada surpreendente, até agora, mesmo no Governo, são vistos como agentes "neutros"). Foram disparadas tantas bombas semióticas que se perderam duas noções muito importantes no processo político: a percepção de quem são os atores que estão envolvidos na ação (camuflagem) e a exposição constante de um inimigo a ser combatido. Trata-se de um movimento onde só uma das partes fica detectável e, portanto, exposta em suas vulnerabilidades. Nas Opsys o ideal, seguindo os parâmetros de "infiltração no ciclo

---

38 "A false flag is a covert operation designed to deceive; the deception creates the appearance of a particular party, group, or nation being responsible for some activity, disguising the actual source of responsibility", https://en.wikipedia.org/wiki/False_flag#References

OODA do inimigo", trata-se de conseguir pautar o que este vai produzir em termos de manobra. Isso foi feito basicamente com os elementos que veremos no item a seguir.

Produção intensa de *false flags*. Atribuiu-se aos adversários constantemente ações que eram produzidas em suas próprias fileiras. Por exemplo, sequestrou-se a bandeira anterior lançada pelos adversários – "eleição sem Lula é fraude" – e produziu-se uma *false flag*: Bolsonaro declarou que as urnas eram fraudadas, levando seu adversário, Fernando Haddad, a produzir um discurso, por oposição, a favor da Justiça e da lisura do processo eleitoral. Aqui temos o controle da abordagem indireta, essencial na estratégia de *proxy war* da guerra híbrida. Os militares "operaram" através de outros agentes na sociedade, que vão desde movimentos de classe média até o chamado mercado. Toda estratégia se baseou na ideia de que as fraturas eram produzidas pelo "outro lado": o "PT introduziu a luta de classes no País"; o "PT quebrou o Brasil"; etc. Muito antes de 2014 isso já era uma ideia que estava sendo intensamente replicada nos círculos militares. Mas não só. Foi notável que mesmo tendo como aliados explícitos o "mercado" e importantes agentes do Estado, como os próprios militares e parte significativa da Justiça, a campanha de Bolsonaro conseguiu emplacar a ideia de que o Estado ainda estava sob o domínio do PT, bem como a economia era ainda corroída pelas alianças "criminosas" entre este partido e setores poderosos do capital, como os de óleo e gás e da construção civil. Todo padrão, então, baseado em camuflagem e criptografia, produziu sinais de que era necessário combater esse inimigo que ainda estava na posse dos poderes fundamentais da República, e que só alguém "de fora" do "sistema" poderia, enfim, produzir a capitulação. Efetivamente, no ápice da campanha, a linguagem da guerra foi cada vez mais intensificada. Embora bastante real, as estratégias criptografadas fizeram-na passar como se fosse apenas "metafórica". Eis, então, a essência da guerra híbrida em curso: a dissimulação.

Evidentemente há muitos outros fatores, grupos e interesses que foram envolvidos no processo eleitoral e político, desde 2013 até agora. No entanto, a franca repetição de técnicas descritas em manuais de guerra psicológica e guerra não-convencional tende a mostrar que grupos militares desde o começo desencadearam uma guerra híbrida, visando a tomada do governo. Não foi à toa que eles chegaram onde chegaram, e sempre com a sensação de que tudo foi por acaso. O que eles têm como objetivo? Esta é uma pergunta que todos andam a fazer, e que pode ser respondida de uma maneira bem simples – promover uma refundação do Estado de modo que eles possam operar numa posição de "administradores do sistema", para usar uma metáfora computacional. Mas este me parece ser um outro capítulo, a "política como continuação da guerra por outros meios", para inverter Clausewitz.

"A palavra convence e o exemplo arrasta"

Marcelo Pimentel Jorge de Souza

Brasília, 15 de março de 1985. Um envergonhado general Figueiredo deixava furtivamente o Palácio do Planalto pela porta dos fundos. Os livros de História não teriam o retrato da passagem de faixa presidencial do último militar para o primeiro presidente civil em 21 anos. As Forças Armadas (FA) amargavam baixos índices de aprovação pelo desgaste como protagonistas do regime autoritário mais duradouro da República.

Brasília, 5 de fevereiro de 2016. Os 17 generais-de-exército participavam da 304ª Reunião do Alto Comando do Exército (RACE) numa sala do Quartel-General – o "forte apache" – onde, cinco vezes ao ano, a cúpula hierárquica discute os temas mais relevantes da instituição.

Naquela oportunidade, enquanto assistiam a mais uma apresentação *Powerpoint*, suas preocupações voltavam-se ao Palácio do Planalto. Uma presidente com baixíssimos índices de aprovação amargava o início de um traumático processo de *impeachment*. No *Powerpoint*, o chefe do órgão de comunicação social discorria sobre resultados da última pesquisa de opinião, que mostrava as FA como uma das instituições de maior credibilidade e confiança na sociedade brasileira.

Não fora tarefa fácil recuperar a imagem do Exército nos 30 anos que separaram os dois eventos. Ao longo daquele período, os "militares" e a "política" empreenderam movimentos de afastamento recíproco, cada campo assumindo o papel imposto pelo ordenamento constitucional de 1988 e pelas lições da História.

O poder militar voltou-se à recuperação de sua capacidade operacional. A derrota das FA argentinas na Guerra das Malvinas, em 1982, funcionou como alerta sobre efeitos nocivos que a politização dos quartéis e a consequente militarização da política provocam nas instituições militares – comprometimento da profissionalização e da capacidade para cumprir a missão precípua de defender a Pátria.

Se por um lado foram superadas dificuldades orçamentárias para recuperação do poder de combate e da própria imagem do Exército, por outro, as chefias militares tiveram de corrigir pequenos desvios, como no episódio da saída do capitão Jair Messias Bolsonaro do Exército em 1988, apenas três anos depois que o general Figueiredo deixara o Planalto.

As situações históricas de Figueiredo e Bolsonaro sintetizam a problemática de tempos que parecem nunca passar. O general foi presidente e o capitão é presidente. Ambos utilizaram, literal ou simbolicamente, a "porta dos fundos" – o primeiro para deixar a política e o segundo para sair do Exército, entrando na política. O aspirante formado na Escola Militar do Realengo em 1937 arrastou os militares para fora do Planalto; o aspirante formado na Academia Militar das Agulhas Negras (AMAN) em 1977 vem fazendo exatamente o inverso.

Brasília, meados de 2020. Entre os 17 generais-de-exército da 304ª RACE em 2016, todos hoje na reserva, há um vice-presidente, quatro ministros de estado, um ministro do Superior Tribunal Militar, um embaixador, três presidentes de empresas estatais, um presidente de fundo de pensão estatal, um secretário de segurança pública, três secretários-executivos ou similares e somente dois que não exercem funções de características políticas.

O próprio comandante do Exército, dirigente da reunião, é assessor ministerial no governo chefiado pelo mesmo Bolsonaro que, deputado em início de carreira nos anos 90, celebrizou-se organizando "panelaços" por aumentos salariais com esposas de militares em Brasília, muito similares aos que se escutavam na capital durante as RACE de 2016.

Como "o exemplo vem de cima", a situação atual dos generais-de-exército presentes naquela reunião explica muito, mas não tudo, do que vem ocorrendo desde 1º de janeiro de 2019 – a ocupação de espaços políticos no governo Bolsonaro. Hoje, milhares de militares das FA exercem tarefas políticas e administrativas na estrutura organizacional da máquina pública em cargos de comissão. São oficiais-generais, superiores, subalternos e praças, na ativa e na reserva, que ajudam o capitão a governar como se fosse, de fato, um "governo militar".

Em comum a quase todos os generais presentes na 304ª RACE e no governo, além dos laços de amizade consolidados na AMAN durante a década de 1970, o brado da Brigada de Infantaria Paraquedista ("BRASIL, ACIMA DE TUDO!"), convertido, sem qualquer objeção do comando, em slogan oficial da campanha eleitoral da chapa vitoriosa em 2018.

Aquele pleito elegeu a maior quantidade de militares em cento e trinta anos de República, como também parentes e amigos de militares além de civis que souberam vincular-se à imagem das FA. Todos, de alguma forma, usufruíram dos elevados índices de confiança e credibilidade que o chefe da comunicação social do Exército, hoje porta-voz do presidente, apresentava entusiasmado a seus superiores durante a 304ª RACE.

Politização das Forças Armadas ("partido militar")

O atual processo de politização das FA – ou dos militares – teve início em meados da última década, mas somente agora, durante o governo Bolsonaro, mostra-se notável a tal ponto que é possível reconhecer os elementos característicos do fenômeno, aqui analisado criticamente por ótica pouco usual – de "dentro" da instituição Exército.

De início, chama atenção o papel desempenhado pelo presidente na reaproximação dos militares da política. De acordo com abordagem mais comum, decorrente do que se vê de "fora" da instituição, percebe-se o capitão como "agente" ativo do processo – central, catalisador, condutor e gerente. Na visão agora proposta, entende-se que o papel do presidente, embora central e catalisador, não é de condutor, controlador nem gerente do processo.

A vitória da chapa presidencial e de todos os demais candidatos a ela aderidos deveu-se, em grande medida, à associação de suas imagens pessoais aos valores éticos, aos princípios institucionais e ao elevado conceito das FA. A indevida associação explica a dinâmica do processo eleitoral e torna possível entender a lógica que comanda o governo.

A lógica evidencia-se na montagem do dispositivo governamental desde antes da posse, no desdobramento de seu primeiro ano de funcionamento, na sua configuração atual e na forma como atua política e institucionalmente.

Tudo isso caracteriza a existência, ainda que "invisível a olho nu", de um forte, consistente, coeso e cada vez mais poderoso sustentáculo, similar a um grupo político de natureza hegemônica: o "partido militar".

Identificar seus elementos permite compreender o fenômeno da politização das FA, visualizar seus efeitos na militarização da política e avaliar seus riscos para a consolidação do Estado Democrático de Direito fundamentado na Constituição.

Tal compreensão também é relevante para reconhecer os princípios que condicionaram o salutar distanciamento do militar da luta política e permitiram a profissionalização das FA nas últimas décadas de normalidade democrática: isenção funcional, imparcialidade ideológica, neutralidade política, apartidarismo, profissionalismo e estrita constitucionalidade.

Se nos últimos anos os militares lograram a confiança da sociedade, a consolidação de sua boa imagem e o reconhecimento de seu papel no fortalecimento das instituições, contribuindo para a estabilidade democrática e paz social, muito se deve àqueles princípios que, agora mais do que nunca, devem servir à preparação da argamassa que necessita recuperar algumas avarias no "muro de contenção" dos processos, historicamente temerários, de politização das FA.

O "partido militar" que baliza o fenômeno da politização dos militares apresenta praticamente os mesmos elementos de um partido político tradicional: memória histórica e vocação institucional; base ideológica; pautas de interesse coletivo e corporativo específico; direção "partidária" encarregada da distribuição de poder; controle do governo em direção, sentido e intensidade; quadros "partidários" – formação de lideranças; e base eleitoral e militante.

Memória histórica e vocação institucional

O primeiro aspecto é intrínseco ao papel desempenhado pelos militares desde o período colonial. Com a emancipação política de 1822, as FA passaram a exercer papel político de primeira ordem. Não à toa, uma "questão militar" deflagrou a queda do Império, substituindo um monarca por um marechal. Outras "questões militares" desencadearam a Revolução de 30, a deposição de Vargas, seu suicídio e, dez anos depois, a própria tomada do poder pelos militares. Construía-se a memória histórica do "partido militar".

Ao longo do período e independentemente do estrato social do militar – da aristocracia do Império agrário à classe média do Brasil industrial – foi a cúpula hierárquica que protagonizou as interferências políticas das FA, com maior ou menor carga ideológica e dramática. Assim, a coletividade militar adquiriu senso de "responsabilidade" com o país e cultivou uma espécie de obrigação moral coletiva em "salvar a nação" dos seus "inimigos internos". Caracterizava-se uma vocação institucional do "partido militar".

A partir do marco constitucional de 1988 e da experiência democrática que se seguiu, imaginou-se que a fase "salvacionista" estivesse definitivamente superada e os militares, enfim, houvessem conseguido canalizar o patriotismo à sua expressão precípua: "defender a Pátria" de ameaças externas e preparar-se para tal.

Entretanto, a última campanha eleitoral mostrou sinais de que a memória histórica do "partido militar" estava viva e atuante. Milhares de militares na ativa e reserva tomaram as ruas e os ambientes virtuais militando por uma causa: apoiar candidaturas de militares aos diversos cargos em disputa. Todas vinculadas a uma mesma linha político-ideológica – centrada na chapa presidencial – e invariavelmente filiadas a partidos institucionalmente frágeis e de baixíssima representatividade.

O uso da camisa amarela "meu partido é o Brasil" por militares e militantes serviu de caricatura à recidiva do "partido militar": a visão de "salvar a nação de si mesma". A frase simboliza miopia ingênua, equivocada e perigosa – talvez deliberada – de um Brasil fracionado, em que se confundem opções político-partidárias e ideológicas de natureza racional e pessoal (os partidos) com sentimentos coletivos comuns a todos os brasileiros, ainda que expressos de formas distintas (o patriotismo). Sintetiza, também, a tradição histórica e a memória institucional que fundamentam o "partido militar". A memória de ocupar o palco político com figuras da cúpula hierárquica e a vocação de fazê-lo sempre para "salvar o País".

Base ideológica

Tal qual um partido político tradicional, o "partido militar" é sustentado por linha ideológica bem definida, que serve como vinculação à sua história institucional e como polo para aglutinação de uma base eleitoral – militares e civis – que se identifica de alguma forma com as FA.

A linha ideológica está vinculada ao "anticomunismo" e a um difuso "antiesquerdismo", encontrando sua fundamentação mais longínqua no estado de indisciplina crônico dos quartéis, inaugurado pelas "balbúrdias" tenentistas dos anos 20 e 30 do século passado. Não à toa, as FA rememoram, ainda hoje, o 27 de novembro de 1935 e o 31 de março de 1964, eventos de natureza predominantemente política.

"Ordens do Dia", que deveriam servir apenas para assuntos de natureza militar, repetem-se ano a ano reforçando nas gerações sucessivas a matriz ideológica inconfundível do "partido militar". A de 2020, assinada pela cúpula das FA, teve o título de "Marcos da Democracia". Reafirmava a seus subordinados – em simbólico tom de "ordem" – que se devia "pensar" o golpe e a ditadura conduzidos pela cúpula hierárquica das FA como expressões "democráticas".

É pelo controle de dissidências, ou assim consideradas, que a cúpula "partidária" depura seu núcleo ideológico e o fortalece como linha condutora de pensamento e ação de seus "filiados". Hoje, registram-se diversas ocorrências de punições a militares – até na reserva – e afastamento de oficiais professores de colégios militares. No entendimento de parte da cúpula, os posicionamentos críticos de militares em relação ao governo Bolsonaro – repleto de generais – devem ser monitorados, sendo muitas vezes (mal) entendidos como "ofensas" às FA.

Como não houve, nos últimos anos, tal espécie de conduta em relação a militares críticos aos governos anteriores por parte da cúpula hierárquica, fica evidente que o controle, exercido agora somente num "sentido", caracteriza a opção político-ideológica da direção do "partido militar". A "patrulha" serve para aglutinar os que pensam do mesmo modo e afastar os de visão distinta, ainda que não antagônica.

Pautas de interesse coletivo e corporativo específico

Como qualquer instituição, as FA têm legitimidade para apresentar demandas de ordem política, traduzidas em pautas de ações, programas e projetos de interesse tanto para aprimoramento de sua capacidade operacional quanto para melhoria de condições laborais dos militares. Isso deve ser feito – e tradicionalmente o foi – por intermédio do exercício da "cadeia de comando", da ação dos comandantes, do papel político do ministro da Defesa junto ao governo e mediante assessorias parlamentares competentes.

Após vencer uma eleição, o partido político buscará atender sua base eleitoral, satisfazendo suas reivindicações. O mesmo tem ocorrido em relação ao governo atual, que dá encaminhamento prioritário, às vezes exclusivo, às pautas que contemplam interesses e aspirações – legítimas ou não – dos militares e das FA, traduzidas em iniciativas de lei para garantir sua normatização e formalização.

Implementando-as, o "partido militar" consolida o eleitorado já conquistado e estimula adesão dos ainda não "filiados", garantindo ampliação da base eleitoral "partidária", tão importante para novas conquistas políticas. Há inúmeros exemplos de pautas convertidas em normas e uma atitude pessoal do presidente que caracterizam esse elemento.

A mais relevante é a que garantiu a manutenção de prerrogativas previdenciárias aos militares das FA, assegurando a "integralidade" e a "paridade" dos vencimentos na reserva. O aumento salarial concedido juntamente com a permanência daqueles princípios significou um reajuste automático em todas as "aposentadorias" e pensões de militares, além de novas vantagens remuneratórias na passagem à inatividade.

O tratamento orçamentário especial às FA ficou bem evidente na destinação de bilionários recursos para empresa estatal vinculada a um projeto da Marinha, sendo alvo de generalizadas críticas por amplos setores econômicos diante do gravíssimo quadro de déficit fiscal. A previsão de aumento significativo no percentual orçamentário destinado à Defesa, apesar do "teto de gastos", também chama atenção.

Outro exemplo de pauta política refere-se às ações executivas de convênio com governos estaduais e municipais para implantação de centenas de Escolas Cívico-Militares (ECiM) a partir de estabelecimentos de ensino público fundamental e médio.

O programa tem como eixo a utilização de militares na reserva em atividades semelhantes às dos "bedéis". Em cada ECiM, atuarão cerca de 20 oficiais e praças das FA com abono de 30% sobre as "aposentadorias". Estima-se que a medida empregue dezenas de milhares de militares na reserva, não sendo difícil imaginar a potência eleitoral que isso representa.

O Governo também publicou conjunto de normas legais e infralegais que permite contratação de militar na reserva para exercer "tarefa por tempo certo" ou, até mesmo, ocupar cargo em qualquer área da administração pública, com a mesma característica remuneratória do modelo das ECiM.

Logo que aprovadas, as normas serviram para amparar contratação de milhares de militares para tarefas burocráticas no INSS com a intenção de solucionar o acúmulo de processos previdenciários que, aos milhões, ficaram represados em razão de problemas na gestão governamental.

Independentemente de considerações sobre a pertinência e eventuais benefícios dessas medidas, a utilização de militares na reserva nas ECiM e na burocracia do INSS, desvinculados da estrutura organizacional das FA e em tarefas de caráter individual, parece ser a mera distribuição de "empregos" civis para membros aposentados da corporação, com possibilidade de torná-los futuros "cabos eleitorais".

Chama atenção a presença frequente do presidente e de generais governistas em solenidades, cerimônias de diplomação e eventos em quartéis – geralmente com presença de público civil. Nessas oportunidades, o mandatário faz discursos de improviso que invariavelmente abordam temas de natureza pessoal, política e ideológica. Ainda que seja uma honra a presença de um presidente numa organização militar, nem toda ocasião é adequada ao comparecimento de autoridades desse nível, nem própria a natureza política dos assuntos abordados.

Muitas vezes, o presidente faz questão de comparecer a quartéis quando está enfrentando crise política – o que não é raro –, dando impressão ao público externo que utiliza a imagem das FA como respaldo político e aos militares, que estes pertencem ao "partido" do presidente. De fato, é um líder sem partido formal dando satisfações à sua "base eleitoral" sobre o andamento das pautas corporativas de interesse.

Direção "partidária" encarregada da distribuição de poder

A chegada de um presidente ao poder decorre de um conjunto de forças políticas e de grupos sociais específicos. É natural e legítimo que o partido dominante no arranjo eleitoral, por intermédio de suas principais lideranças, ocupe os cargos-chave que distribuem o poder entre as forças da coalizão. Constituem a cúpula política do governo.

Não foi o que se viu, porém, em relação ao partido político de filiação do presidente. Apesar de haver eleito a segunda maior bancada partidária no

Parlamento e diversos governadores, ocupou postos apenas periféricos na estrutura governamental. Quem assumiu os cargos-chave foram as lideranças do "partido militar": generais na ativa e na reserva.

O núcleo que comanda a distribuição de todos os cargos é militar em sua essência. A tal ponto que aplica dois "princípios de guerra" e dois "fundamentos de emprego" na verdadeira "operação" que resultou na ocupação dos espaços de poder por militares: "concentração" e "massa"; "ampla frente" e "grande profundidade".

"Concentração" porque o controle da distribuição dos cargos permanece com o núcleo palaciano e militar. "Massa" porque se traduz numa quantidade enorme de militares na reserva e na ativa, como jamais registrado na História do Brasil.

"Ampla frente" porque envolve a totalidade de ministérios, empresas estatais, autarquias, agências reguladoras, órgãos de fiscalização e até outros poderes. "Grande profundidade" porque cobre todos os escalões e instâncias da máquina governamental do Estado, numa verticalização hierárquica decrescente – generais no primeiro escalão, coronéis no segundo e oficiais e praças nos demais. Na grande maioria dos casos, não há nenhuma outra consideração de ordem técnica ou de capacitação específica que não o fato de ser militar.

Há ministérios, empresas estatais e autarquias em que praticamente toda a diretoria e a maioria dos postos de controle são ocupadas por militares – a Empresa Brasil de Comunicação (EBC), os Correios e a Agência Brasileira de Promoção de Exportações e Investimentos (APEX) são apenas alguns dos inúmeros exemplos. Em diversos ministérios, mesmo quando não exercem a titularidade da pasta ou a secretaria executiva, os militares ocupam cargos relevantes na cúpula. O Ministério da Saúde em sua atual configuração exemplifica o verdadeiro domínio militar sob a administração pública.

Hoje, todos os ministros do núcleo central do governo são generais-de-exército na reserva ou nomeados quando ainda na ativa. São exatamente os que ocupam os cargos-chave: ministro da Casa Civil, da "Casa Militar" (GSI) e da articulação política (Secretaria de Governo), não se esquecendo do vice-presidente, que exerce tarefas de coordenação e interlocução incomuns na tradição presidencialista brasileira.

Seja pela particularidade do cargo ocupado, seja pela situação anterior do ocupante, dois casos merecem destaque. No primeiro, o general-de-divisão que era o chefe do órgão de comunicação social naquela 304ª RACE foi nomeado porta-voz do presidente sem deixar o serviço ativo. Atuava diariamente como a voz política de um presidente polêmico quanto à veracidade de suas declarações – um general na ativa. Foi o primeiro e sua nomeação representou uma verdadeira "quebra de tabu".

O segundo caso é o do comandante do Exército durante a 304ª RACE. No dia seguinte à passagem de comando, assumiu cargo em comissão no GSI como assessor especial. Sua nomeação serviu de referência e larga trilha para os militares que o seguiram na ocupação de cargos na máquina político-administrativa. Seu exemplo "arrastou" milhares do "quartel" para a "política".

As palavras que lhe dirigiu o próprio presidente em discurso evidenciam o significado de seu comando e mostram que se configura como um dos importantes líderes do "partido militar": "o que nós já conversamos morrerá entre nós"; e "o senhor é um dos responsáveis por eu estar aqui".[1]

Recentemente, observou-se aumento na quantidade de militares na ativa, especialmente generais, ocupando cargos de natureza política exatamente quando se tornam frequentes os episódios de crises governamentais. É comum repetirem que isso não significa "associação" da imagem das FA com o governo Bolsonaro porque os generais não "falariam" em nome das instituições, tão somente em seus próprios.

Ora, se um militar na reserva atuando nesse tipo de cargo já associa a imagem da instituição ao trabalho que exerce, que dizer de um general na ativa? Se dúvidas há sobre tão evidente "associação", basta verificar o resultado de pesquisas de opinião ou ler os manifestos cada vez mais numerosos de oficiais na reserva, de clubes e associações de militares em apaixonada defesa do governo. Mas seria defesa de Bolsonaro ou do "partido militar" e de suas lideranças?

A maior prova de que um militar na ativa representa o "partido militar" e até as próprias FA quando nomeado para um cargo político é o trâmite que envolve uma nomeação desse tipo. Prevista em norma, a autorização para no-

---

1 Igor Gielow *et al*. "Forças Armadas são obstáculo a quem quer tomar poder, afirma Bolsonaro". *Folha de São Paulo*, 2 de janeiro de 2019, https://www1.folha.uol.com.br/poder/2019/01/so-forcas-armadas-impedem-golpes-diz-bolsonaro.shtml, acesso em 10 de junho de 2020.

meação de qualquer militar para cargo "fora da força" é exclusiva do comandante da respectiva força – Marinha, Exército ou Aeronáutica.

Dessa forma, não faz sentido se dizer que a nomeação é de inteira responsabilidade do presidente ou que teria sido imperativo atender sua determinação ou pedido. No julgamento a ser realizado pelo comando, a norma prevê que se façam considerações sobre o interesse do serviço e a natureza do cargo a desempenhar.

O militar na ativa faz parte do governo – ocupando cargo político – porque seu comandante assim o quis. Se faz do cargo "escudo" e "espada" do presidente é porque o comandante da força permitiu. Se esse comandante realmente achasse inconveniente a possibilidade de vinculação da imagem de sua força ao governo Bolsonaro, bastaria reverter o oficial aos quadros internos da instituição. Considerando que o atual comandante da força que mais "cede" militares ao governo é da mesma turma de AMAN do presidente, não seria difícil a providência.

Controle do governo em direção, sentido e intensidade

O governo tem no presidente a figura central que imprime direção, sentido e intensidade à condução do programa vencedor nas urnas. Integrante de um partido político, o mandatário implementará agenda pautada por seu partido, tendo nele sua mais consistente base. O partido ajudará o presidente a governar e controlar o governo.

Por dificuldades de ordem pessoal, inexperiência administrativa ou inapetência, o presidente apresenta flagrantes dificuldades para controlar seu governo, deixando a critério de seus generais essa condução. Apesar de competentes profissionais, não têm demonstrado até agora rendimento no exercício da liderança política, bastando ver o estado crônico de crise em que vive o governo.

Entre militares, apesar da camaradagem, a "antiguidade" hierárquica é marca importante no relacionamento interpessoal, transcendendo muitas vezes o mero ambiente da caserna. Às vezes, a diferença de um ano na turma de formação de AMAN faz muita diferença. Há cinco generais relevantes no governo que se formaram em anos anteriores ao de Bolsonaro.

O vice-presidente, o ex-comandante do Exército, o ministro do GSI, o da Defesa e o da Secretaria de Governo. Esse restrito grupo parece formar o núcleo central que exerce, de fato, o controle do governo em nome do "partido militar" e, não raras vezes, o controle do próprio presidente.

O "partido militar" também exerce papel importante em outros poderes. No STF, um general é assessor do presidente da suprema corte. No parlamento, dezenas de militares talvez constituam, informalmente, a maior bancada "partidária" de sustentação incondicional ao governo.

Também nos estados é comum observar dezenas – talvez centenas – de militares ou ex-militares como governadores, secretários, assessores ou diretores de empresas públicas. Tudo isso, deve-se repetir, em caráter inédito desde a redemocratização em 1985.

Dentre todas as lideranças do "partido militar" que imprimem ritmo ao governo, o caso do vice-presidente deve ser analisado com atenção, até porque é o sucessor natural. Sua postura dá impressão que assumirá o governo a qualquer momento e que já o sabia antes mesmo de tomar posse.

Quadros partidários – formação de lideranças

Qualquer partido político, principalmente os de maior consistência programática, possui um sistema organizado para formação de quadro de filiados que servirá tanto para a administração do partido quanto para organização de campanhas eleitorais. Dependendo de seus talentos e capacidades pessoais, alguns serão líderes, candidatos e assumirão governos e mandatos.

O processo de politização dos militares caracterizou-se na vitória de uma chapa militar, na eleição de centenas de militares aos parlamentos e na ocupação de milhares de cargos nas máquinas governamentais, com destaque para a do governo Bolsonaro. São esses os quadros mais evidentes do "partido militar".

Muitos dos que se encontram hoje no Executivo Federal estão reunindo atributos para outros desafios no mundo da política, sendo provável que se encontre alguns dos atuais generais concorrendo a cargos majoritários ou proporcionais em eleições vindouras.

Ainda que sejam aparentemente de um "campo" político-ideológico definido, nem sempre se vinculam a um determinado partido político formal e, muitas vezes, por situações fortuitas ou forçadas, assumem caráter de "dissidência" em relação à figura do presidente.

Há casos de oficiais que militaram na campanha "bolsonarista" e ocuparam cargos de relevância no governo, mas os deixaram ou foram demitidos. Parecendo terem abandonado o campo político da situação, constituem-se, na verdade, lideranças do mesmo "partido militar" colocadas numa espécie de reserva técnica para futuros arranjos eleitorais.

A frequente inserção midiática de um desses generais – de notória carreira profissional e prestígio internacional como militar – caracteriza a estratégia do "partido militar" em criar "novas frentes" para compor dispositivos político-eleitorais com outras "dissidências", especialmente civis.

A estratégia é inteligente e tem o mérito de possibilitar que, no futuro, e sob condições específicas de disputa eleitoral – um 2º turno, por exemplo – as forças do campo original se reúnam às da "dissidência" para formação de uma ampla base de apoio eleitoral. O "partido militar" será sempre mais importante do que suas lideranças individuais.

Base eleitoral e militante

A construção de uma base eleitoral e militante que empolgue a maioria dos votantes e conduza o partido ou a coalizão ao poder é essência da política e sua razão de ser.

No "partido militar", a base eleitoral tem nos milhares de integrantes das FA seu núcleo central. Trata-se de um grupo coeso como em nenhum outro partido, em torno do qual outros núcleos vão aderindo "em redes" expansivas que conformam camadas orbitais na organização daquela base.

O círculo seguinte é constituído pelos familiares do militar. Como a presença é nacional, formam-se polos de "núcleo familiar" em todo o território, a partir dos quais se agrega outro "anel" de eleitores simpatizantes – o "entorno social próximo". Nesse aspecto, as adesões são potencializadas pelo tradicional e salutar relacionamento institucional das organizações militares com as comunidades em suas cidades-sede.

Um "entorno social ampliado" é alcançado pelo emprego massivo das redes sociais. Os integrantes do "núcleo familiar" utilizam seus perfis para expressar opinião pessoal e disseminar a base ideológica do "partido militar", agregando a última camada que conforma sua base eleitoral – a sociedade civil "militarizada".

Tudo isso também se constrói a partir de uma militância que extrapola o mero período eleitoral, embora seja nele que erga seus símbolos, slogans e "bandeiras", tornando-os visíveis e emblemáticos para o estabelecimento da conexão com eleitorado civil mais abrangente. Assim, formam-se as maiorias necessárias às vitórias eleitorais dos representantes do "partido militar". No governo, trabalham para manter as associações de seus mandatos com as FA.

Um desfile de caminhões verde-oliva pelas ruas de uma cidade do Rio Grande do Sul às vésperas do primeiro turno em 2018 guiava a "carreata" de um coronel na ativa do Exército que se licenciara para concorrer à Assembleia Legislativa. Vitorioso, continua utilizando em seu perfil de deputado o nome "coronel fulano de tal".

Assim como ele, a grande maioria dos quadros "partidários" eleita ou nomeada para governos utiliza em seus perfis designações hierárquicas e diversos outros símbolos e posturas que os identificam com as FA. O "partido" permite e estimula – pela leniência – que até registros de candidaturas nos tribunais eleitorais sejam feitos com a utilização do "posto" ou "graduação" do militar, ainda que contrarie o Estatuto dos Militares.[2]

Aspectos conclusivos

Como explicação para a crescente participação de militares na política, costuma-se usar o argumento de que as FA não têm relação com o papel desempenhado pelos militares no governo e que tal presença seria apenas forma natural de expressão política individual, conferida a qualquer cidadão. Ora, não se nega que o militar deva ter expressão política. Exceto os jovens que prestam o serviço militar inicial a partir dos 18 anos, todos os militares na ativa estão aptos a votar e a exercer os demais direitos políticos.

Da mesma forma, os militares na reserva podem expressar-se livremente sobre temas de natureza político-ideológica de distintas orientações, em tom crítico ou favorável a qualquer governo ou político. Aliás, os militares na

---

2   BRASIL. Lei nº 6.880, de 9 de dezembro de 1980. Estatuto dos Militares. Brasília, DF, 1980. Título II – Das Obrigações e dos Deveres Militares. Capítulo I – Das Obrigações Militares. Seção II – Da Ética Militar. Art. 28. Inciso XVIII.

reserva se expressaram com a mais absoluta liberdade nos últimos 30 anos, quase sempre em tom crítico e às vezes duro a todos os presidentes que se sucederam no período.

O que caracteriza o fenômeno de politização dos militares nos dias de hoje não se confunde com a mera expressão pessoal de opiniões políticas, que sempre houve, nem com a ocupação pontual de alguns poucos cargos por militares na reserva em administrações governamentais, absolutamente normal se relacionada às funções e tarefas afins à profissão.

A caracterização do fenômeno se dá pela postura da grande maioria dos integrantes das FA na ativa e na reserva diante do quadro político. Sob o exemplo de generais mais antigos, os militares parecem comportar-se como membros militantes de um verdadeiro partido político, conforme apresentado analiticamente na presente exposição. O fenômeno também guarda relação direta com atitudes políticas indevidas de generais na ativa que hoje, na reserva, ocupam cargos-chave no governo.

Situação similar também se observa nas polícias militares e demais órgãos de segurança pública, decorrente em grande medida do papel de referência institucional que as FA representam para esses setores. Por isso, o tema deve merecer atenção dos estudiosos e, principalmente, das autoridades nacionais e estaduais de modo a não constituir fator de instabilidade.

No estudo da politização dos militares, há inúmeras oportunidades de aprofundamento a partir de considerações sobre sua origem, motivações e dinâmicas. Nesse sentido, a eleição presidencial de 2010, o funcionamento da Comissão Nacional da Verdade e seu relatório final divulgado no final de 2014, a participação das FA na Missão das Nações Unidas para Estabilização do Haiti de 2004 a 2014 e a "vulgarização" de emprego das FA em operações GLO e ações subsidiárias genéricas de caráter duradouro – junto a outras considerações de ordem antropológica, histórica e filosófica – podem configurar trilhas para novas análises.

Alega-se que a participação massiva de militares no atual governo tem a finalidade de superar uma crise político-econômica diante de quadro geral "polarizado", pois constituiriam categoria capaz e isenta, com credibilidade junto à sociedade. Mas isso também não procede. É impróprio e arriscado, vá o governo bem ou mal.

Primeiro, porque as divisões típicas da legítima luta política podem refletir nas próprias FA, gerando divisões internas e distúrbios institucionais. Segundo, porque novos problemas surgiram em quase todas as oportunidades que militares se apresentaram como solucionadores de "problemas nacionais", especialmente os de natureza política.

Finalmente, porque o Estado Democrático de Direito confere o arcabouço legal-institucional para que o poder (político) civil – responsável pela supervisão do poder militar – encaminhe soluções às crises conjunturais e aos graves problemas estruturais, como a corrupção crônica e as perversas desigualdades sociais.

Além disso, o País dispõe de outras instituições, além das FA, com maturidade, eficiência, abrangência e profissionalismo para cumprir as atribuições que a sociedade lhes impõe. Querendo superar "polarização", o "partido militar" não se enxerga, ele mesmo, como agregado a um dos polos. Nas democracias, as FA não se posicionam nos polos, mas no fundo e à retaguarda do cenário interno.

Considerando que boa parte da opinião pública, hoje, desaprova o governo e que sua direção política é evidentemente conduzida por generais, há grande possibilidade de tal desaprovação comprometer o que é fundamental para as FA de qualquer país – a confiança e o respeito de seu povo independentemente de partidos políticos, crenças religiosas, visões ideológicas ou classes sociais.

Governar, constituir bases políticas, articular-se com os parlamentos e governadores, relacionar-se com cortes superiores, tudo isso é problema do presidente, não dos militares e muito menos das Forças Armadas do Brasil.

O reconhecimento de alguns elementos que caracterizam o processo de politização das FA – em curso – e a identificação de padrões típicos dos partidos políticos como vetores do fenômeno indicam sérias avarias no "muro de contenção" que separa os militares da política e, consequentemente, a necessidade de repará-lo já.

Não é difícil às lideranças encontrarem a matéria-prima para restauração desse "muro". É a mesma usada nos 34 anos que separam a saída de um general do Palácio do Planalto em 1985 da entrada de dezenas de generais no mesmo palácio a partir de 1º de janeiro de 2019.

A receita não estava no *Powerpoint* que o chefe do órgão de comunicação social apresentava aos 17 generais-de-exército do Alto Comando na 304ª RACE há quatro anos. Ao mostrar-lhes os elevados índices de confiança nos militares, deveria ter apresentado, logo a seguir, um outro *slide* explicando as razões daqueles índices. Nele deveria estar escrito: isenção funcional, imparcialidade ideológica, neutralidade política, apartidarismo, profissionalismo e estrita constitucionalidade.

Se o fizesse, talvez a maioria daqueles generais não constituísse, hoje, o "alto comando" do governo Bolsonaro nem o general chefe do órgão de comunicação social do Exército fosse o porta-voz do presidente. Ainda há tempo de preparar aquele *slide* e apresentá-lo numa RACE. É questão de liderança, afinal há toda uma geração de jovens oficiais mirando seus chefes, interpretando suas decisões, avaliando suas posturas e seguindo o exemplo de suas condutas.

Disso dependerá onde estarão os tenentes de 2020 quando forem os generais-de-exército em 2050: à mesa de reuniões do Alto Comando do Exército no "forte apache" ou numa reunião ministerial no Palácio do Planalto?

Por falar em "forte apache", uma das deliberações da 304ª RACE, de 5 de fevereiro de 2016, resultou na aprovação da Portaria nº 296, de 31 de março daquele mesmo ano, que estabeleceu: "Conceder às instalações do Quartel-General do Exército, com sede na cidade de Brasília-DF, a denominação histórica FORTE CAXIAS".

Apesar da justa homenagem ao patrono do Exército – comandante na guerra e político na paz – e da lamentável coincidência nas datas da portaria com a dos eventos de março de 1964, talvez não seja uma frase do duque de Caxias que sirva como melhor conselheira aos chefes militares de hoje, mas uma do marechal Manuel Luís Osório, comandante das tropas brasileiras na Guerra da Tríplice Aliança.

Liderando pessoalmente a operação de travessia do Passo da Pátria em abril de 1866, como exemplo que "arrastou" seus subordinados à vitória no combate, Osório fez questão de consignar essas palavras em sua ordem do dia: "É fácil a missão de comandar homens livres, bastar mostrar-lhes o caminho do dever".

Pandemia e necropolítica brasileira: as forças repressivas e a gênese contínua do capital

Eduardo Mei

Uma profunda crise assola o Brasil. A morte aos milhares enluta a todos, porém, como a peste que devastou Tebas ou a podridão que desolou a Dinamarca, não enfrentamos apenas um problema de saúde pública. Iludem-se, portanto, os que creem que se trata meramente de uma pandemia, cuja gravidade afeta a economia e o nosso cotidiano. A crise econômica que enfrentamos é anterior à disseminação do covid-19, pois se trata de um fenômeno cíclico de acumulação do capital. Há poucos meses, Nouriel Roubini – economista célebre por ser o primeiro a antecipar a *crash* de 2008 – observou que o mundo atravessava uma "desaceleração sincronizada" e que "vários fatores poderiam provocar uma grave recessão", e uma pandemia não constava entre eles.[1] Ademais, o Brasil enfrenta uma recessão que remonta a 2011. E essa retração econômica é agravada por uma crise que lhe é anterior, a qual é simultaneamente social, política e institucional. Em suma, a crise agrava a pandemia.

Enfrentamos a maior pandemia dos últimos 100 anos em meio a uma crise profunda e generalizada que afeta todas as dimensões da vida em sociedade. Trata-se de uma mutação genética: o DNA do Brasil precisa ser retificado. As contradições acumuladas de 5 séculos de genocídio colonial, e reiteradamente dissimuladas pela "cordialidade" brasileira, manifestaram-se violentamente

---

1   Nouriel Roubini, "The Allure and Limits of Monetized Fiscal Deficits", Project Syndicate Org, Oct, 28/2019, https://www.project-syndicate.org/commentary/limits-of-
-mmt-supply-shock-by-nouriel-roubini-2019-10

nas celebrações dos 500 anos do Brasil[2] e continuaram acumulando-se nos 13 anos de governos durante os quais medidas cosméticas de inclusão social disfarçavam a política econômica neoliberal rentista e reprimarizante. Não é, pois, casual que esse acúmulo de contradições agrave a polarização política e a violência que hoje testemunhamos. Como somos otimistas, trataremos essa crise como a agonia de um parto. Afinal, devemos esperar que o Brasil saia melhor dessa situação do que entrou. E como a violência é a parteira da história, discorreremos brevemente sobre o papel da violência na gênese do Brasil e na gestação da crise.

Forças repressivas e gênese do capital

Um aspecto particularmente sensível da crise que enfrentamos é a atuação política das Forças Armadas. De fato, os militares ocuparam o primeiro e segundo escalões do "governo" federal, usurpando inúmeros cargos, e são em grande medida o seu estribo e arreio, com o agravante de que, a julgar pela desenvoltura dos generais-ministros, não apresentam nenhuma qualificação técnica para o exercício das atividades que teoricamente tais cargos envolvem. Não obstante, no mundo civilizado, deliberações e decisões políticas são uma prerrogativa de cidadãos inermes. A atuação política de forças armadas é característica de regimes autoritários. Nas democracias plenas, os militares atuam exclusivamente na defesa do país perante ameaças armadas externas e só devem se manifestar se forem convocados pelas autoridades civis. Contudo, no Brasil, as Forças Armadas sempre estiveram ostensivamente na cena política, ainda que frequentemente de maneira sorrateira e dissimulada.

A compreensão do papel exercido pelos militares na atual crise envolve várias dificuldades decorrentes da peculiaridade do país. O vocabulário, os conceitos e as perspectivas com os quais intentamos compreender o Brasil são exógenos à realidade brasileira e foram formulados em um contexto histórico muito diverso do nosso. Ademais, as próprias características da crise atual dificultam a sua compreensão, pois quase nenhum aspecto da realidade se apresenta "dentro da normalidade", não se inscrevendo, portanto, em

---

2 Cf. http://memorialdademocracia.com.br/card/protesto-marca-500-anos-do-descobrimento e http://www.comciencia.br/dossies-1-72/reportagens/501anos/br07.htm

uma rotina regular de acontecimentos. Paradoxalmente, o mais previsível da situação brasileira atual é a progressão da pandemia de coronavírus e as curvas ascendentes de contágios e óbitos. Cinco fatores dessa instabilidade são particularmente significativos. O primeiro a se manifestar deve-se ao declínio da sociedade civil politicamente organizada (fragilmente organizada, pois a ditadura militar inibia a sua organização): desindustrialização, desemprego renitente e dessindicalização,[3] inclusive patronal,[4] e declínio da já frágil representatividade político-partidária. Esse fenômeno abre espaço para o aventureirismo político e a paradoxal ascensão de deputados anti-Legislativo e manifestantes antidemocráticos. O segundo fator de instabilidade reside no nosso aparato jurídico-normativo. As leis deveriam conferir alguma regularidade e previsibilidade aos acontecimentos, mas sucumbiram ao casuísmo generalizado. É sintomático desse fenômeno que a suprema corte, cujo dever é zelar pela aplicação da Carta Magna, esmere-se na elasticidade hermenêutica.

O terceiro fator de instabilidade relevante do caráter nebuloso da crise atual concerne à associação da política com o crime organizado. O crime é avesso à transparência. Nunca antes no Brasil foi tão evidente e estreita a relação entre o Executivo federal e a criminalidade. Por conta disso, parte relevante do processo político segue as páginas criminais dos folhetins, com o agravante de que o direito penal padece da mesma elasticidade processual e hermenêutica que o direito constitucional. O quarto fator é a atuação partidária da grande imprensa, particularmente dos jornais televisivos, que apresentam um rarefeito compromisso com a realidade e nenhuma isenção no dever de informar a população (cabe lembrar que as TVs operam sob concessão pública, devendo prestar um serviço de qualidade aos usuários). E o quinto fator de instabilidade deve-se ao papel exercido no processo político e na crise pelas mídias eletrônicas e redes sociais. A novidade do fenômeno e a velocidade vertiginosa da sua dinâmica dificultam ponderar os seus efeitos. Nem Isaac Newton municiado de um computador de última geração daria conta dos cálculos algébricos das forças políticas

---

3   Leôncio Martins Rodrigues, "O declínio das taxas de sindicalização: a década de 80". *Revista Brasileira de Ciências Sociais*, 13 (36), São Paulo, fev. 1998.

4   Marcio Pochmann, "Sindicalismo patronal brasileiro: auge e declínio", *São Paulo em Perspectiva*, 12(1) 1998.

atualmente em jogo. Onde não há freio nem regra, o acaso exerce um importantíssimo papel. Por conta disso, a arte e a literatura são mais aptas a representar a crise atual do que a ciência, afinal, como disse Aristóteles, "a arte ama o acaso e o acaso, a arte".[5] Não é casual, portanto, que os artistas sejam vítimas preferenciais dos censores de plantão. Lamentavelmente, essa profunda instabilidade é a ocasião para aventureiros e charlatões.

Ora, o acaso é um produto adverso da crise generalizada e da radical instabilidade que enfrentamos, mas a esta e a instabilidade não são elas mesmas produtos do mero acaso. Mesmo que haja muito de acidental no processo histórico que nos trouxe até aqui, é possível ponderar as causas que nele atuaram e ainda atuam e indicar caminhos para a superação da crise. Não obstante, como precisamos necessariamente recorrer a conceitos exógenos para essa reflexão, convém evocá-los criticamente. Tomemos inicialmente a definição de "país". Segundo o *Dicionário Houaiss*, "país" é uma "comunidade social e política à qual se pertence ou à qual se tem o sentimento de pertencer; pátria, terra". Salta aos olhos que apenas com muitas ressalvas podemos considerar que constituímos uma "comunidade". As dimensões continentais do Brasil e a infinita diversidade que o compõe dificultam essa representação. Em termos rigorosos, essa comunidade é algo a ser construído. E, para os usurpadores que tomaram de assalto o Planalto Central, parte dessa comunidade deve ser eliminada, valendo-se da pandemia para "passar a boiada" ou, literalmente, substituindo os povos indígenas (que não sofreram o flagelo da cavalaria estadunidense) por pasto, soja e gado. Em outras palavras, "o Brazil está matando o Brasil"... matava e continua matando, e as "Querelas do Brasil" de Tapajós e Aldir são tristemente atuais.

Para compreendermos a situação atual, faz-se necessário, portanto, considerar o Brasil em registro crítico e tratá-lo como um fenômeno histórico-social, cujas "condições naturais, geológicas, oro-hidrográficas, climáticas" os povos que habitam o seu território alteram e recriam.[6] Como sabemos o território brasileiro foi ocupado há milhares de anos pelos povos indígenas, e se a alguns pareceu o Jardim do Éden deve-se ao seu cuidado. O paraíso foi

---

5   Aristóteles, *Ética a Nicômaco*. 1140b20.
6   Marx & Engels, *A Ideologia Alemã*. São Paulo: Boitempo, 2007; p. 87.

então violado e o seu DNA, corrompido. A crise atual remonta à violência perpetrada pelos conquistadores portugueses. Há muito o denunciamos. Há duas décadas dizíamos: "É sob o signo da colonização, pátria ou estrangeira, que devemos interpretar a angelical vocação pacífica do Brasil: ela significa apenas que a população autóctone é dizimada e há ainda muito território a depredar e que quem se opõe à Carta de Caminha da exploração predatória é tratado como inimigo interno."[7] Destarte, essa crise é uma manifestação particularmente aguda da brutal e continuada violência perpetrada pela acumulação "primitiva" do capital. Marx observa no primeiro volume de sua obra máxima que, em sua gênese, o capital assume formas particularmente sórdidas e violentas, as quais incluem o genocídio indígena e a escravidão. Ocorre que, no Brasil, devido às suas dimensões continentais e à contínua regeneração da sua classe dominante degenerada, a violência brutal da gênese do capital prolonga-se até os dias atuais. Certamente, é um processo complexo que envolve avanços e recuos, vilania e heroísmo e, em perspectiva histórica e geográfica – isto é, em variação diacrônica e sincrônica –, diversos graus de violência física e cultural.[8] Porém, se a crise atual nos permite captar o sentido geral da *dialética da colonização*, podemos afirmar que o Brasil não é propriamente um país, mas sim um campo de predação e exploração dos seus povos e dos seus recursos naturais. O golpe de 2016, os vários repiques sísmicos que continuam a abalar o processo político, e o neoliberalismo desavergonhado que então se instalou reforçam essa percepção.

O empreendimento colonial, a predação e exploração perpetradas cotidianamente desde Cabral, não prescindem de forças armadas. Sendo um empreendimento ultramarino europeu, o Brasil herdou algumas características do velho mundo. A língua portuguesa e a Ciência Política fazem parte desse legado. Usualmente, afirma-se que o Estado "detém o monopólio da violência legítima". A consequência dessa definição sumária é que, frequentemente, ao

---

7 Eduardo Mei & Suzeley Kalil, "As Forças Armadas e o despotismo anão". *Novos Rumos*, 15 (33), 2000.

8 Cf. Camilla Veras Mota, "13 de maio: o brutal assassinato do delegado que se recusava a prender 'escravos fugidos'", BBC, 13 de maio de 2020, https://www.bbc.com/portuguese/brasil-52650876?

Estado atribui-se, exclusivamente, a tarefa do exercício cotidiano da violência. Para muitos brasileiros o Estado é estritamente isto: repressão. Todavia, muitas vezes, o que deveria esclarecer, confunde; o que deveria revelar, oculta. É o caso, por exemplo, da definição weberiana de Estado "racional moderno" de onde deriva a "definição sumária" mencionada acima. Em Weber, a definição de Estado é um tipo ideal, isto é, um instrumento para a compreensão de uma realidade que sempre é diversa e mais rica do que ele mesmo. Essa definição é o corolário de uma longa narrativa na qual Weber apresenta a gênese histórico-social do Estado moderno, remontando ao direito civil romano, passando pelos notários italianos, as universidades europeias, a monarquia francesa, a Igreja Católica, o direito formal germânico; constituindo uma burocracia de bacharéis e especializada na aplicação da lei; desenvolvendo-se no ambiente "mercantilista" que antecede a Revolução Industrial; e, com o declínio do Antigo Regime, consumando-se no moderno direito formal. Segundo Weber, "a luta permanente, em forma pacífica ou bélica entre os Estados nacionais que disputavam o poder criou para o moderno capitalismo ocidental as maiores oportunidades".[9] Os atuais contornos dos países da Europa ocidental foram definidos em um longo processo: inicia-se no século XII, quando as forças centrífugas, lentamente, começam a ceder,[10] e se estende até o término da Segunda Guerra Mundial, quando a Europa ocidental adquire as fronteiras atuais. Nada mais distante da realidade brasileira do que isso. Por meio de tratados intra-europeus, o Brasil já nasce quase pronto, com tudo dentro por assim dizer: florestas, rios, metais preciosos e povos a "evangelizar".

Segundo a definição weberiana, o Estado racional moderno "reivindica com êxito" o monopólio da violência considerada legítima em um determinado território. A legitimidade predominante nesse caso baseia-se na dominação "legal", isto é, amparada em estatutos. Tais estatutos nos regimes democráticos firmam-se na igualdade jurídica. No Brasil, entretanto, mesmo nos dias atuais, apenas uma parcela ínfima da população está sob os auspícios da igualdade jurídica. O caso do reconhecimento tardio dos direitos trabalhis-

---

9 Max Weber, *Economía y sociedad*. México: Fondo de Cultura Económica, 2002; p. 1047.
10 Norbert Elias, *O Processo Civilizador*: Formação do Estado e Civilização (Volume 2). Rio de Janeiro: Zahar, 1993.

tas das empregadas domésticas é sintomático a respeito. O amplo e crescente contingente de trabalhadores informais e o retrocesso nas leis trabalhistas reforçam esse diagnóstico. Os calabouços brasileiros com centenas de milhares de cativos não condenados[11] – isto é, aos quais o direito a julgamento é negado – fazem-no inequívoco. Ademais, Weber considera o exercício da "violência legítima" – ou "coação física" – apenas o meio específico do Estado, calando-se sobre os seus fins devido à sua infinita variedade. Ora, se o Estado é definido exclusivamente pelos meios, arrisca-se que os meios subordinem os fins, tornando-se a violência um fim em si mesma. Portanto, descurar os fins abre a via a regimes autoritários e totalitários. Não é casual, portanto, que o Estado não tenha êxito na disputa da violência legítima em muitas favelas do país. O fracasso deliberado das políticas sociais é a oportunidade reiterada de administrar o genocídio urbano. Por isso, muitas vezes o tráfico cumpre tarefas que caberiam ao Estado. O caso de Nem da Rocinha é exemplar a esse respeito.[12]

Para retomar os termos do arguto florentino, indubitavelmente a conquista e a manutenção da terra e do poder exigem o uso da força. Porém, em dívida devida às suas dimensões continentais e ao caráter contínuo da conquista colonial e da predação e exploração acima assinaladas, a violência e a repressão assumem diversas formas: ora é a violência privada de jagunços, ora é a violência perpetrada por agentes do Estado, e muitas vezes é um empreendimento público-privado, um tipo de empreendedorismo jagunço. Destarte, a peculiaridade do Brasil é que forças armadas e forças repressivas – forças militares, forças policiais, esquadrões da morte, milícias, etc. – se confundam. Portanto, as Forças Armadas brasileiras não se apresentam como forças defensivas perante ameaças externas, mas como forças repressivas de última instância, como último recurso da ordem, com ou sem lei. Não por acaso, as chamadas operações de Garantia da Lei e da Ordem (GLOs) são normalizadas perante o avanço predatório do capital. Em suma, as Forças Armadas são o

---

11   Cf. Conselho Nacional de Justiça, Banco Nacional de Mandados de Prisão. https://portalbnmp.cnj.jus.br/#/estatisticas

12   Cf. Gil Alessi, "Nem da Rocinha: «Não me arrependo de ter sido traficante. O que você faria no meu lugar?»". *El País*, 13 de março de 2018, https://brasil.elpais.com/brasil/2018/03/13/politica/1520947959_760179.html

recurso do Estado sempre que a predação "colonial" é contestada, seja em Canudos, no Complexo do Alemão ou na Raposa-Serra do Sol – e o Exército, em particular, é uma força "colonial", um exército de ocupação. Por conseguinte, podemos afirmar que o Brasil é o produto cotidiano de uma guerra de conquista, cuja vítima é o povo pobre, indígena, negro, favelado, sem terra e sem teto. O Brasil é um genocídio duradouro de dimensões continentais.

O caráter "colonial" das forças repressivas explica as peculiaridades do pensamento militar. É recorrente no meio militar e agregados uma interpretação incorreta da teoria clausewitziana da guerra.[13] O general prussiano Carl von Clausewitz é responsável pela mais significativa teoria da estratégia contemporânea. Raramente o Brasil se envolveu em uma guerra interestatal. A Guerra do Paraguai é o único exemplo relevante, e tratou-se de uma guerra colonial por procuração (do império britânico). No caso do Brasil, apenas excepcionalmente a guerra é o que Grotius denominou *bellum publicum solemne*, guerra declarada entre Estados que reconhecem entre si o princípio da igualdade jurídica e, portanto, amparada pelo direito internacional. Nas guerras interestatais, raramente o conflito implica a "ascensão a extremos". Os adversários limitam-se ao desgaste e o conflito encerra-se com a "paz negociada". Ao contrário, no Brasil, como forças repressivas a serviço da predação "colonial", os militares concebem a guerra exclusivamente como "imposição da vontade". A guerra visaria exclusivamente o que Clausewitz denominava "aniquilamento". Seguem-se inúmeros equívocos estratégicos: 1) a "imposição da vontade" como fim exclusivo da guerra é um "devaneio lógico" (*logischen Träumerei*) da teoria da guerra absoluta, inoperante nas guerras reais. 2) o aniquilamento para Clausewitz é meramente o ato de desarmar o inimigo, mas na guerra interna o militar acredita que "é treinado para matar". O aniquilamento é compreendido como eliminação e extermínio. 3) a fórmula de Clausewitz segundo a qual "a guerra é a continuação da política com o complemento de meios violentos" é interpretada sob a sombra da guerra absoluta. A política é

---

13 Eduardo Mei, "Guerra" In: Héctor Luis Saint-Pierre & Marina Gisela Vitelli (org.). *Dicionário de Segurança e Defesa*. São Paulo: Editora Unesp Digital, 2018, https://repositorio.comillas.edu/xmlui/bitstream/handle/11531/35338/SAINT-PIERRE%20&%20VITELLI%20(2018)%20Dicionario%20Seguranca%20Defesa.pdf?sequence=-1

estritamente impositiva e emana exclusivamente do Estado, pois se trata de subjugar e predar os povos que habitam o Brasil. Esse equívoco impede o militar de ver a guerra como a continuação das relações políticas em sua totalidade. Daí decorre a concepção autoritária da política e a noção peculiar que o militar tem da democracia. Séculos de predação "colonial" contribuíram para arraigar profundamente esses equívocos na mentalidade militar.

Em um panorama de 5 séculos, vemos esse empreendimento "colonial" e predatório de longo prazo. Celso Furtado observa que, no período colonial, no chamado "ciclo do açúcar", a renda da empresa açucareira estava fortemente concentrada em mãos dos proprietários de engenho, e acrescenta que era considerável "a parte dessa renda que se despendia com bens de consumo importados – principalmente artigos de luxo".[14] Em linhas gerais, esse padrão de concentração de renda mantém-se durante o ciclo do café e adentra o século XX, no Brasil urbano e industrializado, graças ao que Ruy Mauro Marini denominou "superexploração do trabalho". A não indenização dos ex-escravos após a abolição "oficial" da escravidão, o imenso setor de subsistência, os preconceitos chauvinistas disseminados entre os imigrantes e o desemprego estrutural – ou o que Marx denominou "força de trabalho redundante" – contribuíram para a superexploração e opressão dos trabalhadores e para a manutenção da degradante desigualdade econômica.[15] A opção da ditadura militar pelo modelo concentracionista de renda, o impulso ao êxodo rural e à ocupação predatória do território brasileiro, avançando pelo Cerrado em direção à Amazônia, emolduram o quadro em que a tragédia brasileira será encenada nos últimos decênios. Desde o início da década de 1980, a desigualdade agrava-se devido à desindustrialização e reprimarização da economia, com o consequente declínio na organização dos trabalhadores. Essa desigualdade manifesta-se em todos os aspectos da sociedade brasileira: desigualdade de renda, patrimonial, urbana e cultural. As tímidas tentativas de pagar essa

---

14   Celso Furtado, *Formação econômica do Brasil*, São Paulo: Companhia Editora Nacional, 2001, p.45.
15   Amanda Rossi, "Abolição da escravidão em 1888 foi votada pela elite evitando a reforma agrária, diz historiador". BBC, 13 de maio de 2018. https://www.bbc.com/portuguese/brasil-44091474

dívida social provocaram a reação das classes dominantes, de seus lacaios e de uma grande massa de desavisados, criando-se as condições para o golpe de 2016 e para o avanço do bolsonarismo. A solicitação de auxílio emergencial para o consumo suntuoso é uma evidência repugnante da tendência longeva do caráter predatório das nossas classes dominantes e da nossa infame concentração de renda.

Não é casual, portanto, que essa predação de longo prazo tenha produzido uma sociedade extremamente violenta e que essa violência esteja arraigada, entranhada, normalizada, naturalizada e, frequentemente, dissimulada no nosso cotidiano, a ponto de não a percebermos. A violência ocorre na depredação ambiental, nos rios-esgotos, na devastação das florestas, no extermínio da fauna e da flora, na mineração catastrófica e na agropecuária tóxica; ela se prolonga na superexploração do trabalho, na repressão aos trabalhadores, seja no ambiente de trabalho seja, fora dele, na brutal repressão de grevistas; a violência também se manifesta na especulação imobiliária, nas favelas e na ausência de saneamento básico; ela viola as famílias e se manifesta na violência doméstica contra mulheres e crianças; estende-se pelas escolas, clubes e academias; e se dissimula no transporte público superlotado, na violência do trânsito e na violência policial, dissimulada, ostensiva e frequentemente letal. Talvez seja esse caráter extremamente violento da sociedade brasileira que propicia tanto a disseminação das ideologias e movimentos filofascistas quanto à dificuldade da sua caracterização. De fato, se o culto à violência é característico do fascismo, como considerá-lo uma especificidade quando a violência é banalizada e aplaudida, em um país onde a violência é desde sempre imperante?

Necropolítica Brasileira

O Brasil, representado nos grossos traços acima emoldurados, é um caso peculiar de necropolítica. Achille Mbembe define necropolítica como a situação na qual "a expressão última da soberania reside na capacidade e no poder de ditar quem pode viver e quem deve morrer".[16] Mbembe associa a necropolítica à conquista colonial e à escravidão. Em ambas, os corpos e as vidas de indígenas e escravos foram submetidos aos caprichos do conquistador europeu. Seguindo

---

16   Achille Mbembe, "Necropolitics", *Public Culture*, 15 (1), Winter 2003, p. 11.

os passos de Hannah Arendt e Enzo Traverso, Mbembe registra ainda que as câmaras de gás foram o ponto culminante de um processo no qual os nazistas dispensaram às "classes operárias e aos «povos apátridas» do mundo industrial" o mesmo tratamento dispensado aos "«selvagens» do mundo colonial". (ibidem, p. 18). A conquista colonial europeia (e, consequentemente, a superexploração e o genocídio dos povos indígenas das Américas, África, Ásia e Oceania) foi o laboratório no qual o fascismo e o nazismo foram criados e aperfeiçoados, e estes conferiram à superexploração e ao genocídio método científico e escala industrial. Mbembe registra também o caráter necropolítico do *apartheid* na África do Sul e na Palestina, formas contemporâneas da "espacialização da ocupação colonial" denunciada por Frantz Fanon (Mbembe, pp.22-28, *passim*).

Esses breves apontamentos permitem caracterizar o que podemos denunciar como a necropolítica brasileira. O genocídio indígena e a escravidão estão gravados fortemente na história do Brasil e são fenômenos tristemente atuais. A escravidão contemporânea, o assassinato de líderes indígenas, lideranças de posseiros e ambientalistas são a rotina contemporânea na necropolítica. A pandemia de coronavírus aprofundou e tornou evidente, mesmo aos que recusam as evidências, o caráter necropolítico do morbo-governo federal. A recusa em adotar medidas econômicas necessárias[17] ao combate à pandemia, como o *lockdown*, proibição de demissões, expansão monetária, entre outras, e indícios de disseminação deliberada da pandemia entre os indígenas[18] são alguns exemplos da necropolítica do morbo-governo federal. Destarte torna-se ainda mais relevante o debate sobre o caráter fascista desse morbo-go-

---

17   Patricia Fachin, "Que país se espera?" Entrevista concedida por Luis Gonzaga Belluzzo ao IHU-UNISINOS, 17 de abril de 2020., http://www.ihu.unisinos.br/159-noticias/entrevistas/598114-que-pais-se-espera-eis-a-questao-a-ser-respondida-pela-superacao-da-crise-economica-entrevista-especial-com-luiz-gonzaga-belluzzo

18   Cf. "Jovem indígena denuncia governo Bolsonaro na ONU por omissão contra a pandemia". *ClimaInfo*, 03 de julho de 2020, https://climainfo.org.br/2020/07/03/jovem-indigena-denuncia-governo-bolsonaro-na-onu-por-omissao-contra-a-pandemia/ | DW Brasil, "Extermínio indígena pode levar TPI a julgar Bolsonaro". Entrevista concedida por Sylvia Steiner, *DW Brasil*, 18 de junho de 2020, https://www.dw.com/pt-br/exterm%C3%ADnio-ind%C3%ADgena-pode-levar-tpi-a-julgar-bolsonaro/a-53860455

verno, uma vez que durante a pandemia seus próceres convocaram diversas manifestações antidemocráticas.

Entretanto, cabe observar que os regimes fascistas se manifestam como regimes de crise de acumulação de capital. Foi a crise que sucedeu à Primeira Guerra Mundial, agravada pelo *crash* da bolsa de Nova Iorque e a crise econômica dos anos 1930, que permitiram a ascensão de Mussolini e Hitler. A crise que nos acompanha há quase uma década, decorrente da crise econômica de 2008 e agravada pelas medidas pró-cíclicas adotadas a partir de 2015, e as elevadas taxas de desemprego e subemprego dela decorrentes são o ambiente propício para o avanço do bolsonarismo. Entretanto, enquanto o fascismo e o nazismo caracterizavam-se por forte atuação estatal na economia, apresentando-se inclusive como "esforços para a guerra", a política econômica do morbo-governo federal é criminosamente neoliberal, insistindo na omissão do Estado, inclusive no não combate à pandemia, e em medidas pró-cíclicas e de proteção do setor especulativo da economia.[19] Certamente os regimes fascistas eram também predatórios, mas predavam as economias dos países conquistados. Como observou Raymond Aron, "todas as vitórias de armas germânicas se traduzem imediatamente em uma expansão de interesses econômicos e financeiros".[20] A peculiaridade do neoliberalismo filofascista brasileiro é que ele acelera e multiplica a predação interna, não importando se os predadores são oriundos de Curitiba ou de Langley.

Não obstante, sob vários aspectos, o bolsonarismo aproxima-se do fascismo e cabe enumerá-los: 1) adesão à ideologia fascista, sua subcultura e seus ícones e culto a líderes fascistas; 2) tradicionalismo, representado no culto à "família tradicional brasileira"; 3) o irracionalismo, a distorção e negação da realidade, e o ataque à ciência e às universidades públicas; 4) militarismo e belicismo (quanto a isso cabe observar que essa tendência se manifesta também nas milí-

---

19 Fabrício de Castro e Eduardo Rodrigues, "Com crise, BC já anunciou R$ 1,2 trilhão em recursos para bancos". *O Estado de S. Paulo*, 23 de março de 2020, https://economia.uol.com.br/noticias/estadao-conteudo/2020/03/23/com-crise-bc-ja-anunciou--r-12-trilhao-em-recursos-para-bancos.htm

20 Raymond Aron, *Chroniques de Guerre*: La France Libre, 1940-1945. Paris:, Gallimard, 1990, p.449.

cias evangélicas[21] e nas "escolas cívico-militares"); 5) culto à violência, inclusive à tortura; 6) estigmatização de grupos étnicos e sociais: indígenas, negros, mulheres, homossexuais, "comunistas", "artistas degenerados", etc.; 6) sectarismo e (pseudo)-nacionalismo; e 7) divisão do país em "amigos" e "inimigos".

Note-se que o medo e o ressentimento são o fermento das ideologias filofascistas. Não é casual, portanto, que a menção ao "medo" na campanha eleitoral de 2002 esteja remotamente ligada ao bolsonarismo, nem que a misoginia tenha sido fortemente disseminada na campanha eleitoral de 2010.[22] Cabe salientar que muitas das características do fascismo acima arroladas estão presentes no Brasil desde Cabral. Do mesmo modo que os arqueólogos nazistas buscavam provas da superioridade da "raça ariana" (frisando que não existe nenhuma "raça ariana" e que o uso do termo "raça" como designação de grupos étnicos há muito tempo foi banido da ciência), os conquistadores lusitanos tentavam e o tradicionalismo contemporâneo ainda tenta impor ao país a "família tradicional brasileira". Ademais, como dissemos acima, o culto à violência adquire um caráter peculiar em um país onde a violência é desde sempre banalizada e "cordialmente" dissimulada, mas também se alimenta de uma subcultura disseminada pelos "comics" e pelo cinema estadunidenses, não por acaso um país também forjado na necropolítica colonial e no *apartheid* racial. A mesma peculiaridade ocorre com a estigmatização de grupos étnicos em um país que se formou pela "evangelização" de alguns e escravidão de outros. Podemos dizer, portanto, que o Brasil é um campo fértil para a disseminação de ideologias e seitas filofascistas, porém que essas peculiaridades do Brasil fazem-nas pouco distintas, pois seus contornos confundem-se com o pano de fundo.

As tímidas políticas de inclusão social e reparação das dívidas históricas do país adotadas durante os governos do PT (2003-2014) tornaram mais evidentes

---

21 Clara Averbuck, "A Milícia de Cristo". Revista Fórum, 19 de janeiro de 2020, https://revistaforum.com.br/blogs/claraaverbuck/a-milicia-de-cristo/ | Rui Martins, "Onde está o foco do nazifascismo brasileiro?" *Observatório da Imprensa*, edição 1071, 21 de janeiro de 2020, http://www.observatoriodaimprensa.com.br/cultura/onde-esta-o-foco-do-nazifascismo-brasileiro/

22 Elizabeth C. A. Lima & Jessica T. P. Oliveira, "Relações de gênero e misoginia na construção da imagem pública de Dilma Rousseff". *REIA – Revista de Estudos e Investigações Antropológicas*, ano 2, volume 2(2):2015, https://periodicos.ufpe.br/revistas/reia/article/download/229999/24184.

o caráter necropolítico da formação do Brasil. Isso fica particularmente cristalino na forma peculiar da "espacialização da ocupação colonial" brasileira. No Brasil as barreiras que separam as vítimas da predação "colonial" e da escravidão são em geral invisíveis. São fronteiras geográficas, sociais, econômicas e simbólicas que confinam o pobre, o indígena e o negro nas periferias e favelas. Aí confinados, eles não incomodavam a gente diferenciada da "casa grande". Mesmo transitando uniformizados em outros ambientes, eles permanecem invisíveis. Entretanto, as tímidas políticas de inclusão conferiram às vítimas da predação "colonial" a visibilidade que não tinham há 500 anos. As mídias eletrônicas contribuíram para amplificar essa visibilidade. Nas universidades, *shopping centers*, aeroportos, a lumpemburguesia via o que se recusava a ver há 5 séculos: o que para ela é apenas o subproduto da predação "colonial", resíduo descartado e descartável do progresso. Não por acaso, a irracionalidade do filofascismo explode como neurose e negação. Recusamo-nos a aceitar a violência cotidiana que constitui a realidade brasileira. Não é casual que as recentes manifestações anti-racistas brasileiras tenham sido fortalecidas pelos levantes decorrentes do assassinato de George Floyd nos EUA. Nem causa surpresa que em todo mundo as manifestações anti-racistas tenham assumido um caráter anticolonial. A dissociação cognitiva, a negação e o negacionismo são produtos do trauma provocado pela violência colonial. Por isso o bolsonarismo assume uma forma anti-identitária e apoia-se no "índio" que defende a assimilação dos povos indígenas, no negro racista, na mulher machista e antifeminista, no homossexual recalcado (o caráter anti-identitário manifesta-se, inclusive, nos cargos "técnicos" do governo: ministro anti-ambientalista no Ministério do Meio Ambiente, ministro tosco no Ministério da Educação, etc.). Em todas as suas manifestações o bolsonarismo é a manifestação neurótica da violência colonial. Por conta disso o morbo-governo federal não é apenas um "governo" que, sadicamente, dissemina o vírus e a pandemia, mas é também um "governo" intrinsecamente doentio, pois é produto de uma neurose social.

Os militares e o morbo-governo

Diante do exposto, não causa surpresa a adesão de muitos militares ao bolsonarismo. Ao que parece, a maior motivação para o apoio militar ao golpe de 2016 foi a insatisfação com os relatórios produzidos pela Comissão Nacional da Verdade, tratando-se, portanto, de um caso específico da neurose apontada acima. Porém, como são fatos ainda muito recentes, seria prematuro considerar o processo político satisfatoriamente esclarecido. De qualquer modo, a crise institucional tracejada acima é a ocasião para que os militares, que recuaram a partir de 1985, voltem à cena política. Seu principal interesse em participar do morbo-governo, ao que parece, é a preservação ou usurpação de privilégios, em meio às políticas neoliberais de ataque ao Estado e ao funcionalismo público. Nada mais distante, portanto, de algo que possamos denominar um "projeto nacional" – como o foi o projeto de desenvolvimento conservador e concentracionista da ditadura militar nos anos 1970. Ao contrário, os militares brasileiros capitularam à ideologia neoliberal apátrida e promovem a nova fase da predação "colonial", não importando os crimes de lesa-pátria e lesa-humanidade que esse empreendimento envolva.

A tragédia brasileira: trauma e remissão

Consideramos que o panorama esboçado acima, necessariamente incompleto, revela a tragédia brasileira. Nos últimos 5 séculos, acumulam-se as tensões e os antagonismos decorrentes da violenta gênese contínua do capital. No limiar do terceiro milênio, todavia, esses conflitos são agravados pelo colapso ambiental.[23] A Psicanálise sempre considerou a tragédia grega um campo fértil para a reflexão. Em Édipo Rei e em *Hamlet*, a violência (parricídio e fratricídio, respectivamente) deflagram a peste e a podridão – e o desenlace das duas tragédias exige a reparação dos crimes cometidos. No Brasil, a violência é cotidiana. Desde Cabral, a terra e os povos que nela habitam são reiteradamente violados pela ganância irrefreável do capital. As feridas ainda estão abertas. Porém, cada vez mais tais povos revoltam-se e recusam-se a permanecer confinados. Eles rompem as barreiras e as novas tecnologias de comunicação permitem denunciar ao mundo todo e em tempo real o genocídio em curso.[24] Até onde podemos vislumbrar, a violência e os antagonismos continuarão a se acumular e com eles

---

23 Luis Marques, *Capitalismo e colapso ambiental*. 3ª edição revista e ampliada. Campinas-SP: Editora da UNICAMP, 2018.

24 Cf. "Coronavírus, cloroquina e populações indígenas", entrevista concedida por Júnior Hekurari Yanomami ao jornalista Carlos Alberto Jr. no canal Roteirices. Dispo-

os traços neuróticos da tragédia brasileira. Destarte, ou rompemos definitivamente o "estigma" da colonização ou o Brasil se consumirá em agonia até que seus povos, sangue, carne e ossos sejam completamente exauridos.

---

nível em: https://anchor.fm/carlos-alberto-jr/episodes/76---Coronavrus--cloroquina-e-populaes-indgenas-com-Jnior-Hekurari-Yanomami-egejc6

Controle civil? A ascensão de Bolsonaro e a encruzilhada do Brasil – militares, Forças Armadas e política

Eduardo Heleno de Jesus Santos

O noticiário da grande mídia e a proliferação de fatos e boatos nas redes sociais entre 2016 e 2020 reservaram para os cientistas políticos, historiadores e sociólogos, dos quais destacamos os estudiosos das relações civis-militares, uma série de elementos que pareciam contrariar a ideia de que os governos constituídos no Brasil após 1990 tiveram êxito em desenvolver o controle civil de forma objetiva sobre os militares. As constantes operações de garantia da Lei e da Ordem (GLO) contra o crime organizado, a intervenção federal na Segurança Pública do Estado do Rio de Janeiro, a presença de familiares de caminhoneiros grevistas nas portas dos quartéis, o retorno do discurso laudatório às Forças Armadas, o negacionismo do golpe civil-militar de 1964, e até mesmo o uso de símbolos e veículos militares de colecionadores nas eleições, pareciam esvanecer o que restou da cultura civilista e democrática que havia sido hegemônica desde os anos 1980.

A eleição da chapa formada por Jair Bolsonaro, capitão da reserva com 26 anos dedicados à vida parlamentar, e por Hamilton Mourão, general recém saído das fileiras, parecia confirmar uma mudança no controle civil, com os militares e as Forças Armadas sendo não mais um instrumento de Estado e sim um instrumento de governo. Ao longo do primeiro ano e meio de mandato, sinais ora claros de um novo *status quo*, ora ambíguos de um retorno a um golpe militar foram repercutidos em jornais, blogs e em todo o aparato das redes sociais. A distribuição de militares da ativa e da reserva em ministérios e cargos de natureza técnica outrora ocupados por civis, a desconfiança em relação aos políticos e técnicos civis, a recorrência do discurso anticomunista da guerra fria com a criminalização dos adversários políticos e com a inserção de uma lógica na qual o adversário político vira inimigo, tudo isso contribuía para um quadro de aumento da desconfiança e de enfraquecimento do diálogo entre civis e militares.

Diante disso, pretendo por meio deste breve ensaio mostrar a mudança em termos de controle civil sobre os militares no Brasil, expondo inicialmente aspectos como a crise de representação dos partidos, a mudança da imagem de Jair Bolsonaro nas Forças Armadas, a participação de militares nas eleições de 2018 e por fim a tendência de controle civil subjetivo nos dois primeiros anos de governo.

a) a crise de representação política

A candidatura de Bolsonaro não surgiu em 2013, mas as condições para que a extrema direita se organizasse por meio das redes sociais e se utilizasse das ruas como espaço de mobilização passaram a se tornar mais viáveis a partir daquela jornada multifacetada de protestos. Entre os militantes da extrema direita, os discursos anticorrupção e antipetista se fundiram em uma narrativa de apoio ao golpe militar, eufemística e cinicamente denominado intervenção militar constitucional. Não era uma prédica apenas contra os partidos hegemônicos, mas contra todo o sistema político-partidário, que afetava as instituições da Nova República e os direitos e conquistas estabelecidos com a Carta de 1988. O ressentimento com a democracia e com quatro mandatos de governos do Partido dos Trabalhadores criou uma nova espécie de vivandeira, que recorreu aos quartéis das Forças Armadas, transformando os espaços em frente a essas unidades em local de campanha política. Em um ambiente de alta polarização ideológica, alimentado por uma crise política e econômica sem precedentes, ressurge e ganha força nas ruas e nas redes sociais uma retórica que nega a essência conciliatória da política e que defende o poder moderador das Forças Armadas. Mesmo que minoritária, a lógica desses grupos vem de encontro aos ensejos e valores de Bolsonaro. A extrema direita tem um candidato afinado com o seu discurso.

Em um período de forte desgaste da democracia, esse discurso é instrumentalizado por diversos setores civis. Durante a greve dos caminhoneiros em maio de 2017, uma multidão se aglomerou diante da casa do comandante da Academia Militar das Agulhas Negras (AMAN), pleiteando intervenção militar no Congresso e apoio dos militares ao movimento grevista. É também nesse mês que as pesquisas de opinião colocam Bolsonaro como segundo colocado na corrida presidencial, perdendo apenas para o ex-presidente Luís Inácio Lula da Silva.

Com a prisão de Lula, em abril de 2018, há um substancial aumento da popularidade do ex-presidente, que chega a 47% das intenções de votos duas semanas após ele se entregar à Polícia Federal. Porém, nas semanas seguintes, a preferência eleitoral irá se diluir entre os demais nomes da esquerda, enquanto o agora principal opositor, Bolsonaro, mantém uma margem de 15 a 25% do eleitorado.

Bolsonaro já catalisava parte da população em uma nova força de extrema direita, e irá impulsionar a candidatura de militares das Forças Armadas e das polícias. Todo esse processo não se tornou visível. As últimas eleições majoritárias apontavam a polarização PT x PSDB. Porém, havia uma mudança em curso que não seria possível sem um profundo desgaste das lideranças e atores civis (incluindo aí o Judiciário). Em uma luta cada vez mais radical em torno da hegemonia, politizou-se a Justiça e judicializou-se a política.

Diferentemente da era Collor, em que os ministros se colocaram neutros e exerceram sua autoridade sobre a tropa, o ambiente dos governos Dilma e Temer, e o impacto das ações do juiz Sérgio Moro alimentaram a politização dos militares. O próprio comandante do Exército, general Villas Bôas, utilizaria a rede para passar o seu recado para a tropa. Paralelamente a esse processo, vem a abertura dos quartéis para a campanha de Jair Bolsonaro. Mostraremos a seguir como se deu esse processo.

b) a mudança da imagem de Jair Bolsonaro nas Forças Armadas.

Jair Bolsonaro fez carreira parlamentar no Rio de Janeiro tendo como público-alvo sargentos e oficiais de baixa patente. Sua bandeira ainda como oficial da ativa era o aumento salarial, fato que o levou a escrever o artigo "O salário está baixo", para a revista *Veja*, em 1986 e por isso ser punido. Em 1987, seu nome foi citado como um dos responsáveis pelo plano *Beco sem Saída,* no qual um grupo de oficiais do Exército explodiria bombas em unidades militares caso não fosse concedido pelo governo o aumento de 60% no salário dos militares.[1] No entanto, nesse início de atividade política, Bolsonaro não era bem visto pelos oficiais mais antigos e tampouco pela cúpula militar. Em fevereiro de 1988, o *Noticiário do Exército*, documento oficial enviado para as unidades militares, publicava o editorial "A verdade: um símbolo da honra militar", no qual criticava abertamente os capitães Jair Messias Bolsonaro e Fábio Passos da Silva.[2]

Em abril de 1989, com a criação da Associação dos Servidores Militares da Reserva Remunerada, Reformados e Pensionistas das Forças Armadas e Auxiliares (ASMIR), com sede no distrito federal, militares da reserva buscariam eleger colegas para representação no Congresso, a fim de pressionar por melhores salários. Embora não tenha sido a primeira organização desse tipo, ela acabou motivando o surgimento de outras congêneres que permitiu, em setembro daquele ano, a criação de uma federação, a FAMIR, da qual Bolsonaro se tornou vice-presidente.

As informações que chegavam ao Comando do Exército sobre as atividades da FAMIR eram ambíguas. A possibilidade de que esta se tornasse um sindicato ligado a forças de esquerda preocupava aos militares. Em abril de 1990, o Centro de Inteligência do Exército (CIE) informava em despacho para o chefe do Estado Maior[3] que a FAMIR vinha recebendo denúncias de irregularidades existentes no Exército e que os integrantes da federação eram procurados por revistas e jornais para opinar sobre a administração da força terrestre; por outro lado, em documento secreto enviado em agosto do mesmo ano, o CIE via a criação dessas associações como uma forma de neutralizar o "trabalho dos elementos das esquerdas e atender o interesse dos militares".[4]

O general Ernesto Geisel, ditador entre 1974 e 1979, havia sido testemunha da efervescência tenentista nos anos 1930, sabia como a radicalização política poderia interferir no reconhecimento do mérito via promoções, na

---

1 "Exército investiga terrorismo na EsAO", *Jornal do Brasil*, 26 de outubro de 1987, capa.

2 "A Verdade: um símbolo da honra militar", *Noticiário do Exército*, 25 de fevereiro de 1988, XXXI (7449).

3 Centro de Inteligência do Exército, Informação nº 204, S/102-A8-CIE, 18 de abril de 1990, p.3.

4 Centro de Inteligência do Exército, Informação nº 443, S/102-A8-CIE, 20 de agosto de 1990, p.3.

hierarquia e na disciplina, postulados básicos de qualquer força armada minimamente organizada. Ele declarou em entrevista a Celso Castro e Maria Celina D'Araujo em 1993:

> Sempre houve militares envolvidos na política, e isso continuou com a República: por exemplo, o problema do Hermes da Fonseca na campanha civilista do Rui Barbosa. É sempre a política entrando no Exército. Isso é mais ou menos tradicional. Tenho a impressão de que, à medida que o país se desenvolve, essa interferência vai diminuindo. Presentemente, o que há de militares no Congresso? Não contemos o Bolsonaro, porque o Bolsonaro é um caso completamente fora do normal, inclusive um mau militar. Mas o que há de militar no Congresso? Acho que não há mais ninguém. Minha opinião é que, à medida que o tempo passa, essa ingerência vai diluindo e desaparecendo. Tem raízes históricas, mas agora, com a evolução, vai acabar.[5]

A questão não era apenas a participação política, era a radicalização. Para Jarbas Passarinho, um tenente-coronel que ocupou vários ministérios na ditadura e na democracia, Bolsonaro representava o radicalismo de direita:

> Ele é um radical e eu não suporto radicais, inclusive os radicais da direita. Eu não suportava os radicais da esquerda e não suporto os da direita. Pior ainda os da direita, porque só me lembram o livrinho da Simone de Beauvoir sobre "O pensamento de direita, hoje": "O pensamento da direita é um só: o medo". O medo de perder privilégios.[6]

Se havia um problema para qualquer comandante da guarda ou oficial de dia no Rio de Janeiro, durante a década de 1990, era a possível tentativa de entrada de Jair Bolsonaro na unidade militar para fazer campanha. Em uma

---

[5] Celso Castro e Maria Celina D'Araujo, *Ernesto Geisel*, Rio de Janeiro: Editora Fundação Getúlio Vargas, 1997, p.113.

[6] Claudio Leal, "Jarbas Passarinho: 'Nunca pude suportar Jair Bolsonaro'", *Terra Magazine*, 31 de março de 2011, http://terramagazine.terra.com.br/interna/0,,OI-5038071-EI6578,00-Jarbas+Passarinho+Nunca+pude+suportar+Jair+Bolsonaro.html

década marcada pela consolidação da redemocratização, a presença de um ex-oficial com perfil radical fazendo campanha dentro da instituição poderia custar um desgaste desnecessário. Seja como candidato a vereador ou a deputado, ele acabou sendo proibido de entrar nos quartéis do Rio de Janeiro.[7]

Sem o apoio oficial da caserna, restava a ele fazer campanha nas ruas no entorno da Vila Militar, nas manifestações de esposas dos militares, com os associados da FAMIR. Um dos encontros da Famir, realizado em Salvador com a presença de 400 pessoas, incluiu grupos de pressão política como a Centelha Nativista, ligado a um pequeno núcleo de oficiais da reserva que serviram na Brigada Paraquedista. Embora tenham surgido ao longo da década mais de vinte grupos de pressão política formados por militares da reserva, Bolsonaro não era visto por essas entidades como presidenciável e sim como mais um aliado de ocasião. Na campanha às eleições do Clube Militar em 1998, a chapa *Ação Renovadora,* liderada pelo general Hélio Lemos, um dos integrantes do Centelha Nativista, colocava o então deputado Jair Bolsonaro como suplente do conselho fiscal, uma função simbólica para marcar presença.

Porém, essas percepções foram sendo relativizadas, muito devido ao corporativismo, ao apelo geracional e ao fato de que Bolsonaro começou a consolidar sua carreira legislativa – mais como um polemista que defendia discursos radicais do que um político articulador de alianças e projetos. A partir da década de 2000, o parlamentar, que não podia entrar em quartéis, começa a frequentar, a convite do comandante, a AMAN; passa a receber condecorações como a Ordem do Mérito Aeronáutico, concedida pela Força Aérea (2004); a Ordem do Mérito Militar, pelo Exército (2005),[8] a Ordem do Mérito Naval, pela Marinha (2005);[9] a medalha Santos Dumont, pela Força Aérea (em 2006). Além disso, ele torna-se presença constante em atividades como os encontros de veteranos do Calção Preto, promovidos pela Escola de Educação Física do Exército.

Com os quartéis liberados, a linha entre o Bolsonaro parlamentar e o Bolsonaro militar começa a ficar mais tênue. Em 2014, após a quarta eleição

---

7   "Militar da Reserva vai ao STF contra Exército", *Jornal do Brasil*, 24 de outubro de 1991, p.2.
8   Secretaria-Geral do Exército, Ordem do Mérito Militar, http://www.sgex.eb.mil.br/sistemas/almanaque_med_omm/resposta.php
9   *Diário Oficial da União*, de 27 de maio de 2005.

presidencial vencida pelo Partido dos Trabalhadores, o deputado Jair Bolsonaro visitou mais uma vez a Academia Militar das Agulhas Negras; lá, em um discurso improvisado, longe do palanque da unidade, foi ovacionado pelos aspirantes após afirmar que seria candidato às eleições presidenciais em 2018 e que colocaria a direita no poder.

Uma vez cruzado o Rubicão, não demoraria muito para que ele retornasse aos quartéis como pré-candidato. Em 2016, ele e seus filhos serão os únicos parlamentares convidados para comemoração do dia do Oficial da Reserva/R2 no Rio de Janeiro.[10] Em 2017, ele assistiria à cerimônia de formatura dos cadetes da AMAN ao lado do comandante do Exército, general Eduardo Villas Bôas e nada menos que o general da ativa Antônio Hamilton Martins Mourão, então Secretário de Economia e Finanças do Exército.[11] Meses antes, havia participado da cerimônia de entrega do brevê dos formandos do curso da brigada paraquedista, ao lado do general Augusto Heleno e do então comandante do Comando Militar do Leste, general Walter Souza Braga Netto. Bolsonaro participou, só em 2017, de ao menos doze eventos realizados em unidades militares. E nesses eventos estavam aqueles que iriam compor sua base ministerial.

c) A participação dos militares nas eleições desde 1994

Ao longo do ano eleitoral, com a vantagem de Bolsonaro nas pesquisas de intenção de voto, 71 militares, integrantes das três Forças, lançaram candidaturas pelo PSL e por partidos de direita e centro-direita. O Clube Militar, entidade civil cuja projeção política estava enfraquecida, passou a reunir uma série de militares que seriam candidatos às eleições, sendo o próprio presidente do Clube, Hamilton Mourão, postulante à vice-presidência.

A articulação dos militares para as eleições de 2018 mostra um padrão peculiar. O primeiro aspecto é o nucleamento de militares das turmas de 1973

---

10   Dia do Oficial da Reserva do Exército R/2, Associação dos Oficiais da Reserva do Exército, http://www.r2verdeoliva-rj.net.br/dia-R2-2016-materia.pdf, acesso em 28 de junho de 2020.

11   Hamilton Mourão seria afastado do cargo de Secretário de Economia e Finanças do Comando do Exército por criticar o presidente em exercício Michel Temer, e por elogiar a candidatura de Jair Bolsonaro. Meses antes, no governo de Dilma Rousseff, Mourão já havia sido afastado do Comando Militar do Sul por suas declarações políticas.

a 1977 da AMAN nas candidaturas apresentadas pelo PSL. Bolsonaro é da turma de artilharia de 1977 daquela escola, Hamilton Mourão é da turma de artilharia de 1975. Um dos principais articuladores das candidaturas ao pleito de 2018, o general Eliéser Girão Monteiro Filho é da turma de Infantaria de 1976 e foi eleito deputado pelo PSL do Rio Grande do Norte. Outro articulador do PSL, é o general Roberto Sebastião Peternelli Junior, também da turma da Infantaria de 1976 e eleito deputado federal por São Paulo.

O segundo aspecto foi a participação dos praças, com a eleição do subtenente do Exército Hélio Fernando Barbosa Lopes, que utilizou o nome Hélio Bolsonaro, ao cargo de deputado federal (RJ) e da sargento Alana Passos, ao cargo de deputada estadual. A maior parte desses oficiais e praças, da ativa e da reserva, serviram na Brigada Paraquedista no Rio de Janeiro, o que remete a um código informal de pertencimento e valores compartilhados.

As articulações em torno da candidatura de Bolsonaro impuseram um antigo anseio entre os militares de eleger uma bancada parlamentar. Durante a década de 1990, vários grupos de pressão política formados por militares da reserva foram articulados para, entre outros objetivos, lançar candidatos para essa bancada militar, sem sucesso. O peso da imagem de Bolsonaro, associada a uma propaganda maciça nas redes sociais e um vácuo de alternativas mais ao centro acabaram projetando não somente o capitão mas qualquer candidato que se associasse a sua imagem, como ocorreu com o desconhecido juiz e ex-oficial do corpo de fuzileiros navais Wilson Witzel, que venceu as eleições para o governo do Estado do Rio de Janeiro. Uma soma de antipetismo e bolsonarismo de ocasião parecia ser a fórmula política de sucesso em 2018.

Podemos analisar, de maneira comparada, como a candidatura de Bolsonaro à Presidência afetou a participação dos militares nas eleições. Para isso, contaremos com a documentação disponível no site do Tribunal Superior Eleitoral (TSE). Dividiremos essa breve análise quantitativa com base em duas séries históricas: a primeira apresenta as candidaturas para o Legislativo e o Executivo nas eleições para deputado estadual, deputado federal, senador, governador e presidente da República. A segunda tem como base as eleições para as câmaras de vereadores e para as prefeituras.

Escolheremos como ponto inicial do intervalo as eleições de 1994, o primeiro pleito cuja ocupação do candidato consta como categoria nas tabelas do

TSE. Essa categorização, que sofreu algumas mudanças ao longo do tempo, é o principal indicador da participação de militares da reserva e reformados das Forças Armadas, policiais e demais agentes da Segurança Pública. Observamos que a candidatura de candidatos vinculados às polícias vinha aumentando desde 1994, enquanto a participação de militares da reserva das Forças Armadas diminuiu em 2002, mantendo-se estável até 2014, conforme o gráfico 1.

A variação observada no gráfico 1 pode ser explicada pela metodologia utilizada pelo TSE. Cabe ressalvar que, nos primeiros pleitos a partir de 1994, havia apenas a categoria "militares"; em 1998 passam a constar as designações "militar em geral" e "militar reformado"; nas eleições de 2000 é acrescentada a categoria "oficial das Forças Armadas"; em 2002, nova classificação é estabelecida com os códigos "militar reformado" e "membro das Forças Armadas", adotada até 2018. Outra ressalva é que alguns candidatos que tentam a reeleição e foram militares optam por informar que são parlamentares. Em relação à Segurança Pública, há também maior especificação, com a gradativa classificação em policiais militares, detetives, delegados etc. Mesmo com essas ressalvas, no que tange ao pessoal da reserva das Forças Armadas, o número de candidatos identificados como militares vinha estável desde 2002, apresentando alta significativa em 2018.

Gráfico 1. Perfil dos candidatos ligados à segurança pública

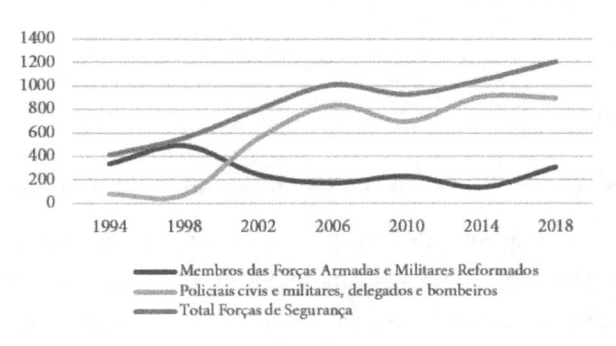

Fonte: Compilação a partir de dados do Tribunal Superior Eleitoral

Outro indicador que corrobora a percepção de queda da participação de militares da reserva nas eleições anteriores a 2018 surge quando compilamos os dados das eleições municipais. Ao analisarmos sua dinâmica (gráfico 2), podemos afirmar que a articulação dos militares da ativa e da reserva das Forças Armadas foi organizada com vistas às eleições de 2018, uma vez que até 2016 a tendência era de queda.

Se a campanha de Bolsonaro já afetava certos aspectos das relações civis-militares, sua eleição e seu primeiro um ano e meio como presidente trariam alguns dados preocupantes. Isso se relaciona com o conceito de controle civil exposto por Samuel Huntington no clássico *O Soldado e o Estado*. Na tipologia estabelecida por esse autor, o controle civil subjetivo é marcado por um processo de maximização do poder de um dos grupos políticos e a politização dos militares. Um dos problemas nesse processo é que as Forças Armadas tendem a deixar de ser instrumento do Estado e passam a servir como instrumento desses grupos.

Gráfico 2. Candidatos militares da reserva e da ativa das Forças Armadas nas eleições para prefeito e vereador entre 1996 e 2016

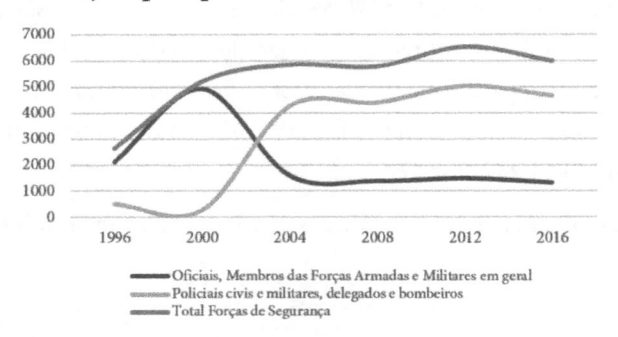

Oficiais, Membros das Forças Armadas e Militares em geral
Policiais civis e militares, delegados e bombeiros
Total Forças de Segurança

Fonte: Compilação a partir de dados do Tribunal Superior Eleitoral

Considerações finais - A tendência ao controle civil subjetivo

Na leitura que fazemos de Huntington, a politização dos militares e o desrespeito às regras democráticas por parte dos grupos civis poderiam redundar no esgarçamento do controle civil até ser substituído por um poder militar. A questão aqui não é a representação política de qualquer grupo social, entre eles os militares, que é essencial, mas o uso de símbolos e discursos que maximizam um partido em detrimento dos demais. Um partido ancorado nas Forças Armadas e uma visão da oposição política como inimiga minam a hierarquia e a disciplina, caras aos militares e o debate democrático, caro aos civis. A organização das candidaturas do PSL, com forte componente militar em um momento de aguda crise política, e um discurso de demonização dos partidos de esquerda, não somente indicou a construção de um controle civil subjetivo, como formalizou no jogo partidário a ideia do Poder Moderador das Forças Armadas, estabelecido por meio do voto e nucleado apenas nas forças políticas ligadas a Jair Bolsonaro. Em outras palavras, em seu caso mais extremo, o bolsonarismo e seus militantes estariam se apropriando não apenas dos militares, mas das Forças Armadas. Por outro lado, o esgarçamento desse controle civil poderia dar azo a uma ruptura institucional. Alguns indícios são aqui apresentados.

Desconfiança em relação aos civis – Em várias ocasiões o presidente da República defendeu a *expertise* dos militares na gestão pública, em detrimento dos políticos e técnicos civis. Embora a primeira interpretação que temos seja relacionada ao seu *ethos* como militar reformado, o que está em jogo é contar com os militares da ativa e da reserva para a ocupação de ministérios e cargos de confiança, uma vez que o PSL e o PRTB não teriam quadros em quantidade suficiente para a gestão da máquina pública. De certa maneira, isso expõe uma fragilidade em termos de organização do PSL e ausência dos acordos comuns ao presidencialismo de coalizão.

Formação de um gabinete ministerial com presença maciça de militares – em junho de 2020, nove dos 22 ministros, incluindo o da Defesa, eram militares. Três deles ainda estavam na ativa. No entorno imediato de Bolsonaro e nas demais funções-chave do governo, é possível notar não apenas o aspecto geracional, mas a relevância da formação nos cursos de paraquedismo e Educação Física. Implícita está a ideia de que militares de confiança são capazes de resolver os problemas de profunda complexidade do país e de que, por terem um sentimento nacional forte, estariam blindados da corrupção.

Militares ocupando funções civis - Essa lógica também explica a presença cada vez maior de militares fora de suas funções em um acelerado processo de militarização da gestão pública. Estima-se que, até o acordo de Bolsonaro com os políticos do Centrão, que veio a público na segunda quinzena de maio de 2020, três mil militares vinham ocupando cargos no governo. Uma das medidas mais polêmicas do governo Bolsonaro foi autorizar a contratação de militares da reserva para atuarem como servidores temporários do Instituto

Nacional do Seguro Social (INSS).[12] Ao longo da maior crise de saúde pública, causada pela pandemia do novo coronavírus, Bolsonaro demitiu dois ministros da Saúde. Além disso, designou interinamente um general para a pasta e nomeou 25 militares para ocuparem cargos de confiança no ministério.

Defesa do regime militar e o apoio indireto a manifestações antidemocráticas - em 26 anos de atividade parlamentar, Bolsonaro se tornou conhecido não por seus projetos e sim por atitudes e discursos polêmicos. Se por um lado seu discurso anticorrupção e de melhoria salarial tinha sido uma marca do início de carreira, ao longo da década de 1990, ele ficaria caracterizado pela prédica em prol do regime militar, a exaltação de torturadores como o coronel Ustra e a defesa do fuzilamento de adversários políticos. Tais exaltações antidemocráticas também se fizeram presentes em seu mandato. Bolsonaro apoiou indiretamente os mais diversos grupos extremistas que se manifestaram em todo o país pedindo o fechamento do Congresso, do Supremo Tribunal Federal e a instauração de um novo AI-5.

Se todas essas questões acendem o alerta sobre os rumos da democracia brasileira, há outro tema de caráter ambíguo que se apresenta. Ao estabelecer um controle civil subjetivo sobre as Forças Armadas e utilizar suas redes pessoais entre os militares para compensar a sua conhecida dificuldade de negociação, Bolsonaro acaba transferindo não aos militares de seu entorno, mas às Forças Armadas, sua base eleitoral, os eventuais fracassos de sua gestão, o que abre a possibilidade, mesmo que remota, de uma quebra institucional. Nessa mistura entre o público e o privado que marca a mais difícil prova enfrentada pela nova República, cabe à sociedade civil retomar os seus espaços em prol da reconstrução do diálogo e da tolerância, do fortalecimento das instituições democráticas, do resgate do Estado de Direito, com seus mecanismos de pesos e contrapesos e do rejuvenescimento do sistema político partidário, assumindo as responsabilidades que lhe cabem.

A pretensão de perenidade do Estado brasileiro funda-se na democracia e na república. Em uma democracia que pretende sobreviver, aos militares cabe o papel de dissuadir ameaças externas segundo objetivos políticos civis, frutos de uma profunda reflexão e diálogo conjuntos. Em uma república

---

12 BRASIL, Portaria nº 10.736, de 27 de abril de 2020.

democrática, não há tutela, os problemas políticos devem ser resolvidos por civis por meio dos marcos constitucionais e institucionais e com participação constante da sociedade civil.

Da linha dura ao marxismo cultural. O olhar imutável de um grupo de extrema direita da reserva sobre a vida política brasileira (*Jornal Inconfidência*, 1998-2014)

Maud Chirio

Este capítulo visa apresentar ao leitor um panorama do conteúdo de um fundo de arquivos ainda não completamente explorado e algumas hipóteses de interpretação. Trata-se, em consequência, de resultados preliminares. O fundo é a coleção do *Jornal Inconfidência* entre 1998 e 2014, abrigada na biblioteca do Clube Militar, no Rio de Janeiro. Publicado mensalmente por uma associação de militares da reserva de Minas Gerais, o *Grupo Inconfidência*, fundado em 1994. Esse material foi até aqui objeto de atenção muito limitada por parte dos pesquisadores, com a exceção do cientista político Eduardo Heleno, autor de trabalhos fundamentais sobre as mobilizações de militares ultraconservadores da reserva sob a Nova República.[1] O pouco interesse por esse periódico deve-se a que seus redatores foram rapidamente considerados como representantes de um mundo ultrapassado: oficiais reformados, sem o comando de tropas, abertamente nostálgicos de uma época da qual se dizia que não voltaria *Nunca mais*, sem contato com as Forças Armadas na ativa, nem penetração na opinião pública brasileira, concentrações humanas de rancores e de anacronismo, cujas ideias estavam fadadas a desaparecer com eles.

---

1   Eduardo Heleno Santos e Vagner Camilo Alves, "Os grupos de pressão formados por militares da reserva e o pensamento anticomunista", *Mediações* - Revista de Ciências Sociais, 19:135-150, 2014; E. H. Santos, *Extrema direita, volver! Memória, ideologia e política dos grupos formados por civis e militares da reserva*, dissertação de Mestrado, Programa de Pós-Graduação em Ciência Política, Universidade Federal Fluminense, Niterói, 2009, https://app.uff.br/riuff/bitstream/1/8203/1/Disserta%C3%A7%-C3%A3o%20de%202009%20Eduardo%20Heleno%20de%20Jesus%20Santos.pdf. *Extrea*. Ver o capítulo de Santos nesta coletânea.

Até mais ou menos 2016, nenhuma voz na universidade ou nas Forças Armadas mais abertas à sociedade afirmava outra coisa. O acontecimento símbolo dessa percepção dos grupos da reserva é a mobilização militar de fevereiro-março de 2012. Esta se seguiu à menção por parte da secretária de Estado para os Direitos Humanos, Maria do Rosário, sobre a possibilidade de uma judicialização dos trabalhos da Comissão Nacional da Verdade (CNV). De imediato, os presidentes dos três clubes militares publicaram nas páginas de suas instituições uma declaração de desagravo, depois suspensa pelo ministro da Defesa, Celso Amorim. A medida provocou ondas de solidariedade: primeiro de cem oficiais da reserva, depois, com a punição destes, de 1500 outros, que vieram trazer seu apoio, num texto intitulado "Alerta *à Nação! Eles que venham,* por aqui não passarão".

A interpretação dominante era então que o manifesto é seu "canto de cisne", segundo a expressão do historiador Paulo Cunha[2]. Essa agonia teve um ápice na manifestação diante do Clube Militar, em 29 de março, por ocasião do seminário "1964: a verdade". As palavras-de-ordem dos militantes, sua juventude e a pressão física que exerceram sobre os velhos oficiais atacados simbolizam o fim de um mundo. Aquele que se abre, trazido por uma democracia finalmente chegada a sua maturidade, tinha por pilares a justiça, os direitos humanos, a desmilitarização da segurança pública, a luta contra as discriminações e a transparência quanto às violências de Estado passadas e presentes. Uma gramática política que reencontraremos nas recomendações do relatório final da CNV, em dezembro de 2014.

Mas essas recomendações caíram no esquecimento no momento mesmo em que foram enunciadas. E num breve lapso de tempo, entre março de 2012 e dezembro de 2014, os "horizontes de alcance" de importantes setores de opinião já tinham evoluído. Para retomar a metáfora do sociólogo Gabriel Feltran, as representações coletivas tomaram uma evolução imprevista, das margens para o centro.[3] Enquanto se esperava uma difusão de valores humanistas, democráticos

---

2 Paulo Ribeiro da Cunha, *Militares e militância. Uma relação dialeticamente conflituosa,* São Paulo: Unesp, 2013.

3 Gabriel Feltran, "The Revolution we are living", in "The Brazilian (new) Authoritarianism", Special Section, *Hau. Journal of Ethnographic Theory,* 2020. Organizado por Federico Neiburg e Omar Ribeiro Thomaz.

e secularizados em direção ao setores minoritários a eles reticentes, o contrário ocorreu: a colonização da opinião e depois do aparelho de Estado a partir das margens políticas, portadoras de imaginários ultraconservadores.

Conexões políticas

O *Grupo Inconfidência* é uma das modestas margens, inserida em sua escala na nebulosa ultraconservadora que difundiu sua visão de mundo muito além de seus públicos iniciais. Seu jornal é uma minúscula empresa, dirigida por meia dúzia de oficiais da reserva do Exército e da Aeronáutica, sem nada de notável ou qualquer prestígio particular em suas trajetórias profissionais. No início do período, alguns deles se apresentam episodicamente a cargos eletivos (deputado estadual ou federal), sem conseguir a eleição.[4] Este fenômeno desaparece em seguida, antes de reaparecer em 2014, quando se multiplicam, por todo o país, as candidaturas militares. Os colaboradores regulares, as cartas de leitores, a lista de assinantes e de doadores representam um universo de 200 de pessoas inicialmente e 800 no final, basicamente de militares da reserva e suas famílias.

Embora pequeno, esse mundo social não é isolado. Ele se integrou nos anos 1990 e 2000 em múltiplas redes. Primeiramente, na boa sociedade mineira: sedes dos Lions Clube e Rotary Club recebem regularmente, em alternância com o Círculo Militar de Belo Horizonte e de São Paulo e o Clube Militar do Rio de Janeiro, eventos copatrocinados pelo *Jornal Inconfidência* (*JI*), aos quais comparecem habitualmente muitas centenas de pessoas, inclusive empresários e personalidades políticas. Barões locais (Murilo Badaró), personagens históricas do regime militar (Jarbas Passarinho) e jornalistas conservadores têm sua crônica no jornal. Essa "boa sociedade" engloba nos anos 2000 os comandantes militares da região: a direção do *JI* frequenta também os sucessivos comandantes da 4ª Região Militar e comparece a muitas passagens de comando e eventos comemorativos. Em 2003, um ciclo de conferências é organizado conjuntamente pelo comando daquela região militar, pelo Círculo Militar de Belo Horizonte e pelo *JI*.[5] Não existe, assim, no nível local, compartimentação entre os meios da reserva e os da ativa, ainda que uma distância tenda a se afirmar no final dos anos 2000.

---

4   "Nossos candidatos", *Jornal Inconfidência* (JI), n°21, agosto 1998, p.3.
5   "Ciclo de palestras/2003", *JI*, 58, 31 de julho de 2003, p.8.

No decorrer de todo o período, a segunda rede na qual o *JI* se insere fortemente e a dos outros grupos da extrema direita na reserva: em quase todo número, o jornal abre suas colunas a militantes do *Terrorismo Nunca Mais* (Ternuma) e publica regularmente declarações conjuntas com outras organizações similares (Grupo Independente 31 de Março -RJ, Grupo Guararapes -CE, Estácio de Sá - RJ, etc). Nelas há numerosos ex-agentes do aparelho repressivo e muitos deles escrevem para o jornal. É o caso dos coronéis Aluisio Madruga (antigo comandante do DOI-CODI do Distrito Federal e colaborador de Curió na repressão à guerrilha do Araguaia) e Carlos de Souza Scheliga (agente do DOI do I Exército), do general Agnaldo Del Nero (ex-agente do DOI do II Exército e do Centro de Informações do Exército) e ainda, evidentemente, do ex-comandante do DOI do II Exército, Carlos Alberto Brilhante Ustra. Este último serve-se em várias ocasiões do jornal como tribuna para se expressar aos seus camaradas de armas. Em 2008, ele responde aí aos ataques da revista *Época,* quando foi objeto de um processo por seus atos sob a ditadura.[6] Ustra se rebela, evoca os mártires militares da guerrilha, sua medalha do Pacificador com Palma, e aconselha aos mal-informados (notadamente na ativa das Forças Armadas) algumas leituras: as obras de Aluisio Madruga, de Agnaldo Del Nero (membro de Ternuma), e as suas próprias. A partir de 2011, Ustra assume importância considerável: tribuno, herói, porta-voz, mártir, é uma referência incontornável do jornal.

Essa nebulosa de reservistas também frequenta organizações civis da "Nova Direita", como o Movimento Endireita Brasil, de Ricardo Salles, o Farol da Democracia Representativa liderado por empresários e o Movimento Verde-Amarelo. Todos esses grupos fortaleceram seus laços a partir de 2009 durante uma série de Encontros pela Democracia, realizada no Clube Militar, que levou à criação de um Foro Democrático Brasileiro, um eco óbvio do Foro de São Paulo.[7] Esta coalizão é sem futuro, mas testemunha afinidades eletivas. Foi também nessa época que Rodrigo Constantino, presidente do Instituto Liberal, começou a escrever ocasionalmente para o jornal ou a ser republicado

---

[6] Cel Carlos A. Brilhante Ustra, "Resposta de um 'sujeito' à Revista", *JI,* 131, 28 de setembro de 2008, p.23.

[7] "II Encontro pela Democracia", *JI* n°145, 4 de novembro de 2009, p.13.

nele. Os primeiros contatos foram fortemente reforçados quando, em 2013, o clima de denúncia de "corruptos" no governo foi exacerbado e a direita política e midiática ganhou visibilidade.

Emissor e retransmissor de discursos ultraconservadores

O *Jornal Inconfidência* é uma pequena engrenagem, entre muitas outras, da reconstrução da extrema direita brasileira nos anos 2000 e 2010. Apesar de uma audiência modesta, funciona como um emissor e uma câmara de eco. Emissor em papel nos anos 2000, distribuído em milhares de unidades militares em todo o país e nas 1200 escolas públicas de Minas Gerais e emissor virtual na década de 2010, na forma de um *newsletter* e depois na internet. Como o jornal é gratuito e disponibilizado ao público, é difícil avaliar quem realmente o lê. Também teve papel de apoio à publicação dos *Cadernos da Liberdade* do general Sérgio Augusto de Avellar Coutinho (2003), importante vulgarizador da "teoria da revolução gramsciana" dentro das Forças Armadas; da biografia de Médici escrita pelo general Del Nero, publicada em 2011; e do ORVIL, lançado em 2012, uma versão militar dos atos da repressão, a partir de documentos do CIE, reunidos desde os anos 1970 pelo mesmo Del Nero.

O *JI* também é uma câmara de eco do ultraconservadorismo e um lugar de mistura de registros políticos. De fato, pelo menos um terço dos artigos são republicações de matérias publicadas na grande imprensa nacional ou regional e em blogs. Pode-se ler aí publicistas conservadores mais ou menos obscuros (Huascar Terra do Valle, Heitor de Paola) e, claro, Olavo de Carvalho, a estrela do jornal. Este tem sua coluna dupla desde 1999, onde são geralmente reproduzidas suas crônicas na imprensa de grande circulação (*O Globo* e *Época*, *Diário do Comércio*, depois de 2005).

No final dos anos 2000, o *JI* tornou-se, em alguns assuntos, uma janela para a rearticulação desta nebulosa de extrema direita, atravessando redes civis e militares. É o caso das questões de "comunização da educação", às quais o jornal dedica uma seção sistemática, a partir de 2002. Esta, inicialmente constituída de análises de livros didáticos *esquerdistas*, passa a republicar artigos de imprensa, de blogs, e documenta o surgimento do movimento Escola Sem Partido (ESP). Em julho de 2008, Olavo de Carvalho escreveu especificamente para esta seção um artigo intitulado "O estupro intelectual da infância", no qual comenta a suposta carta de um pai (um homem chamado Miguel Nagib, na verdade o fundador do ESP) a uma professora, que teria comparado Che Guevara a São Francisco de Assis. Carvalho desvenda o fio da revolução gramsciana (veja abaixo) e indica que setores conservadores ainda não levam esse fenômeno a sério.

A carta de Nagib é publicada pelo Centro de Comunicação do Exército (CCOMCEx) no site *Verde Oliva*. Os textos e ações de Nagib e do Escola Sem Partido são sistematicamente documentados a partir de 2010. Enquanto a seção "Comunização da Educação" está centrada nos anos 2000 nas questões da memória das lutas políticas e sociais, revoluções e ditaduras, vemos o surgimento, a partir de 2008, das questões da sexualização da infância e da suposta incitação à homossexualidade nas escolas. Materiais escolares que incentivam a tolerância, a igualdade de gênero e a luta contra estereótipos de gênero são descritos como "kits gays" (o termo aparece em 2011) e instrumentos de perversão e de incitação à pedofilia.

Uma apropriação precoce da "revolução gramsciana"

O *JI* sobrevive à morte da maioria de seus fundadores e à cessação do financiamento público da Poupex (Associação de Poupança e Empréstimo do Exército), em 2011. Ele pega, acima de tudo, com sucesso, o trem da Nova Direita, tanto do ponto de vista das redes, mesmo que seja em pequena escala, quanto de conteúdo. Desde os primeiros anos do século XXI, o jornal foi efetivamente o instrumento de propaganda de um sistema ideológico coerente, à luz do qual toda a realidade política e social brasileira foi interpretada: uma revolução comunista está em curso na América Latina e no Brasil em particular; suas principais áreas de atuação são a educação, incluindo a transmissão do conhecimento histórico, a moral, a sexualidade, as relações de gênero e as lutas de comunidades que trabalham para fragmentar a nação (negra e indígena); os meios de comunicação e a classe política são ou cúmplices neste projeto ou vendidos, inconscientes e incapazes de enfrentá-lo; finalmente, há uma orquestração internacional dessa subversão, que inclui, por um lado, os regimes e organizações *esquerdistas* (Cuba e Venezuela, e o Foro de São Paulo) e de outro as organizações internacionais "globalistas" (ONU) e ONGs estrangeiras.

Essa representação do mundo provém diretamente da teoria do "marxismo cultural" ou da "revolução gramsciana".[8] A teoria foi originalmente formulada pelo ativista neoconservador americano Paul Weyrich na segunda metade da década de 1970. Ele postula que o silêncio das armas não significa o fim do projeto comunista, mas a renovação de sua estratégia: o "Movimento Comunista Internacional" teria se convertido à estratégia de hegemonia cultural e intelectual do filósofo italiano Antonio Gramsci e investido em lutas societais, morais e culturais. Nessa perspectiva, os movimentos feministas, LGBTQI+, negro, autóctone, de contracultura e até mesmo o multilateralismo diplomático são as novas faces da revolução comunista. A tese permaneceu relativamente confidencial até que o polemista ultraconservador Pat Buchanan lhe deu uma nova juventude e uma visibilidade particular no início da década de 1990.[9] No Brasil, Olavo de Carvalho é o principal propagador dessas teses desde meados dos anos 1990, assim que ele começa a atuar no terreno político.[10] Note-se que tais teses não foram pura e simplesmente "importadas": o anticomunismo brasileiro é trabalhado desde os anos 1960 pelas dimensões moral, religiosa e sexual, e a identificação de intelectuais, artistas e jornalistas como inimigos de primeira linha já está perfeitamente explícita naquela época.[11] Essa nova compreensão da ameaça atravessa algumas das "linhas duras" do regime, próximas a um catolicismo integrista então em plena renovação; o historiador americano Benjamin Cowan, depois de estudar esse ponto de virada moral e sexual do anticomunismo brasileiro, mostrou recentemente que os imaginários do marxismo cultural foram então coproduzidos em redes transnacionais, entre os Estados Unidos e a América Latina – especialmente o Brasil.[12]

---

8   Ver o texto de Eduardo Costa Pinto nesta coletânea.

9   Jérôme Jamin, "Cultural Marxism and the Radical Right", in Paul Jackson et Anton Shekhovtsov, *The Post-War Anglo-American Far Right: A Special Relationship of Hate*, London: Palgrave Pivot, 2014, pp 84-103.

10 Olavo de Carvalho, *A Nova Era e a Revolução Cultural: Fritjof Capra & Antonio Gramsci*, Rio de Janeiro: Instituto de Artes Liberais/Stella Caymmi Editora, 1994.

11 Benjamin Cowan, *Securing Sex. Morality and Repression in the Making of Cold War Brazil*, Chapel Hill: University of North Carolina Press, 2016.

12 Idem, "A hemispheric moral majority: Brazil and the transnational construction of the New Right », *Revista Brasileira de Política Internacional*, 61 (2), Brasília, 2018.

O terreno estava, portanto, particularmente fértil para a revitalização desses temas e o *Jornal Inconfidência* é uma fonte excepcional para entender como as lutas da "linha dura" militar se misturaram com a teoria do marxismo cultural até, muito cedo, fixar um discurso sobre a política, o PT, a mídia, a história, a educação, os movimentos sociais. "Fixar": a palavra é importante. Com efeito, ler o jornal dá a sensação de uma relação muito particular com o tempo. Por um lado, o registro é durante todo o período aquele da urgência: quase em toda edição, um artigo é intitulado "Chega!", "Basta!", "Até quando?" (em latim, *Quousque tandem?*). A situação política é descrita como insuportável, atentória à honra militar, indigna do povo brasileiro, mas também perigosa, à beira da revolução, do ponto de não retorno. Os autores se apresentam como sentinelas, os únicos conscientes da tragédia anunciada, os únicos corajosos o suficiente para se oporem a ela. Por outro lado, os artigos são de uma extraordinária constância.

O essencial do diagnóstico e do registro políticos estava estabelecido em 2002. As seções são as mesmas, às vezes durante dez anos ("A Amazônia é nossa?", dedicado ao projeto de balcanização da floresta organizado pelas ONGs globalistas inimigas da Nação; "A comunizaçao da educação"; "Que partido é esse?" sobre a corrupção do PT; etc) e não é incomum que artigos de 3 ou 5 anos sejam republicados. Três vezes por ano, a partir de 2002, são publicadas "edições históricas" (sobre 1964, em março, Caxias em agosto e Intentona em novembro), cujos artigos são estritamente idênticos ao longo dos anos. Em outras palavras, o tom do jornal é caracterizado por uma leitura da realidade e uma cólera iterativas, que se alimentam de eventos atuais apenas para martelar a mesma "verdade" sempre: a República brasileira está em ruínas, enquanto a ofensiva da lavagem cerebral do marxismo cultural é sempre mais agressiva.

Vários combates: um único sistema de pensamento

O tema da revolução gramsciana estava presente já em 1999, principalmente sob a caneta de membros do Ternuma, que denunciaram em cada um de seus artigos o projeto comunista de "dominar os centros de irradiação de prestígio cultural: a Escola, a Igreja, a Midia, os partidos políticos, o Judiciário para assumirem o Poder pelo voto".[13] Os papéis de Olavo de Carvalho que

---

13 Grupo Ternuma, "Multinacional da democracia", *JI*, 23 de março de 1999, p.8.

o jornal escolheu para republicar, não se referem ao tema, senão ocasionalmente. A tese é conhecida, mas até 2002-2003 é uma denúncia entre outras e não o quadro de referência da redação. A base do jornal, naquela época, foi a rejeição da Nova República, por três razões principais: a "completa inversão dos valores morais e éticos"; a corrupção endêmica da classe política; o revanchismo com relação aos militares. Contra esse estado de coisas, o Grupo Inconfidência assume seu projeto: a "mobilização da família militar" para levar às casas legislativas "homens de bem", especialmente militares.

Jair Bolsonaro aparece como um exemplo de sucesso político. Ele é uma figura bastante presente no jornal, embora não escreva nele e seus excessos não se enquadrem no universo certamente radical, mas intelectualizante do jornal. É uma presença às vezes inconveniente, como em 1999, quando defendeu, na TV Bandeirantes, uma guerra civil, o extermínio dos nocivos ("matando 30 mil", começando pelo presidente FHC) e o uso do pau-de-arara. O jornal então manteve um silêncio pudico sobre os fatos, apenas deixando ao filho Carlos, então com 17 anos, um box em que ele defende as palavras do pai.[14] Essas tensões desapareceram alguns anos depois, quando o deputado Bolsonaro se tornou o porta-voz na Câmara da "contraofensiva da memória" empreendida pelos militares em 2004 e do qual o projeto *História Oral do Exército*, em 14 volumes, é a tradução mais visível. Em julho de 2005, Bolsonaro organizou uma homenagem ao coronel paraquedista, Lício Maciel, muito atuante na repressão contra a guerrilha do Araguaia, que acabara de lançar sua versão dos acontecimentos no livro de entrevistas de Luiz Maklouf Carvalho *O coronel rompe o silêncio*.[15] Após um discurso de Bolsonaro no qual acusou o PT de ter lançado o país «num mar de lama vermelha" - estamos no início do escândalo do Mensalão- seu filho Flávio, deputado estadual, condecorou o coronel Maciel com a Medalha Tiradentes.[16] Bolsonaro conserva em seguida esse papel de defensor da memória da ditadura e dos agentes da repressão; a partir de 2011, quando se aproxima a abertura dos trabalhos da Comissão Nacional da Verdade, sua presença no jornal é consideravelmente maior.

---

14 "A retratação de Bolsonaro é irreal", *JI*, 25, setembro de 1999, p.11.
15 Luiz Maklouf Carvalho, *O coronel rompe o silêncio*, São Paulo: Objetiva, 2004.
16 "Guerrilha do Araguaia", *JI*, 83, 12 de julho 2005, p.27.

Desde o início do período, o *Jornal Inconfidência* também teve como tema recorrente a "defesa da Amazônia" contra os interesses estrangeiros e as ONGs, que atiçariam os desejos separatistas dos povos indígenas e sufocariam neles o patriotismo e o desejo de integração. A "cobiça internacional" sobre a Amazônia é um tema de preocupação recorrente no Exército desde a década de 1990;[17] a nebulosa da reserva ecoa tal alarmismo. É um fetiche do general Ibiapina, ex-líder da linha dura sob a ditadura e presidente do Clube Militar (CM) de 1996 a 2002, do grupo Ternuma, do blog olavista Mídia Sem Máscara. A preocupação com a Amazônia é o tema que suscita com mais forças as pontes mais explícitas entre essa nebulosa de reserva e alguns comandantes da ativa nos anos 2000. O general Luiz Gonzaga Lessa, que sucede Ibiapina como presidente do CM em 2002, fez campanha sobre o tema. O tópico, agitado ao longo dos anos 2000, ressurge à frente da cena militar em 2008, quando o novo comandante da Amazônia, general Augusto Heleno, ex-*force commander* da Missão de Paz do Haiti (MINUSTAH, 2004-2005) e personagem do conservadorismo militar, se rebelou num debate na TV porque suas tropas não tinham podido entrar em um território indígena de Roraima. Heleno, exaltado por toda a extrema direita da reserva, retorna às manchetes alguns dias depois quando de uma conferência no Clube Militar.[18]

À mesma época, Tarso Genro, ministro da Educação e da Justiça de Lula, levantou a possibilidade de punir os torturadores da ditadura, provocando uma onda protestos por parte dos militares, inclusive da ativa. Os números do *JI* desse período são eloquentes sobre o sistema acusatório, que permite dar sentido ao conjunto de perigos e males que assolam o Brasil. Trata-se de uma única ofensiva, diz um artigo de abril de 2008 de Olavo de Carvalho, usado como editorial pelo *JI*: as demarcações de terras indígenas, diz ele, constituem "revanchismo" (palavra geralmente aplicada a medidas sobre a memória relativas ao passado ditatorial).[19] Referindo-se aos insultos proferidos por Jair Bolsonaro contra Tarso Genro e Dilma Rousseff, acusados de mentirosos e terroristas, Carvalho completa:

---

17   Celso Castro (org.), *A Amazônia e a Defesa Nacional*. Rio de Janeiro: FGV, 2006.
18   *JI* n°125, abril 2008.
19   Olavo de Carvalho, "Os homens certos no lugar certo", *JI,* 126, 23 de maio de 2008, p.1 e 3.

Esses indivíduos não são só terroristas e mentirosos; são traidores do Brasil, mercadores da soberania nacional. Subiram ao poder para doar Roraima aos globalistas, Petrobras a Bolívia, Itaipu ao Paraguai, as favelas do Rio às FARC e, por toda parte, terras produtivas a Via Campesina. Nenhum brasileiro lhes deve respeito. O simples fato de alguém como o general Heleno, o deputado Bolsonaro ou até um zé-ninguém como eu lhes dirigirem a palavra já é uma honra que eles não merecem.

2012: o ataque contra a "última trincheira", a instituição militar

Nesse sistema de pensamento, as Forças Armadas são identificadas com a "última trincheira" da ordem e da moral, diante da ofensiva comunista. Todas as políticas públicas são, portanto, vistas como destinadas a destruí-las. O general Coutinho, propagador ativo da teoria do marxismo cultural na instituição militar, escreveu em 2004 e seu texto foi então retomado quase anualmente na *JI*: "Além do revanchismo, há uma causa revolucionária pragmática que está no contexto da 'neutralização das trincheiras da burguesia': domesticar as Forças Armadas, inibindo-as, intimidando-as e desmoralizando-as perante a sociedade nacional".[20]

É a leitura aplicada à criação de uma Comissão Nacional da Verdade, em maio de 2012. Assim como a Comissão dos Mortos e Desaparecidos Políticos e a Comissão da Anistia antes dela, a CNV é obviamente abominada. É considerada um instrumento para reproduzir e divulgar "meias verdades", uma vez que não leva em conta a violência das organizações guerrilheiras, e mesmo "mentiras" ou "calúnias" nas acusações que levanta contra os agentes da repressão. Outra acusação contra a CNV é que abriria a porta para uma mesquinha vingança judicial contra os "heróis" que foram os agentes da repressão, como ocorreu na Argentina. Finalmente, a comissão teria como objetivo lançar o opróbrio sobre as Forças Armadas, tornando-as, assim, incapazes de se levantar, como em 1964, contra a revolução comunista.

Esse último aspecto é crucial, pois insere a CNV não em um simples "revanchismo", mas na estratégia de dominação do aparato estatal mobilizado

---

20 Sérgio de Avellar Coutinho, "Abrindo os arquivos da 'ditadura'", *JI*, 77, 20 de dezembro de 2004, p.23.

pelo PT, para realizar a "transição para o socialismo". Os articulistas da *JI* veem múltiplos indícios desse empreendimento de desmoralização, além da CNV:

- os aumentos insuficientes dos soldos, tema permanente de insatisfação e comparação com outros órgãos do Estado;
- a proibição de comemorar o golpe de Estado de 1964 nos quartéis;
- a ausência de condenação de novos movimentos sociais ativos nas batalhas pela memória, como o Levante pela Juventude, cujos *escrachos* diante de imóveis de ex-torturadores e especialmente as provocações contra oficiais reformados diante do Clube Militar, em março de 2012, chocaram profundamente;
- as insinuações sobre o "legado da ditadura" e a cultura da violência nas Forças Armadas, que se corporificam na instalação, na AMAN, de uma placa que recorda a morte de um cadete, Márcio Lapoente, nas mãos de seu instrutor em 1990;
- as propostas de alteração do conteúdos curriculares em estabelecimentos militares, presentes no 3º Programa Nacional de Direitos Humanos (PNDH 3) e reiteradas por membros da CNV.

Nesta guerra cultural e pelo aparelhamento do Estado movida pelo "comuno-petismo", se daria a etapa decisiva da colocação das Forças Armadas de joelhos, já bastante em andamento. A "lei do silêncio" que reina na ativa provaria que a "domesticação das Forças armadas" já seria quase irreversível. É difícil avaliar se essas declarações correspondem a um real distanciamento político da oficialidade e dos comandantes da ativa. De todo modo, o ressentimento expresso é onipresente nas páginas do jornal.

Nos turbulentos anos 2013 e 2014

Após alguns meses sob os holofotes, o "escândalo" que constitui a CNV coexiste de novo, rapidamente, com outros alvos de indignação. A corrupção, em primeiro lugar: temática fundamental do *Jornal Inconfidência*, quase exclusivamente associada ao PT a partir do Mensalão (2005), é tratada de forma visualmente muito agressiva e muito reativa à atualidade. É, ao lado da hostilidade ao projeto da "revolução gramsciana", o segundo pilar do antipetismo e o que mais conecta o *JI* à grande imprensa conservadora, a partir de 2013. Desde março de 2014, o jornal repercute os primeiros elementos do caso Petrobrás, e a seção "Que partido é esse?" é, cada vez mais, invadida por imagens e montagens associando o poder ao comunismo (foices e martelos, uniformes soviéticos) que circulam amplamente nas redes sociais.[21] Desde meados dos anos 2000, uma faixa no pé da página anuncia "PT Nunca Mais", distorcendo o lema de rejeição da violência estatal sob as ditaduras da Segurança Nacional. O ano de 2014 é perpassado por outra inquietação: os movimentos de rua. Os autores se surpreendem com os protestos de junho de 2013 e discordam em suas análises: alguns os veem como uma radicalização do processo revolucionário, outros uma divisão interna no campo comunista, e outros, finalmente, o despertar saudável do "Gigante adormecido".[22] As mesmas hesitações continuam em 2014, mas o alerta sobre o transbordamento da "turba enfurecida", o medo dos *blackblocks* e de uma "guerra de classes" tornam-se um elemento central da análise dos acontecimentos atualidade.[23] Em fevereiro de 2014, o general Marco Felicio de Silva, candidato a deputado federal, presidente do Clube Militar e figura central do Grupo Inconfidência, afirma que as manifestações têm características de "guerra assimétrica de quarta geração".[24]

A análise dessa reversão de conjuntura - movimentos de rua, a queda na popularidade do governo e, em seguida, a desaceleração da economia – modifica a relação dos autores com a ação política. A ideia de que os militares devem estar presentes nas casas legislativas e, de forma mais geral, na política, reaparece. Vários autores aderem com entusiasmo ao Partido Militar Brasileiro, cuja filial mineira é fundada em abril de 2014.[25] Em junho, Jair Bolsonaro anunciou no jornal sua intenção de concorrer às eleições presidenciais de outubro. Seu programa estava em consonância quase perfeita com as lutas do jornal por 15 anos: seus 29 pontos são 29 rejeições, do PT, do MST, do movimento indígena e das demarcações de terras, da doutrinação e incitação à homossexualidade nas escolas, de uma política externa de apoio às ditadu-

---

21 Sobre esse tema ver a dissertação de Mestrado de Marcelo Alves dos Santos Junior, *Vai pra Cuba!!! A rede antipetista na eleição de 2014*, Niterói, Universidade Federal Fluminense, 2016.

22 *JI*, 191, 30 de junho de 2013.

23 Gal Marco A. Felício da Silva, "O enigma da esfinge: decifra-me ou devoro-te!", *JI*, 199, 28 de fevereiro de 2014.

24 Ibidem.

25 Paulo Lourenço Machado, "Partido Militar Brasileiro", *JI*, 201, 30 de abril de 2014.

ras socialistas, da benevolência em relação a criminosos e detentos, da desmoralização das Forças Armadas via CNV e de um ministro da Defesa civil, do desarmamento, da Bolsa Família, do politicamente correto. É notável, que apenas a corrupção não seja mencionada.[26]

Em setembro, o jornal publicou um caderno especial "Eleições 2014", fornecendo instruções de voto e apelando ao despertar da Nação. O jornal registra amplamente a divulgação, entre os dois turnos, de um manifesto hostil à CNV, assinado por 27 generais de quatro estrelas, todos eles da reserva, que embora não mencione as eleições tem propósitos acusatórios evidentes contra os "guerrilheiros" no governo. A eleição, cuja legitimidade havia sido contestada antes mesmo de sua realização, em nome de vínculos com uma "organização estrangeira", o Foro de São Paulo, foi recebida com sinais de luto e revolta.

***

As edições posteriores do jornal não são mais depositadas na Biblioteca do Clube Militar, e estão irregularmente disponíveis na internet. Sua consulta será fundamental para compreender a evolução dessa nebulosa radical durante o período de desintegração da democracia brasileira e da conquista pela extrema direita de novos territórios políticos, até chegar ao cume do Estado. O Grupo Inconfidência é apenas uma engrenagem nesse processo; mas seu jornal é uma janela para ele e uma câmara de eco.

Este mostra, entre 1998 e 2014, a penetração bastante precoce do pensamento sistemático do "marxismo cultural" em redes sociais da "linha-dura" militar, que ressignifica o conjunto de suas lutas desde o início dos anos 2000, fornece indícios sobre a existência de contatos entre diferentes atores: jornalistas conservadores, elites locais (inclusive os militares), clérigos fundamentalistas e a produção de sincretismos em várias questões. A "comunização da educação" é, portanto, investida por considerações morais e sexuais e o revanchismo e desmoralização das Forças Armadas assumem toda a sua amplitude, quando se integram no plano da "revolução gramsciana". Dois pontos de virada são evidentes no final do período: 2012 corresponde à identificação de uma ofensiva contra as Forças Armadas por parte do odioso poder comuno-petista, da qual a CNV é a pedra fundamental. Reagir torna-se então uma

---

26   "A cara da direita", *JI*, 203, junho de 2014, p.9.

questão de honra institucional, não apenas uma escolha política. Em 2013 e especialmente em 2014, os horizontes são alterados pela percepção muito clara do enfraquecimento do poder e do medo das ruas. Estes suscitam um renascimento do desejo de militarização da vida política, extinta nos anos 2000, e uma nova urgência do estabelecimento de contatos com a ativa, diante da frustração quanto à manutenção de uma posição legalista de comandos.

Essas considerações merecem agora ser precisamente relacionadas a autores, contextos e ao campo político mais amplo em que se inserem, e complementadas por outras terrenos. Elas colocam, na sua forma atual, mais perguntas que respostas: esses grupos da reserva simplesmente nos dão acesso ao ultraconservadorismo militar dos anos 2000 e 2010, forçado a silenciar na ativa? Ou também desempenharam um papel como *produtores* de conteúdos ideológicos, misturando ideias fixas da linha dura com o sistema da Nova Direita? Formaram novos atores, militares e civis? Como pano de fundo está uma questão fundamental: por que a versão brasileira da onda de extrema direita que atravessa o Ocidente tem cores tão específicas da memória da repressão sob a ditadura militar e das lutas de suas linhas duras?

Tradução: João Roberto Martins Filho

Hereditariedade e família militar

Ricardo Costa de Oliveira

A questão dos militares no Brasil é inseparável da existência da família militar. Como em todas as outras realidades sociais e institucionais brasileiras, sempre precisamos observar e estudar a dimensão familiar na formação, existência e reprodução dos militares, também devemos analisá-los em termos de estruturas de parentesco.[1] Uma recente dissertação de Mestrado constata o fator familiar na composição e recrutamento dos oficiais do Exército Brasileiro. O autor demonstra a hereditariedade de uma boa parte de oficiais do Exército:

> De início verificou- se que o recrutamento para a oficialidade do Exército é endógeno. Cerca de 45% dos oficiais são filhos de militares, enquanto que dados da década de 1960 relatam que o índice era de 35%. A alta proporção de quase metade da oficialidade ser de filhos de militares pode estar em processo de redução, pois entre os oficiais mais novos o índice é menor que a média, chegando a 31% entre os que têm menos de dez anos de serviço".[2]

Sou mais um produto social e genealógico de famílias militares brasileiras, como milhares de outros casos, com maior ou menor densidade quantita-

---

1   Ricardo Costa de Oliveira, *Família importa e explica: instituições políticas e parentesco no Brasil,* São Paulo Liberars, 2018.
2   Denis Miranda, *A construção da identidade do oficial do Exército Brasileiro*, dissertação de Mestrado, PUC/RJ, 2012, p. 166.

tiva ou qualitativa do fenômeno. Posso investigar sociologicamente e analisar detalhadamente a minha família como uma amostragem genealógica das várias famílias militares ao longo do tempo e das gerações, como metodologia referenciada na autoetnografia e um estudo de caso, para depois observarmos com a análise de redes de parentesco a atual geração de oficiais generais na alta política brasileira.[3]

A militarização das mentalidades começa na infância: brinquedos, brincadeiras, imaginários, filmes, séries, naturalizando e formando o "espírito militar".[4] Armas de brinquedo, plastimodelismo, navios, tanques, aviões de plástico para serem montados, todo um arsenal infantil nas brincadeiras. Um "Forte Apache" com soldadinhos matando índios era uma das nossas "ingênuas" brincadeiras favoritas. Quando crescemos um pouco mais gostávamos de jogos e *wargames*. Este circuito de vivências e sociabilidades militares é amplo e extensivo ao longo de várias gerações. Colégios militares, escolas militares, academias militares, a carreira e o casamento nas tradições militares. O mundo se divide entre os militares e os outros, os militares e os paisanos ou civis, muitas vezes pensados como cidadãos de outra categoria. As famílias militares moram juntas em residências institucionais, viajam e usam os mesmos transportes, convivem nos mesmos clubes sociais de recreação e passam muito tempo em sua própria comunidade.

O meu pai conheceu a minha mãe em um baile de Carnaval do Clube da Aeronáutica, no Rio de Janeiro dos "Anos Dourados", depois noivaram e casaram-se em 1960. João Vitor Gugisch de Oliveira seguiu a carreira de oficial aviador da Força Aérea Brasileira. Reformou-se em 1990 como coronel aviador e passou para a reserva remunerada com a remuneração de brigadeiro do ar; ainda era vigente naquela época a promoção da remuneração na aposentadoria. O meu pai tem mais de sete mil horas de voo em suas cadernetas aeronáuticas, 7274 horas de voo, 6308 pousos (7 de agosto de 1990) e serviu em diferentes bases aéreas e postos no Brasil e no exterior.

---

3   Carolyn Ellis, *The ethnographic I: a methodological novel about autoethnography*, Walnut Creek: AltaMira Press. 2004.

4   Jordi Calvo Rufanges (coord.), *Mentes militarizadas como nos educan para asumir la guerra y la violência*, Barcelona: Icaria Más Madera, 2016.

A minha mãe, Maria de Lourdes, era filha de um advogado da Procuradoria no Rio de Janeiro. Havia toda uma forte sociabilidade militar naquela geração. O avô paterno da minha mãe, Joaquim Sigmaringa da Costa, era oficial do Quadro de Saúde do Exército. A família o orientara a fazer um curso de Odontologia primeiro e somente depois entrar no Exército. Joaquim participou da luta armada do "tenentismo" nas "Revoluções" de 1924 e de 1930. O tio materno dele era o general Cornélio Carneiro de Barros e Azevedo, padrinho de seu casamento e quem o criara e educara por causa do falecimento precoce do pai dele. Por sua vez o general Cornélio Carneiro de Barros e Azevedo era sobrinho do coronel Frederico Carneiro de Campos, primeira vítima brasileira da Guerra do Paraguai. Havia sido nomeado presidente da província do Mato Grosso, foi capturado pelos paraguaios de Solano Lopez e submetido a maus tratos. Faleceu em Humaitá em 1867, em plena guerra. Um bisavô do general Cornélio de Barros e Azevedo era o capitão-Mor Manoel de Azevedo Marques, capitão-mor da Colônia do Sacramento, praça de guerra no Rio da Prata. Outro bisavô era o capitão José da Costa Barros, do Rio de Janeiro, também descendente da família Amaral Gurgel, antepassados do duque de Caxias, logo primos nas velhas famílias do Rio de Janeiro. Se seguirmos estas genealogias sempre encontramos famílias do antigo senhoriato brasileiro local, desde o período colonial, famílias com vários dos seus membros com o estatuto de "homens bons" nas localidades e com muitas patentes nas antigas ordenanças, uma completa militarização da antiga sociedade colonial. Isto significa que a cultura militar está presente ao longo de várias gerações, em uma sociedade escravista, com guerras de conquista e defesa nas fronteiras e sertões o tempo todo.

Sempre achei interessante saber o grande número de primos nas Forças Armadas, tanto do meu lado paterno como do lado materno. Quando estava lendo os livros do Elio Gaspari sobre a ditadura militar, encontrei referências diretas sobre um primo do meu pai, o coronel do Exército Argos Gomes de Oliveira, filho e neto de prefeitos de Joinville, trineto de presidente da Câmara de São Francisco do Sul.[5] Sobre um primo da minha avó materna, o coronel

---

5   Ricardo Costa de Oliveira, "Bandeirantes, ameríndios e africanos na fundação de Curitiba. História e escravidão em uma sociedade do Brasil Meridional. Curitiba no século

do Exército Aloysio Alves Borges, trineto do coronel Antonio Coelho Antão, conhecido na região norte fluminense como o vencedor do famoso Quilombo do Carukango, ambos com ações e intervenções políticas específicas.[6] No livro *A Ditadura Encurralada*, o coronel Argos Gomes de Oliveira, que servia na 5ª Região Militar, no Paraná, aparece como enviando uma carta ao general João Baptista Figueiredo, em 1976, com posturas autoritárias e reclamando do reconhecimento prestado no falecimento do ex-presidente Juscelino.[7] Em *A Ditadura Escancarada*, consta o coronel Aloysio Alves Borges, veterano da Força Expedicionária Brasileira (FEB) durante a Segunda Guerra Mundial e que chefiou em 1974 um inquérito policial-militar sobre as irregularidades na Polícia do Exército do Rio de Janeiro:

> *Seu chefe, coronel Aloysio Alves Borges, instalou-se no quartel da Barão de Mesquita. Em poucas horas estavam presos dois capitães, um subtenente, um sargento e dois contrabandistas. Capturaram o capitão Guimarães no dia seguinte. Euclides Nascimento presidia uma reunião de sua escuderia quando a tropa lhe invadiu a sede, meteu-o num camburão, encapuzou-o e trancou-o numa cela por uma semana. No fim do mês o coronel tinha perto de trinta presos, a maioria deles no DOI. Todos estavam incomunicáveis quando assinaram seus depoimentos.*[8]

Sempre devemos pesquisar as extensas e densas redes de sociabilidade das famílias militares brasileiras. O padrinho do meu irmão mais velho era oficial

---

XVII e início do século XVIII", *Revista do Arquivo Histórico de Joinville*, I(1):127-154, 2007. https://www.academia.edu/31470688/_Homens_Bons_da_Vila_de_Nossa_Senhora_da_Gra%C3%A7a_do_Rio_de_S%C3%A3o_Francisco_do_Sul._Uma_Elite_Senhorial_do_Brasil_Meridional_nos_S%C3%A9culos_XVIII_e_XIX

6   http://memoria.bn.br/DocReader/120588/12092

7   "Carta do coronel Argos Gomes de Oliveira a Figueiredo, de 24 de agosto de 1976, anotada por Geisel. No dia 11 de outubro de 1982 esse mesmo coronel mandou outra carta a Figueiredo, criticando-o. Ele escreveu: 'É louco!'. APGCS/HF", Elio Gaspari, *A ditadura encurralada*, Rio de Janeiro: Intrínseca, 2014, p.67.

8   Elio Gaspari, *A Ditadura Escancarada*, São Paulo: Companhia das Letras, 2002, p.380.

da Aeronáutica, casado com uma prima da minha mãe. A minha cunhada é filha de oficial da Marinha. O padrinho do meu irmão mais novo também era oficial da FAB, casado com uma filha de brigadeiro da Aeronáutica, de modo que muitas amizades eram com famílias de militares há muitas gerações. Uma das principais amigas de minha mãe, casada com promotor de Justiça, era filha de um general e se tornou mãe de um desembargador, meu primeiro amigo de infância. Outra das principais amigas de minha mãe era filha de um brigadeiro, que depois serviu como ministro da Aeronáutica. Esta mesma amiga casou-se com oficial do Exército e se tornou mãe de dois oficiais do Exército, meus amigos de infância. O número de primos da minha mãe e do meu pai nas Forças Armadas também era expressivo, bem como as primas casadas com oficiais. Uma prima da minha mãe era casada com um oficial do Exército, que também serviu na Polícia do Exército na rua Barão de Mesquita. Uma irmã da minha avó paterna, de Curitiba, era casada com general do Exército. Como verificamos, há uma densa rede de relações e sociabilidades com oficiais ao longo de muitas gerações, daí entendermos a lógica social das pensões para filhas de militares naquelas gerações. Até o ano de 2000 havia a possibilidade do privilégio das pensões para as filhas de militares, casadas ou solteiras, dependendo de algumas condições:

> As pensões de filhas superam os R$ 5 bilhões por ano. O Exército informou ter gasto R$ 407,1 milhões em abril com pensões de 67.625 filhas de militares, o que dá mais de R$ 5 bilhões por ano. Na Marinha, há 22.829 pensionistas filhas de militares, das quais 10.780 são casadas e 12.049 solteiras. A Aeronáutica informou, sem listar os nomes das pensionistas, que o benefício é pago a mais de 20 mil mulheres, das quais 11.178 são casadas e 8.892 são solteiras. Na Marinha, 345 recebem mais de uma pensão e na Aeronáutica mais de 64, geralmente filhas e viúvas de militares.[9]

---

9   André de Souza, "Pensões de filhas de militares superam R$5 bilhões", *O Globo*, 28 de maio de 2018, https://oglobo.globo.com/brasil/pensoes-de-filhas-de-militares-superam-5-bilhoes-22723549

As famílias com militares possuem longas genealogias de militares e participações em praticamente todos acontecimentos armados na nossa história. O meu trisavô José Antonio de Oliveira, descendente dos capitães-mores da Vila de Nossa Senhora da Graça do Rio de São Francisco, era coronel da Guarda Nacional e participou da fracassada Revolta Federalista de 1893-1894, quando liderou a Guarda Nacional de São Francisco do Sul no ataque a Paranaguá.[10] O seu filho Alfredo Nóbrega de Oliveira, também coronel da Guarda Nacional e deputado estadual em Santa Catarina, teve dois filhos que foram oficiais do Exército e participaram da "Revolução de 1930", os generais Numa Brasil Lobo de Oliveira e Celso Lobo de Oliveira, casado com uma filha do desembargador paranaense Hugo Simas, também com filhos oficiais da Marinha.[11] Outro neto, o general Decio Gorrensen de Oliveira, assinou o Memorial dos Coronéis em 1954; foi casado com uma filha do desembargador Flávio Tavares da Cunha Mello e teve um filho oficial da Marinha.

Pelo lado do meu trisavô João Gomes de Oliveira, houve o vice-almirante Leopoldo Francisco Correa Dias Paiva. Dois filhos do senador Carlos Gomes de Oliveira foram da Força Aérea Brasileira. O coronel aviador Flávio Gomes de Oliveira e o capitão aviador João Carlos Gomes de Oliveira, uma rara exceção porque resistiu ao golpe de 1964; foi cassado e depois anistiado:

> Anistiados - Um deles, o ex-capitão João Carlos Gomes de Oliveira, chegou a protestar contra o golpe de 31 de março de 1964, em pleno Centro Técnico Aeroespacial (CTA) da Aeronáutica, em São José dos Campos (SP), no dia seguinte da tomada de poder pelos militares. No mesmo dia, ele chegou a decolar em um avião da Força Aérea Brasileira (FAB) para o Rio Grande do Sul, onde se juntaria aos grupos contrários aos golpistas. Mas acabou preso e foi expulso da Força.[12]

---

10 Carlos da Costa Pereira, *A Revolução Federalista de 1893 em Santa Catarina*, Florianópolis: Imprensa Oficial do Estado de Santa Catarina, 1976, p.134.
11 http://memoriapolitica.alesc.sc.gov.br/biografia/45-Alfredo_Nobrega_de_Oliveira
12 Edson Luís, "Indenização após quatro décadas", *Correio Braziliense*, 09 de março de 2010. https://www2.senado.leg.br/bdsf/bitstream/handle/id/45178/noticia.htm?sequence=1

O balanço genealógico é que boa parte dos meus trisavós, tanto do lado paterno, o coronel José Antonio de Oliveira e João Gomes de Oliveira, descendentes de bandeirantes de São Francisco do Sul e de Joinville, como meus trisavós do lado materno, família Caldas de Macaé, o major Pedro Francisco Caldas e pela família de minha trisavó, Henriqueta Carneiro de Barros e Azevedo, os Costa Barros, Barros e Azevedo, famílias antigas do Rio de Janeiro, ainda possuíram escravizados no final do século XIX e eram membros da Guarda Nacional ou das Forças Armadas no início do século XX. Seus vários netos ainda preservavam muito bem certo *habitus* de classe arcaico e tradicional dos seus avoengos. Também podemos entender os "movimentos" militares de 1930 e 1964 a partir de suas mentalidades conservadoras, o fenômeno da modernização conservadora.

O retorno dos militares à Presidência da República ocorre depois de graves crises políticas; a tradição golpista nunca foi afastada, a democracia sempre ameaçada, o que permitiu o retorno de certas concepções conservadoras e autoritárias, que de certa maneira nunca saíram de cena desde a "redemocratização" dos anos 1980.

Uma análise dos principais militares na política contemporânea sempre revela a dimensão familiar de suas ações políticas.

O capitão Jair Messias Bolsonaro nasceu em Campinas (SP) em 1955, filho de Perci Geraldo Bolsonaro e de Olinda Bonturi Bolsonaro. O pai era "protético informal e dentista prático", uma vez que não era formado em curso superior de odontologia, uma profissão instável e com pouca remuneração, o que explica suas constantes mudanças até o Vale do Ribeira, sul de São Paulo.[13] Ingressou na Escola Preparatória de Cadetes do Exército (EsPCex) em 1973 e um ano depois na Academia Militar das Agulhas Negras.[14] Formado na AMAN, turma de 1977. Passou para a reserva como capitão depois de po-

---

13 "Como foram os anos de formação de Bolsonaro em Eldorado Xiririca no interior de São Paulo", *Época*, 27 de julho de 2018, https://epoca.globo.com/como-foram-os-anos-de-formacao-de-bolsonaro-em-eldorado-xiririca-no-interior-de-sao-paulo-22921520

14 Luiz Maklouf Carvalho, *O cadete e o capitão: a vida de Jair Bolsonaro no quartel*, Rio de Janeiro: Todavia. 2019.

lêmico processo e acusações. Eleito vereador no Rio de Janeiro em 1988.[15] Em termos de família e tradição militar inventou ter um bisavô alemão, que lutara na Segunda Guerra Mundial, o que não foi comprovado.[16] Formou na sua ação política e parlamentar em trinta anos uma grande rede política familiar e de nepotismo com filhos, ex-mulheres e assessores com suas famílias.

Verificamos que praticamente todos os oficiais generais com destaque ou cargos ministeriais na política dos últimos anos procedem e pertencem a famílias militares. A hereditariedade militar é um grande fator e forte variável na formação e carreira político-ideológica deles. Sempre observamos que os oficiais superiores e generais das Forças Armadas tendem a ser herdeiros e parentes de grupos superiores, das antigas classes dominantes proprietárias, ou das elites sociais regionais e locais, com poucas exceções.

Fizemos uma lista de oficiais generais de destaque na política nos últimos anos para verificar o componente de hereditariedade, a dimensão dos capitais familiares como mais um dos elementos do sucesso político deles.

- general Sérgio Westphalen Etchegoyen. Nascido em Cruz Alta (RS) em 1952. Formado na AMAN em 1974. Ministro do Gabinete de Segurança Institucional de Michel Temer (2016-2018). Filho do general de Brigada Leo Guedes Etchegoyen e neto do general Alcides Etchegoyen, membro de conhecida e extensa família militar.[17]

- general Antônio Hamilton Martins Mourão. Nascido em Porto Alegre (RS) em 1953. Foi aluno do Colégio Militar de Porto Alegre (CMPA), o "*Colégio dos Presidentes*".[18] Formado na AMAN em 1975. É filho de outro general Antonio Hamilton Mourão e neto do desembargador Hamilton Mourão, presidente do Tribunal de Justiça do Amazonas.[19] A tia Maria Arminda Mourão

---

15   http://www.fgv.br/cpdoc/acervo/dicionarios/verbete-biografico/jair-messias-bolsonaro
16   Câmara dos Deputados. Sessão em Homenagem aos 70 anos do embarque da FEB para a Itália. 12 de novembro de 2014.
17   Marcelo Godoy, "Uma família ligada aos levantes nos quartéis há 90 anos", *O Estado de S. Paulo*, 12 de dezembro 2014, https://politica.estadao.com.br/noticias/geral,cenario-uma-familia-ligada-aos-levantes-nos-quarteis-ha-90-anos-imp-,1605865
18   http://www.cmpa.eb.mil.br/component/content/article?id=1075&
19   http://catadordepapeis.blogspot.com/2010/09/memorial-amazonense-xxxii.html; "Na política vice de Bolsonaro general Mourão tem raízes no Piauí e quer visitar o

foi casada com o também desembargador João Pereira Machado. O tio Otávio Hamilton Botelho Mourão foi reitor da Universidade do Amazonas. A origem desta família Mourão é do Piauí, região do município de Pedro II. O bisavô foi o comendador Domingos da Silva Mourão casado com Antônia Mendes Mourão. Um tio-avô foi o coronel Domingos Mourão Filho, atual nome de município na mesma região piauiense.

> Filho dos saudosos Gen. Antônio Hamilton Mourão e professora bageense Wanda, coronel Martins Mourão, assumiu em PoA o Comando Militar do Sul (que abrange guarnições do Paraná, Santa Catarina e RGS) o Gen. Ex. Antônio Hamilton Martins Mourão, que é casado com senhora também nascida em Bagé, Ana Elizabeth (filha dos sempre lembrados Sr. Mário Magalhães Rossell-Sra. Zaida Quintana Rossell). Chegou ao topo da carreira com 60 anos e seu genitor aqui serviu por três vezes, a derradeira como Comandante de nossa 3ªBrigada.[20]

Antonio Hamilton Rossell Mourão, filho do vice-presidente da República, general Hamilton Mourão, foi promovido a gerente executivo de marketing e comunicação do Banco do Brasil pelo presidente da instituição, Rubem Novaes. O salário atual é de 36.300 reais.[21]

- general Eduardo Dias da Costa Villas Boas. Nascido em Cruz Alta (RS) em 1951. Estudou na ESPCEX e na AMAN em 1973. Filho do coronel do Exército Antonio Villas Bôas e de Inalda Dias da Costa.[22] Neto materno de An-

---

estado", *180 Graus*, 19 de novembro de 2018, https://180graus.com/na-politica/vice--de-bolsonaro-general-mourao-tem-raizes-no-piaui-e-quer-visitar-o-estado

20 *Jornal Minuano*, Bagé, terça-feira, 06 de maio de 2014 https://docplayer.com.br/41131587-Minuano-bage-terca-feira-06-de-maio-de-ano-xx-no-r-1-75.html

21 "Filho de Mourão é indicado gerente executivo de marketing e comunicação no BB", *Uol Notícias*, 1 de julho de 2019, https://noticias.uol.com.br/ultimas-noticias/agencia-estado/2019/07/01/filho-de-mourao-e-indicado-gerente-executivo-de-marketing-e-comunicacao-no-bb.htm

22 https://www.geni.com/people/Inalda-Dias-da-Costa-Villas-B%C3%B4as/6000000001671057574

tonio Joaquim Dias da Costa e de Edith Neves, grandes fazendeiros em Cruz Alta, Rio Grande do Sul e descendentes das mais antigas e principais famílias históricas, latifundiárias, escravistas e políticas da Fronteira Sul - Simões Pires, Carneiro da Fontoura e outras. Ex-comandante do Exército (2015-2019) e assessor do Gabinete de Segurança Institucional da Presidência da República. Segundo matéria publicada na *Forum*:

> *Adriana Haas Villas Bôas, filha do general Eduardo Villas Bôas, está lotada como assessora do Ministério da Mulher, Família e Direitos Humanos, comandado por Damares Alves. Segundo o Portal da Transparência, a filha do general – que também possui cargo no governo, como Assessor Especial do Gabinete de Segurança Institucional – está categorizada em uma função DAS 101.4. O Salário bruto recebido por ela é de R$ 10.373,30. O pai recebe R$ 13.623,39 na função DAS 102.5.*[23]

- general Augusto Heleno Ribeiro Pereira. Nascido em Curitiba (PR) em 1947. Filho de Ari de Oliveira Pereira, coronel professor do Exército. Estudou no Colégio Militar do Rio de Janeiro (CMRJ). Formado na AMAN em 1969. Foi ajudante de ordens do ministro do Exército Silvio Frota. Gabinete de Segurança Institucional.[24] Conforme outra matéria de imprensa:

> *Filho único de Ari de Oliveira Pereira, coronel e professor no Colégio Militar, Heleno é descendente de uma família de militares. Herdou do avô, que foi almirante de esquadra e comandante da Escola Naval, o nome. Cresceu ouvindo histórias das Forças Armadas e do papel delas no Brasil. Chegou ao topo*

---

[23] Lucas Rocha, "Exclusivo: filha de general Villas Bôas tem cargo de 10 mil reais como assessora de Damares", *Revista Forum*, 16 de maio de 2020, https://revistaforum.com.br/politica/exclusivo-filha-de-general-villas-boas-tem-cargo-de-10-mil-reais--como-assessora-de-damares/amp/

[24] https://www.gov.br/gsi/pt-br/ministro/biografia

da carreira, general de Exército, com muitas realizações e uma amargura: a de não ter sido comandante do Exército".[25]

Neto paterno do almirante Augusto Heleno Pereira, ex-comandante da Escola Naval e de Maria Augusta de Oliveira Pereira. Bisneto paterno do capitão Candido José Pereira e de Candida da Silva Lopes Pereira. Trineto paterno do tenente coronel Matias José Pereira e de Clara Pereira, do Maranhão. A bisavó Candida da Silva Lopes era filha de Candido Lopes, o fundador do jornal *Dezenove de Dezembro*, o primeiro em Curitiba e de Gertrudes da Silva Lopes, ambos do Rio de Janeiro.[26] Um dos filhos do capitão Candido José Pereira foi o coronel Candido Dulcídio Pereira, morto nos combates da Lapa, na Revolta Federalista, em 1894 e nome do antigo Regimento "Coronel Dulcídio" da Polícia Militar do Paraná. Por parte de Candido Lopes, o fundador da imprensa paranaense, o general Heleno é primo do ex-senador e governador do Paraná, Roberto Requião de Mello e Silva.

- almirante Bento Costa Lima Leite de Albuquerque Júnior. Nascido no Rio de Janeiro (RJ) em 1958. Filho do tenente e promotor militar Bento Costa Lima Leite de Albuquerque. Estudou no Colégio Naval e na Escola Naval. Ministro das Minas e Energia.[27] Neto de Francisco Leite de Albuquerque, juiz e desembargador no Ceará.[28]

- general Carlos Alberto dos Santos Cruz. Nascido em Rio Grande, RS, em 1953. Filho de um oficial da Brigada Militar do RS, Júlio Alcino dos Santos Cruz. Estudou na EsPCEx. Formado na AMAN em 1974.[29] Ex-ministro da Secretaria de Governo.

---

25 Cristiano Romero e Monica Gugliano, "Augusto Heleno e a vocação para viver no olho do furacão", *Valor*, 21 de junho de 2019. https://www.defesanet.com.br/pr/noticia/33323/Gen-Heleno---Um-general-no-Olho-do-Furacao/

26 Francisco Negrão, *Genealogia Paranaense*, VI:111-117, Curitiba: 1950.

27 http://www.nuclep.gov.br/pt-br/content/almirante-de-esquadra-bento-costa-lima-leite-de-albuquerque-junior

28 https://www.familysearch.org/ark:/61903/1:1:QGV9-J82J

29 Júlia Dias Carneiro, "Santos Cruz, o general em missão de paz que sobreviveu a tiroteios no front e nas redes", *BBC Brasil*, 7 de junho de 2019, https://www.bbc.com/portuguese/brasil-48403301

- general Floriano Peixoto Vieira Neto. Nascido em Tombos (MG) em 1954. Filho de Paulo Ferraz de Souza e Frineida Matheus Vieira. A família está na região da divisa entre Minas Gerais e o Rio de Janeiro, entre Tombos, Muriaé, Porciúncula, Varre Sai. O avô Floriano Peixoto Vieira foi um grande produtor rural em Tombos e região e formou uma grande e tradicional família. Na região encontramos hoje Luiz Fernando Ferraz de Souza, empresário, proprietário da Fazenda União, produtora da Cachaça Tombos de Minas, Cana Dourada e Caramelado. Floriano Peixoto Vieira Neto é sobrinho do vereador Frilson Matheus Vieira, nome de rua em Varre-Sai, RJ. Outro tio é nome da Biblioteca Distrital Firmino Matheus Vieira, em Purilândia. ex-ministro-chefe da Secretaria-Geral da Presidência do Brasil. Presidente da Empresa Brasileira de Correios e Telégrafos.

- general Fernando Azevedo e Silva. Nascido no Rio de Janeiro (RS) em 1954. Estudou no Colégio Militar do Rio de Janeiro. Filho do coronel do Exército Gilberto Antônio Azevedo e Silva. Formado em 1976 na AMAN.[30] Anna Maria Rothe, tia, ex-vereadora e ex-secretária de Educação de Barra do Piraí.[31]

- general Edson Leal Pujol. Nascido em Dom Pedrito (RS) em 1955. Filho do coronel da Brigada Militar do Rio Grande do Sul, Péricles Corrêa Pujol. Neto do coronel José Manoel Pujol, ambos da PM/RS. Estudou no Colégio Militar de Porto Alegre (CMPA) e na EsPCEx. Formado na AMAN em 1977. Comandante do Exército Brasileiro.[32]

- almirante Ilques Barbosa Júnior. Nascido em Ribeirão Preto (SP) em 1954. O pai era oficial da Força Pública de São Paulo. Formado na Escola Naval em 1976. Comandante da Marinha.[33]

---

30   https://www.defesa.gov.br/ministro-defesa
31   "Raízes barrenses: anunciado como novo Ministro da Defesa, general Fernando Azevedo e Silva passou muitos anos de sua infância em Barra do Piraí", *RBP*, 14 de novembro de 2018, https://www.gruporbp.com.br/editorial/grupo-1/politica/raizes--barrenses-anunciado-como-novo-ministro-da-defesa-general-fernando-azevedo--e-silva-passou-muitos-anos-de-sua-infancia-em-barra-do-pirai
32   http://www.eb.mil.br/comandante-do-exercito; https://ssp.rs.gov.br/bm-condecora-chefe-do-comando-militar-do-sul-por-integracao-institucional
33   https://www.marinha.mil.br/sinopse/novo-comandante-da-marinha-nasceu-e-viveu-em-rp

- brigadeiro Antônio Carlos Moretti Bermúdez. Nascido em Santo Angelo (RS) em 1956. Filho do coronel Hyppólito Antônio Vijande Bermúdez e de Anna Maria Moretti Bermúdez, neto do comendador Gabriel Vijande Bermúdez. Formado na Academia da Força Aérea em 1978.[34] Comandante da Aeronáutica.

- general Otávio Santana do Rêgo Barros. Nascido em Recife (PE), em 1960. EsPCEx e formado na AMAN em 1981. Filho de Francisco Rodolfo Valença do Rêgo Barros e de Maria Auxiliadora Santana do Rêgo Barros, pertencentes a algumas das mais antigas e principais famílias pernambucanas da velha açucarocracia, aquelas famílias dos engenhos de *Casa Grande e Senzala*. Neto de André do Rego Barros e de Iracema Valença. Bisneto do capitão Francisco Bezerra do Rego Barros e de Isabel Cavalcanti. Porta-voz do governo.[35]

- general Luiz Eduardo Ramos Baptista Pereira. Nascido no Rio de Janeiro (RJ), em 1956. Estudou na EsPCEx e formado na AMAN em 1979. É filho do coronel do Exército Artur Batista Pereira Filho, das principais famílias e oligarquias do Seridó, Rio Grande do Norte, cuja família participou da fundação e do poder de Timbaúba dos Batistas.[36] Neto de Artur Batista Pereira, residia na casa grande da fazenda Timbaúba; há a rua coronel Arthur Batista. Bisneto de Ábdon Batista Pereira. Trineto de Manuel Batista Pereira, coronel comandante superior da Guarda Nacional da comarca do Seridó. Quarto neto do tenente-coronel José Batista dos Santos, descendente das principais famílias da rústica "nobreza da terra local", militares, políticos, bacharéis, latifundiários, criadores de gado, escravistas e dominadores de índios na conquista do sertão potiguar, de Caicó e região. Mesma realidade social e genealógica encontrada em todas as localidades brasileiras do século XVIII para trás. Ministro-chefe da Secretaria de Governo.

---

34 "Cadetes da AFA concluem ciclo escolar marcham embaixo de chuva e recebem suas espadas de oficiais", *Folha Militar Online,* 9 de dezembro de 2019, http://folhamilitaronline.com.br/cadetes-da-afa-concluem-ciclo-escolar-marcham-embaixo-de-chuva-e-recebem-suas-espadas-de-oficiais/

35 https://www.familysearch.org/ark:/61903/1:1:Q2HW-HHYF; https://pesqueiralendariaeeterna.blogspot.com/2015/06/pesqueira-e-regiao-no-ano-de-1910.html

36 "Filho de seridoense de Timbaúba dos Batistas assume no lugar de Santos Cruz", *Blog do Primo,* 14 de junho de 2019, http://blogdoprimo.com.br/2019/06/14/filho-de-seridoense-de-timbauba-dos-batistas-assume-no-lugar-de-santos-cruz-no-governo-bolsonaro/

- Walter Souza Braga Netto. Nascido em Belo Horizonte, MG, em 1957. Filho de Walter Braga Netto e de Ivone Carmelita de Souza Braga Netto.[37] Teve um irmão assassinado em assalto no Rio de Janeiro, em 1984, o tenente da Marinha Ricardo Souza Braga Netto.[38] Formado pela AMAN em 1978. Interventor Federal na Secretaria de Segurança do Rio de Janeiro em 2018. Ministro-chefe da Casa Civil.

- general Eduardo Pazuello. Nascido no Rio de Janeiro (RJ). Formado na AMAN em 1984. Ministro da Saúde. Filho de Nissim Pazuello e de Vera Silveira Corrêa Pires. Nissim Pazuello foi grande empresário da navegação, armador, com diversas empresas e negócios. Possuem o maior haras no centro de Manaus, a maior escola de equitação da Amazônia, servindo a comunidade, empresários e militares, com importantes conexões na política, no empresariado e nas Forças Armadas. Nissim Pazuello é filho de Abraham Joaquim Pazuello e Estrela Bohadana Pazuello, originários da comunidade judaica do Norte da África, imigrantes do Marrocos para a Amazônia, com redes familiares bem relacionadas, Sabbá, Benoliel, Levy, Abecassis, Benzecry, Azulay, Bogoricin e outras. A mãe era Vera Silveira Corrêa Pires, natural de Porto Alegre, filha de Jerônimo de Azambuja Corrêa Pires e Constância Pinto da Silveira, tradicionais famílias do Rio Grande do Sul, logo famílias com genealogias historicamente compostas por diversos militares de alta patente e muitos estancieiros.[39]

- general João Camilo Pires de Campos. Nascido em Campinas (SP) em 1954. Secretário de Segurança Pública do Estado de São Paulo, é um quatrocentão, uma das melhores expressões da genealogia paulistana. Bandeirantes não estão apenas em estátuas, mas em rústicas famílias do poder da classe dominante tradicional, que continuam as mesmas estruturas sociais e políticas ao longo do tempo, do espaço e das gerações - a nossa tese sociológica sobre a tradicional

---

37 https://www.familysearch.org/ark:/61903/1:1:79SS-XHPZ

38 "Irmão de interventor foi assassinado no Rio durante assalto em 1984", *O Globo*, 19 de fevereiro de 2018, https://oglobo.globo.com/rio/irmao-de-interventor-foi-assassinado-no-rio-durante-assalto-em-1984-22412952

39 http://www.cmm.am.gov.br/nissim-pazuello-e-condecorado-com-medalha-de-ouro-guilherme-moreira-na-cmm/;
https://www.myheritage.com.br/site-family-tree-150399832/benzecry?familyTreeID=5#

genealogia brasileira. Ninguém melhor para ter comandado a 2ª Região Militar a "Região das Bandeiras". Filho de João Pires de Campos e neto de Jonas Pires de Campos, nome de rua, desbravadores do Pontal de Paranapanema, pioneiros no povoamento de Presidente Prudente, símbolo da Marcha para Oeste.[40] A família era originária e estava antes em Capivari. Seu tio Ataliba Pires de Campos foi presidente da Câmara de Presidente Prudente. Seu tio Jonas Pires de Campos Júnior foi prefeito de Trindade, Goiás. Bisneto de João de Campos Camargo, grande fazendeiro em Capivari, casado com dona Escolástica Maria de Almeida Pires, ambos com extensas e profundas genealogias nos quatro costados na antiga Capitania de São Paulo. Descendia pelo lado paterno do capitão-mor de Sorocaba, José de Almeida Leme, e pelo materno, de Antônio Pires de Almeida Moura, fundador de Capivari. Era proprietário de uma grande fazenda canavieira, a Boa Vista – a economia local era movida por escravos no século XIX –, depois administrada pelo seu tio-avô, o major Antonio Pires de Campos. O 7º avô do general João Camilo Pires de Campos, em linha masculina, foi Francisco Rodrigues Penteado, fundador de Araçariguama, em São Paulo e genearca da nobre família paulista dos Penteado, nascido em Pernambuco antes de 1630, filho de Manoel Correa, casado em São Paulo antes de 1652 com Clara de Miranda, sobrinha de Fernando Dias Paes.

- general Gerson Menandro Garcia de Freitas. Nascido em Resende (RJ) em 1954.[41] Embaixador do Brasil em Israel. Filho do coronel do Exército Segismundo Garcia de Freitas e de Dalva Menandro da Silva.[42] A família Menandro é uma família antiga de Resende, Rio de Janeiro. Fernando Menandro Garcia de Freitas, irmão do general, foi vereador em Resende.

---

40   "Pela primeira vez a região recebe visita de três generais do Exército", *Portal Prudentino*, 25 de março de 2015, https://www.portalprudentino.com.br/noticia/noticias/presidente-prudente-noticias/pela-primeira-vez--regiao-recebe-visita-de-tres-generais-do-exercito; https://www.familysearch.org/tree/pedigree/fanchart/GS6N-RJK

41   http://www.eb.mil.br/web/midia-impressa/noticiario-do-exercito/-/asset_publisher/IZ4bX6gegOtX/content/general-menandro-e-o-novo-comandante-militar-do-oeste

42   https://www.familysearch.org/ark:/61903/1:1:QGV9-S6MW

TABELA - Origens Sociais dos militares e oficiais generais em altos cargos políticos

Nome	Patente/ Cargo	Família Militar
Jair Messias Bolsonaro	Capitão do Exército - Presidente da República (2019-2020)	Inventou um bisavô alemão "soldado de Hitler"
Antônio Hamilton Martins Mourão	General de Exército - Vice-presidente da República (2019-2020)	Filho do general Antonio Hamilton Mourão
Sérgio Westphalen Etchegoyen	General de Exército- ministro do Gabinete de Segurança Institucional de Michel Temer (2016-2019)	Filho do general de Brigada Leo Guedes Etchegoyen e neto do general Alcides Etchegoyen
Eduardo Dias da Costa Villas Bôas.	General de Exército - Comandante do Exército (2015 – 2019). Assessor do Gabinete de Segurança Institucional da Presidência da República (2019-2020)	Filho do coronel do Exército Antonio Villas Boas.
Augusto Heleno Ribeiro Pereira.	General de Exército - ministro-Chefe do Gabinete de Segurança Institucional do Brasil (2019-2020)	Filho do coronel professor do Exército Ari de Oliveira Pereira. Neto do almirante Augusto Heleno Pereira.
Bento Costa Lima Leite de Albuquerque Júnior.	Almirante de Esquadra - ministro das Minas e Energia (2019-2020)	Filho do tenente e promotor militar Bento Costa Lima Leite de Albuquerque. Neto do Desembargador Francisco Leite de Albuquerque.
Carlos Alberto dos Santos Cruz	General de Divisão- Ex-ministro da Secretaria de Governo (2019)	Filho de um oficial da Brigada Militar do RS, Júlio Alcino dos Santos Cruz
Floriano Peixoto Vieira Neto.	General de Divisão - Ministro-Chefe da Secretaria-Geral da Presidência do Brasil 2019 e Presidente da Empresa Brasileira de Correios e Telégrafos	O avô Floriano Peixoto Vieira, proprietário rural em Tombos/MG.
Fernando Azevedo e Silva.	General de Exército - Ministro da Defesa (2019-2020)	Filho do coronel do Exército Gilberto Antônio Azevedo e Silva

Edson Leal Pujol	General de Exército - Comandante do Exército Brasileiro (2019-2020)	Filho do coronel da Brigada Militar do Rio Grande do Sul, Péricles Corrêa Pujol. Neto do coronel BM/RS José Manoel Pujol
Ilques Barbosa Júnior	Almirante de Esquadra - Comandante da Marinha (2019-2020)	Filho de oficial da Força Pública de São Paulo
Antônio Carlos Moretti Bermúdez	Tenente-brigadeiro. Comandante da Aeronáutica (2019-2020)	Filho do coronel Hyppólito Antônio Vijande Bermúdez. Neto do comendador Gabriel Vijande Bermúdez
Otávio Santana do Rêgo Barros	General de Divisão. Porta-Voz da Presidência (2019-2020)	Bisneto do capitão Francisco Bezerra do Rego Barros
Luiz Eduardo Ramos Baptista Pereira	General de Exército - Ministro-chefe da Secretaria de Governo do Brasil (2019-2020)	Filho do coronel do Exército Artur Batista Pereira Filho, das principais famílias e oligarquias do Seridó, Rio Grande do Norte
Walter Souza Braga Netto	General de Exército - Ministro-Chefe da Casa Civil do Brasil (2019-2020).	Um irmão assassinado em assalto no Rio de Janeiro, em 1984, o tenente da Marinha Ricardo Souza Braga Netto.
Eduardo Pazuello	General de Divisão. Ministro da Saúde (2020)	Filho de Nissim Pazuello, rico empresário da navegação.
João Camilo Pires de Campos	General de Exército. Secretário da segurança Pública de São Paulo (2019-2020)	Família quatrocentona de São Paulo
Gerson Menandro Garcia de Freitas	General de Exército. Embaixador do Brasil em Israel (2020).	Filho do coronel do Exército Segismundo Garcia de Freitas

Fonte: Autor

Considerações Finais

Dos dezessete oficiais generais analisados – doze são filhos de oficiais das Forças Armadas ou de Segurança, o que corresponde a 70%. Ninguém chega a ser general sem fortes capitais sociais, políticos e familiares, muitos apontam a promoção como o coroamento endógeno da casta militar em suas vantagens e privilégios. Há transmissão e reprodução social e política de boa parte das mentalidades, do *ethos* corporativo e profissional. Um conjunto expressivo de *habitus* de classe, visões de mundo, ideologias e cultura política são transmitidos pelas famílias, instituições escolares e profissionais. A escolarização em colégios militares, escolas, academias, instituições específicas, pode promover certa concentração e isolamento em alguns valores e perspectivas. Essa ainda é uma geração que entrou nas Forças Armadas nos anos 70, durante a ditadura militar; muitos dos pais e avós apoiaram o movimento de 1964.

Verificamos trajetórias nacionais, muitas transferências entre as diversas regiões brasileiras, uma circulação e rotatividade nacional dos oficiais das Forças Armadas, com matrimônios e filhos nascidos em outras regiões. Vários casos de genealogias com muitos oficiais das Forças Armadas, casamentos no meio militar, formando muitas vezes algo próximo a uma "casta militar". Esposas, amizades e parentescos também pertencem às famílias das Forças Armadas.

A maioria dos casos de oficiais generais revela a prévia presença de capitais sociais familiares suficientes para a aprovação em concursos seletivos para a oficialidade, uma peneira social porque os muito pobres e desestruturados não conseguem dispor de escolaridade suficiente para aprovação, com raríssimas exceções. Em muitos casos verificamos vínculos familiares e genealógicos com famílias bem estruturadas e em alguns casos com a antiga classe dominante rural e escravista. Famílias "tradicionais" nas suas localidades, famílias que ocupam cargos políticos locais, famílias com parentescos com vereadores, deputados, magistrados, indivíduos cujas famílias estão presentes no poder local, em nomes de logradouros e equipamentos coletivos nas suas regiões de origem, com conhecida atuação política e militar ao longo do tempo. Também constatamos a presença de alguns filhos e parentes em outros cargos de indicação política.

Há um núcleo duro familiar e genealógico a partir das velhas estruturas de parentesco, que se reproduz pelas instituições, pela sociedade, pela economia, pelos casamentos com novos imigrantes, reproduzindo o velho "*habitus* de classe dominante tradicional" no Brasil, do qual são herdeiros e continuadores. Outros grupos sociais estão muito pouco presentes, excluídos ou muito pouco representados em cortes de classe, gênero e etnicidade. Qualquer boa pesquisa genealógica e prosopográfica do andar de cima revela isto, os maiores empresários, os parlamentares, políticos, magistrados, militares, jornalistas, religiosos, médicos, engenheiros, advogados, professores, intelectuais, sempre encontramos elementos desse núcleo duro fazendo sentido de tudo.

Fontes na Internet:

Family Search: htttps://www.familysearch.org/pt/
Hemeroteca Digital da Biblioteca Nacional: http://bndigital.bn.br/hemeroteca-digital/

As relações civis-militares no Brasil ontem e hoje: muito por fazer!

Luís Alexandre Fuccille

Muitas podem ser as formas de abordagem da participação dos militares na vida política nacional, nenhuma delas isenta de críticas e problemas. Destacado isso, aqui nos dedicaremos à mais longeva e conhecida perspectiva ocidental – não necessariamente a mais fecunda – que são as chamadas *relações civis-militares*. Suas raízes podem ser buscadas na obra *The Soldier and the State: The Theory and Politics of Civil-Military Relations*, do cientista político norte-americano Samuel Huntington, publicada em 1957.

Em sua clássica formulação, esse pensador liberal-conservador escrevia que o controle civil "é alcançado na medida em que se reduz o poder de grupos militares". Apresentando-se tanto sob a forma de *controle civil subjetivo* – via maximização do poder civil – ou de *controle civil objetivo* – via maximização do profissionalismo militar –, ou seja, centrando-se nas vinculações estabelecidas entre o Estado e o corpo de oficiais, cremos que esse modelo não consegue dar conta da complexa realidade de países latino-americanos como o nosso, uma vez que foi concebido com base na realidade anglo-saxônica. Nessas nações já existia efetivamente um controle civil (tratando-se de avaliar qual o tipo de controle lá existente), distintamente do que se passa ao sul do Rio Grande, onde o processo de controle civil democrático sobre os militares ainda hoje é uma tarefa em construção em muitos dos Estados da região.

Talvez o aspecto mais importante e que passa desapercebido na análise huntingtoniana é que, de fato, é perigosa e enganadora a noção de que o grau de sucesso na obtenção do controle civil é estreitamente vinculado à redução de poder dos grupos castrenses (objetiva ou subjetivamente), negligenciando uma fundamental dimensão da análise política que constitui a atuação do sistema político em todo esse processo. Dessa perspectiva, basta recordarmos que no auge do profissionalismo militar brasileiro tivemos o golpe de 1964, mostrando as limitações que o modelo teórico acima nomeado impõe. A despeito disso, várias contribuições se somaram a partir da análise seminal de Huntington e nos ajudam a lançar luz sobre o fenômeno militares e o governo Bolsonaro.

Em nosso país, numa breve digressão histórica, salta aos olhos – seja como "protetora" da sociedade e/ou do Estado – a proeminência militar ao longo de toda a sua existência independente, especialmente no período republicano. Assim, apenas para citarmos algumas datas fundamentais da vida política nacional, como 1889 (Proclamação da República), 1893 (Revolta da Armada), década de 1920 (Tenentismo), Revolução de 1930 (fim da "República Velha"), 1937 (instituição do Estado Novo), 1945 (deposição de Getúlio Vargas), 1954/55 (suicídio de Vargas e contragolpe para a garantia de posse a Juscelino Kubitschek), até o assalto direto ao poder em 1964, não podem ser pensadas sem referência ao aparelho militar.

Uma das mais frequentes e perigosas imagens no senso comum ao falarmos de Forças Armadas e democracia no Brasil pós-ditadura – como já destacamos em outros trabalhos – é o negligenciamento da questão militar como um plano resolvido e a quase automática vinculação entre a instituição militar e sua adesão aos ideários democráticos, como se o fim do regime de exceção garantisse *per se* a resolução de tão complexa equação. É evidente que a nova realidade pós-1985 é substancialmente distinta da anterior com o aparelho militar no centro decisório do poder. Não obstante, cabe salientar que o término do ciclo militar/autoritário brasileiro decorreu, como sabemos, menos das pressões de uma forte e articulada sociedade civil, exigindo o retorno à normalidade democrática do que do projeto distensionista elaborado por um setor das Forças Armadas. De outra parte, diferente de países como a vizinha Argentina, onde literalmente houve um colapso do sistema, a transição no Brasil foi negociada "pelo alto", fazendo com que isso viesse a se refletir no modelo que temos até os dias de hoje.

Contudo, ao menos desde o governo Fernando Henrique Cardoso (1995-2002) vínhamos assistindo um maior destaque com respeito aos temas que compõem as relações civis-militares – centradas na articulação entre as instituições militares, os decisores políticos e o restante da sociedade –, ora com avanços, ora com recuos e/ou hesitações. Se por um lado sob FHC tivemos a aprovação da Lei dos Desaparecidos (importante passo mas ainda insuficiente ajuste de contas com o passado), a publicação de uma inédita Política de Defesa Nacional (PDN) em 1996, a criação do Ministério da Defesa em 1999, apenas para citar os principais acontecimentos, por outro assistimos a uma perigosa banalização das missões internas das Forças Armadas (rotineiramente empregadas em missões típicas de polícia, ainda quando a capacidade destas não havia sido ultrapassada), um acentuado processo de sucateamento dos meios materiais das Forças, entre outros desatinos.

No governo Luiz Inácio Lula da Silva (2003-2010), por seu turno, não foi muito diferente. Ao lado de admiráveis melhorias e iniciativas como importantes programas de reaparelhamento das Forças (na casa de alguns bilhões de dólares), recomposição de parcela importante dos soldos, orçamentos crescentes, a revisão da PDN e o lançamento da Estratégia Nacional de Defesa (END), bem como o estabelecimento de parcerias estratégicas com outras nações e a iniciativa de criação do Conselho de Defesa Sul-americano (CDS), tivemos episódios lamentáveis como a saída do ministro José Viegas Filho (ao invés da demissão do saudosista comandante do Exército como seria o correto naquele episódio), um descaso com o fortalecimento da direção política civil sobre os militares que pode ser refletido na nomeação para a pasta de nomes sem nenhuma familiaridade e desejo de conhecer a temática (José Alencar e Waldir Pires), emprego das tropas em questões de segurança pública em duração muito maior do que a desejável, e assim por diante.

Já o primeiro governo Dilma Rousseff (2011-2014), por sua vez, a despeito de ter tido na maior parte do tempo como ministro da Defesa o notável ex-chanceler Celso Amorim, dando sequência a importantes conquistas em termos de reaparelhamento, rearticulação da base industrial de defesa por meio da Política Nacional da Indústria de Defesa (PNID) ou ainda do aprofundamento da cooperação em Defesa com os vizinhos sul-americanos, ao lado da revisão dos documentos de alto nível como a Política Nacional de Defesa, a Estratégia Nacional de Defesa e o inédito Livro Branco da Defesa Nacional – todos em 2012 –, foi frustrante sob vários aspectos.

Do lado da sociedade civil, tampouco assistimos qualquer tipo de pressão para a publicização e aprofundamento de uma agenda que contemplasse a questão do controle civil democrático sobre os militares, mesmo após a criação em 2011 da Comissão Nacional da Verdade (CNV), que incomodou profundamente os militares. Antes pelo contrário, continuamos a assistir um lamentável e crescente emprego das Forças Armadas em questões de segurança pública e o lançamento, às vésperas de se completar 50 anos do golpe de 1964 e no pós-Jornadas de Junho de 2013, de documentos como o manual "Garantia da Lei e da Ordem" (MD33-M-10) que criminalizava protestos e movimentos sociais no plano doméstico e trazia elementos que remetiam à Doutrina de Segurança Nacional (DSN), de triste memória. Em seu segundo mandato (2015-maio/2016), já de início conflagrado por uma oposição golpista que não aceitava a derrota nas urnas, mais do mesmo.

Um importante ponto no quadro das relações civis-militares do período Dilma foi a controversa criação da Comissão Nacional da Verdade (CNV), mais de três décadas após a Lei da Anistia. Enviada ao Congresso Nacional pelo presidente Lula no último ano de seu mandato, segundo a Exposição de Motivos a inspiração de tal medida era assegurar "o resgate da memória e da verdade sobre as graves violações de direitos humanos ocorridas no período anteriormente mencionado [1946-1988], (...) contribuindo para o preenchimento das lacunas existentes na história de nosso país em relação a esse período e, ao mesmo tempo, para o fortalecimento dos valores democráticos". Países como a África do Sul pós-*apartheid* e vários outros latino-americanos em contextos pós-autoritários também fizeram um ajuste de contas com a história por meio de Comissões da Verdade.

No mais das vezes visto pela maior parte da caserna como uma espécie de "revanchismo", a CNV concentrou suas atenções especialmente no período ditatorial 1964-1985, e com especial destaque para os crimes e violações dos direitos humanos (como detenções ilegais e arbitrárias, prática de tortura, execuções extrajudiciais etc) cometidos pelos militares/Estado brasileiro/"direita". As mais de 3.000 páginas produzidas em seu Relatório Final, apresentado em dezembro de 2014 já no período pós-eleitoral, objetivavam – em suas palavras – efetivar o direito à memória e a verdade histórica e promover a reconciliação nacional. Receosos talvez do que estivesse por vir quando da instauração da

Comissão Nacional da Verdade por Dilma Rousseff (comandante-em-chefe das Forças Armadas), os comandantes das três Forças permaneceram de braços cruzados enquanto a presidenta da República era aplaudida ao final de seu discurso. De enorme dimensão simbólica, esta fotografia em larga medida resume os desafios que seguem pendentes na construção do controle civil democrático no Brasil. Como acertadamente destacava Maria Celina D'Araujo, uma decana na temática aqui em tela,

> [A CNV] Além de tardia, representa mais uma etapa no processo de justiça de transição, mas não se propõe a produzir justiça e julgamentos. É uma Comissão com funções tímidas, se pensarmos as ações que outros países já implementaram. De toda forma, a reação dos militares é surpreendente. Defendem a instituição com os mesmos argumentos da guerra fria, o que indica que os processos de socialização interna, de educação, e instrução militares, ainda não acompanham os passos de uma sociedade democrática, que não pode constitucionalmente ter protagonismo militar. De igual modo dão evidências de estar longe dos debates internacionais sobre formato e papel das Forças Armadas pós-guerra fria.[1]

O que é possível se perceber desde o governo Fernando Henrique Cardoso até Dilma Rousseff é que a Defesa vinha sofrendo uma valorização institucional, a partir da leitura de que ela poderia auxiliar o Estado brasileiro na sua busca por tornar-se um *global player* e um líder regional. Todavia, mesmo durante pouco mais de 20 anos de governos progressistas, o que esses fizeram se mostrou absolutamente insuficiente para fazer avançar uma agenda pública e transparente e a construção da direção política civil sobre os militares. Apesar do perfil discreto dos militares ao longo do chamado processo de *impeachment* – o que não deve ser confundido com ausência de consulta a esses atores fardados, seja pela direita, seja pela esquerda –, maio de 2016 assinalaria um ponto de inflexão. Nesse mês, em uma "Resolução sobre conjuntura"

---

[1] "O estável poder de veto Forças Armadas sobre o tema da anistia política no Brasil", *Varia Historia*: 28 (48), 593-594, 2012.

do Diretório Nacional do Partido dos Trabalhadores, menos de uma semana após o golpe e apeamento da Presidência da República da primeira mandatária de nossa história, num tardio e extemporâneo *mea culpa* dos treze anos de governo, líamos que "fomos igualmente descuidados com a necessidade de (...) modificar os currículos das academias militares; promover oficiais com compromisso democrático e nacionalista". Apesar do diagnóstico correto, que muitos especialistas civis da área alertávamos fazia tempo, estava dada a senha para o divórcio definitivo entre as Forças Armadas e o PT. A partir de então, com um governo impopular e de legitimidade contestada como o de Michel Temer, veríamos a influência militar crescer significativamente.

No governo Temer (2016-2018), os pontos altos seriam a recriação do Gabinete de Segurança Institucional (GSI) – com *status* ministerial, muito mais fortalecido que a estrutura anterior (em especial na área de inteligência) e sob a direção do prestigiado e influente general Sérgio Etchegoyen –, a revisão dos documentos de alto nível político atinentes à Defesa (Política Nacional de Defesa, Estratégia Nacional de Defesa e Livro Branco de Defesa Nacional),[2] a intervenção federal no Estado do Rio de Janeiro sob liderança militar de fevereiro a dezembro de 2018 e o orçamento e execução orçamentária num contexto de forte restrição fiscal e vigência da "PEC do Teto dos Gastos" na Defesa e nas três Forças de causar inveja aos reles ministérios civis (com seus custeios e investimentos fortemente contingenciados). Ou seja, a fatura estava sendo régia e rigorosamente paga em dia.

Essa brevíssima introdução é necessária para entendermos os militares e o momento político atual. Enfim, chegamos a 2018, ano de eleições presidenciais e data que não deixará melhores lembranças aos democratas e às forças progressistas. A preocupação central por parte da corporação militar foi, mais do que qualquer coisa, impedir a vitória de um candidato petista (fosse ele o ex-presidente Lula ou aquele que o acabou sucedendo na chapa presidencial, Fernando Haddad). Dos militares, sempre *off the record*, era comum ouvir que em um eventual novo governo do PT eles voltariam com "sangue nos

---

2   Em contraste com a orientação anterior de tais documentos, era relativizada a importância da América do Sul como entorno estratégico, e antigas parcerias estratégicas, principalmente com os Estados Unidos, eram apontadas como necessárias de serem reavivadas e incrementadas.

olhos", endossando um sentimento manifestado anteriormente pelo então comandante do Exército, o general Villas Bôas, e outros colegas de generalato.[3] E assim eles agiram, seja por meio da famosa postagem do Twitter de 3 de abril de 2018, lida ao final do *Jornal Nacional*, a qual veladamente ameaçava as instituições na véspera do julgamento do *habeas corpus* do ex-presidente Lula pelo Supremo Tribunal Federal (STF),[4] seja no desembarque maciço na candidatura à Presidência do capitão reformado do Exército Jair Messias Bolsonaro.

Em um processo eleitoral *sui generis*, marcado pelas *fake news*, pelo antipetismo exacerbado e pela ausência de um debate amplo com a sociedade, combinado a um atentado repudiável que blindou e humanizou o "capitão", gerando-lhe enorme espaço de mídia positiva (em vez dos oito segundos de que dispunha em rádio e TV), Bolsonaro – com seu vice, o general Hamilton Mourão – sairia vencedor em outubro de 2018.

De lá para cá, o anúncio da composição de seu governo, com uma proporção de militares no primeiro escalão considerada inédita, mesmo levando em conta o período da ditadura militar, e um entorno palaciano cuja única figura civil em cargo de primeiro escalão foi o breve ministro-chefe da Casa Civil, Onyx Lorenzoni, surpreendeu mesmo os mais céticos. Ao ignorar em larga medida o funcionamento do presidencialismo de coalizão e o mundo da política, o novo governo lançou uma proposta arriscada e suscitou na cabeça de muitos a questão "O que pensam os militares brasileiros hoje?".

Quando olhamos retrospectivamente, podemos perceber que, mais de meio século após o golpe que levou os militares diretamente ao centro do poder decisório, esses atores hoje são distintos. Fim da Guerra Fria, intensificação da globalização/mundialização acompanhada de desregulamentação financei-

---

3   Vale a pena conferir "Mal-estar na caserna", a reveladora entrevista de março de 2018 com o comandante do Exército e seus assessores, na *Piauí*, https://piaui.folha.uol.com.br/materia/mal-estar-na-caserna/.

4   O *habeas corpus* foi negado por seis votos a cinco (o voto da ministra Rosa Weber surpreendeu em razão de posicionamentos anteriores). Posteriormente, em entrevista, o então comandante do Exército frisou: "Nós estivemos realmente no limite, que foi aquele tuíte da véspera da votação no Supremo da questão do Lula. Ali, nós conscientemente trabalhamos sabendo que estávamos no limite". Todavia, ainda segundo Villas Bôas, o episódio rendeu críticas do "pessoal de sempre, mas a relação custo-benefício foi positiva", *Folha de S. Paulo*, 11 de novembro de 2018.

ra, entre outros atributos da atual era, parecem ter deixado no passado a ideia de "projeto nacional" tradicionalmente tão cara aos militares e/ou à defesa do Estado como indutor do desenvolvimento. Outro ponto a destacar é que, distintamente do que assistimos até o golpe de 1964, em que claramente tínhamos no interior das Forças Armadas brasileiras uma disputa entre "progressistas" *versus* "conservadores", ou "nacionalistas" *versus* "entreguistas", o expurgo subsequente[5] e o controle férreo sobre o processo educativo não deixaram espaços para voltarmos a ter um "Almirante Negro" como João Cândido, um "Cavaleiro da Esperança" como o capitão Luís Carlos Prestes, um marxista da cepa do general Nelson Werneck Sodré, entre outros. Os militares atuais, notadamente do Exército, que têm tomado a liderança desse processo, são oficiais brancos, católicos e de orientação liberal, que veem pouco espaço para um protagonismo internacional maior por parte do país e parecem aquiescer com uma inserção subordinada no sistema internacional, a despeito de juras de amor eterno à Nação e frases de efeito como "Brasil acima de tudo".[6]

Nessa direção, em um governo com ministros civis extremistas e tresloucados, que carece de direção política, mas tem uma forte âncora no pilar econômico ultraliberal capitaneado pelo *Chicago boy* Paulo Guedes, pouco durou o devaneio de que os militares jogariam um papel de "poder moderador" e ofertariam alguma previsibilidade às ações futuras de um chefe do Executivo visto como despreparado, de arroubos autoritários e sob forte influência de um *entourage* familiar perigoso. Nessa complexa equação e simbiótica relação, na qual Bolsonaro usou as Forças Armadas e tem sido usado por elas, os militares estão de volta, agora pela força do voto. A possibilidade de reescrever a história – onde se veem maculados pelo que chamam de "re-

---

5 É interessante notar que os militares – e leia-se, os de esquerda – foram a categoria social mais perseguida proporcionalmente durante a vigência do regime autoritário de 1964-1985, com milhares expulsos em todos os níveis da hierarquia nas três Forças.

6 Esse brado (que traz à mente o *Deutschland über alles*, ou "Alemanha acima de tudo", muito usado durante o nazismo), ainda comum nos quartéis,, originalmente foi criado após a decretação do AI-5, em dezembro de 1968, num contexto de perseguição aos "subversivos" e outros episódios de triste recordação, pelo grupo de oficiais paraquedistas Centelha Nativista. Sua apropriação por Bolsonaro e Mourão, ambos com passagem pela Brigada de Infantaria Paraquedista do Exército, acabou resultando no bordão de campanha "Brasil acima de tudo, Deus acima de todos".

vanchismo", que insistiria que houve golpe, ditadura, tortura e desaparecidos políticos, em vez de agradecer por terem impedido o Brasil de transformar-se numa "grande Cuba" –, garantir vultosos recursos aos programas estratégicos das Forças e preservar seus privilégios (como prerrogativas não condizentes com uma democracia madura, por exemplo, via grande autonomia na atuação de seus serviços de inteligência e total independência na definição das bases e parâmetros curriculares ministrados na educação militar),[7] além de fatores de ordem material, animam esses atores e está no centro da decisão de participar de um governo de extrema direita militarizado, num fenômeno que lembra, mas é distinto do que foi a tutela militar vivida no governo José Sarney de 1985 a 1990 (o primeiro civil após 21 anos de ditadura militar).

Entusiastas há tempos da candidatura Bolsonaro, os militares seguem sendo um importante pilar de sustentação de seu governo. Com nove ministros militares de um total de 22 (40,9% contra 29,4% na Venezuela, onde as Forças Armadas abandonaram sua neutralidade para garantir a permanência de Nicolás Maduro no poder) e proporcionalmente com maior presença castrense que durante o período autoritário (1964-1985), além de também ocuparem quase 3.000 cargos nos diferentes escalões do Governo Federal,[8] hoje o Palácio do Planalto está militarizado, com todos os assessores diretos do presidente provindos de quartéis.

Em uma ação definida como uma intervenção indireta, o recém nomeado ministro-chefe da Casa Civil, general Braga Netto, ganhou um inédito protagonismo na crise da pandemia da COVID-19, desempenhando uma função que, sob o negacionismo e a inatividade do presidente Bolsonaro, muitos informalmente passaram a chamar de chefia do "Estado-Maior do Planalto" (até então, o general exercia a função de chefe do Estado-Maior do Exército, o EME. De perfil

---

7   É importante lembrar que o ensino militar é a única área não alcançada pela LDB (Lei de Diretrizes e Bases da Educação Nacional, Lei nº 9.394/96) e ao Ministério da Educação compete a "educação em geral, compreendendo ensino fundamental, ensino médio, ensino superior, ensino supletivo, educação tecnológica, educação especial e educação a distância, exceto ensino militar", conforme a Lei nº 9.649/98.

8   Esses militares, todos da ativa, advém do Exército (1.595 integrantes), da Marinha (680) e da Aeronáutica (622), recebendo um complemento salarial mensal como comissionados DAS – Direção e Assessoramento Superior – que varia de R$ 2.701 a R$ 16.944. *O Estado de S. Paulo*, 31 de maio de 2020.

discreto, anteriormente comandou a intervenção federal de caráter militar no Estado do Rio de Janeiro em 2018 sob Temer, muito provavelmente conhecendo os vínculos da família Bolsonaro com as milícias cariocas.

Concretamente, os militares vivem uma situação *sui generis*. Gozando de um elevado grau de autonomia e influência e com seus programas estratégicos mantidos em um contexto de restrição orçamentária, ao lado de suas aposentadorias precoces, soldos generosos e outras benesses garantidas a partir da reestruturação das carreiras militares implementadas no primeiro ano de governo Bolsonaro,[9] neste momento não lhes interessa assaltar diretamente o poder, como o fizeram em 1964. Trata-se de um jogo perigoso, onde não está garantido que não sairão chamuscados, com possíveis sequelas para as Forças Armadas como um todo, uma vez que como disse o então ministro do Superior Tribunal Militar (STM) general Peri Bevilaqua – posteriormente aposentado compulsoriamente pelo AI-5 –, "quando a política entra por uma porta do quartel, a disciplina sai pela outra". Não exibe sua melhor forma uma democracia onde os cidadãos sabem de cor o nome dos generais pelo que fazem na política e não na guerra.

Voltando à temática mais ampla que norteia esta reflexão, um programa básico destinado a enfrentar o problema das relações civis-militares deveria contemplar ao menos três pontos, a saber:

1) Ministério da Defesa dirigido por civis, com capacidade real de definir e implementar políticas de Defesa (vale aqui frisar que militares da reserva não são civis!,[10] e torna-se necessário criar e fomentar uma massa crítica civil nesta temática, via – por exemplo – a criação da carreira de Analista de Defesa);

---

9   Por meio do PL 1.645/2019 houve uma recomposição salarial de até 40% nos vencimentos e a manutenção da integralidade das aposentadorias e da paridade com os salários da ativa para os militares, destoando enormemente do que se passou com os relés civis e a feroz Reforma da Previdência aprovada em 2019.

10 No Ministério da Defesa brasileiro, que conta com grande quantidade de militares da reserva, estes advogam que devem ser considerados como civis; entretanto, na maioria das vezes, eles raciocinam corporativamente, defendendo a instituição militar (típico de quem teve seu processo de socialização nas academias militares – uma "instituição total", no sentido goffmaniano) e não pensando como burocratas civis que analisam a Defesa de forma mais isenta e menos enviesada. O sentimento, repetido à exaustão por oficiais da reserva, de que "eu saí do Exército, mas o Exército não saiu de mim", ilustra de maneira emblemática o que aqui estamos querendo defender.

2) Fortalecimento da participação congressual no debate e definição das políticas de Defesa, que deve ser igualmente acompanhada de um acentuado protagonismo da parte da sociedade civil; e

3) Tornar transparente a gestão e o financiamento da Defesa.

O problema da direção política sobre as Forças Armadas por parte do poder político, no mais das vezes, é dado por uma carência de competência – entendida como ausência de vontade política –, prerrogativas, conhecimento e efetividade, combinada a outras prioridades por parte do sistema político. Isso dificulta a representação da cidadania nos campos Executivo e Legislativo com respeito à Defesa Nacional, não obstante o descaso social (ou o pouco apelo) para com a temática.

Ao falarmos de um programa que contemple a direção política numa sociedade democrática sobre esse instrumento fundamental do Estado chamado Forças Armadas, não podemos negligenciar algumas premissas básicas que devem nortear o processo. São elas:

a) O poder político define quais são os interesses nacionais basilares de sua ação e a partir deles define sua Política Externa e, em decorrência, sua Política de Defesa, que deve estar em consonância com a mesma;

b) O poder político estabelece e continuamente revisa, a partir do ponto anterior, que Forças Armadas deseja, indo desde a definição de efetivos, o quanto quer gastar e onde;

c) O poder político condiciona que as doutrinas militares estejam em sintonia com a Política de Defesa Nacional, guia norteador do que se deseja e espera do preparo militar nacional;

d) O poder político não apenas sanciona a participação militar no campo interno, que deve ser excepcionalíssima; esta deve ser autorizada e acompanhada pelo braço Legislativo, num importante padrão de responsabilidade compartilhada;

e) O poder político controla tanto as atividades-fins quanto as atividades-meios (educação, orçamento, administração etc);

f) O poder político torna a agenda sobre Defesa Nacional um assunto público, não mais restrito à comunidade militar e a poucos especialistas civis afeitos ao tema.

Nessa direção, uma relação civil-militar sustentada no diálogo, na transparência, na mútua visibilidade de intenções, na clareza dos objetivos e, sobretudo, na definição do papel de cada um dos atores é imprescindível.

A direção política ultrapassa, em muito, a mera questão administrativa rotineira com respeito às Forças Armadas e não significa, apesar do entendimento corrente entre parcela significativa dos militares brasileiros, aviltamento dos fardados ou das instituições em que estes se encontram. Quer dizer, antes de qualquer coisa, o mundo político – com a legitimidade recebida nas urnas e em nome da cidadania – define o que a sociedade espera de quem são os responsáveis por sua "proteção", ou seja, as Forças Armadas. Nessa caminhada, é mister a participação do Executivo e do Legislativo, somado a outros atores, num diálogo aberto, transparente e democrático, acerca de como devem ser superadas as dificuldades com relação ao estabelecimento da direção política sobre a instituição militar.

Mais do que uma situação desejável, diríamos mesmo que a direção política sobre o conjunto das Forças Armadas é *conditio sine qua non* para que uma sociedade e um Estado, ainda que em termos liberais e poliárquicos, se reivindiquem autenticamente democráticos. No caso brasileiro, a esquerda, a direita e o centro falharam nessa tarefa no período pós-1985. O cenário atual, nebuloso e carregado de nuvens negras, é pouco alvissareiro no curto prazo. Contudo, para a construção do Brasil que desejamos, plural e diverso, democrático, inclusivo social e sustentável ambientalmente, onde as instituições efetivamente funcionem, cedo ou tarde precisaremos nos debruçar sobre a problemática das relações civis-militares e avançarmos numa agenda de construção da direção política sobre os militares. Chega de varrer a sujeira para debaixo do tapete; isso nos trouxe à atual encruzilhada.

Pensando a educação de militares na democracia

Ana Penido[1] e Suzeley Kalil Mathias[2]

Notas introdutórias

Dois desafios pautam a política de Defesa dos estados, no que diz respeito aos seus aparatos militares: o primeiro, a construção de Forças Armadas efetivamente republicanas e democráticas; o segundo, ter FFAA equipadas e treinadas para as transformações sociais e tecnológicas que impactam a guerra no mundo contemporâneo. A atual participação massiva de militares da ativa e da reserva no governo brasileiro é exemplo da relevância do tema e, ao mesmo tempo, fonte de preocupação, pois coloca na ordem do dia o processo de desprofissionalização que a participação na política impõe às FFAA.

Entende-se que a principal ferramenta para atingir esses dois escopos é a educação dos militares, tomada tanto por seus aspectos formais — o ensino propriamente dito — quanto por seus aspectos informais, constituídos pela exposição do educando ao espaço simbólico e ao *ethos* da corporação. A educação pode ser dividida em três aspectos: ensino formal, endoutrinação e adestramento. O ensino capacita intelectualmente e prepara para o exercício de determinadas funções e missões, respaldadas no papel social emprestado a cada profissional. No adestramento, o soldado torna-se hábil no manejo de armas, tecnologia e até de seu próprio corpo. Por último, por meio tanto da educação formal como do processo de convivência nos quartéis e escolas, o

---

1 Bolsista de Pós-Doutorado da CAPES.
2 Pesquisadora do CNPq.

indivíduo torna-se militar em sentido amplo, comungando com seus pares os mesmos valores e cultura social que, como tais, devem se apresentar no centro da doutrina dirigida às forças nacionais. Na maior parte dos casos, a escola militar inicia-se logo após o ensino médio, incorporando jovens em torno dos 18 anos, para cursos universitários em torno de 5 anos, ao fim dos quais o estudante inicia sua carreira de oficial em uma das Forças Armadas.

Se Oliveiros Ferreira questiona *"Forças Armadas para quê?"*,[3] a indagação que orienta esse artigo é *qual a formação do soldado adequada às premissas apontadas?* Para isso, além dessa breve introdução e algumas considerações finais, o texto foi organizado em função da discussão de cada premissa.

A educação dos militares é essencial para a superação da autonomia e construção da subordinação militar aos civis, condição essencial para a democracia

Mares e Martínez propõem o conceito de "reserva de domínio" para caracterizar a educação dos militares.[4] Reservas de domínio seriam áreas de autorregulação da corporação ou áreas sobre as quais os militares deteriam autonomia operacional e organizacional, áreas centrais para a defesa de si próprios. Para superar essa situação, ainda segundo os autores, seria necessário orientar as reformas escolares para a ressocialização de militares e civis, assim como desmilitarizar a cultura de segurança interna, diferenciando as forças armadas das policiais.

Já Pion-Berlin divide a autonomia em dois tipos, a institucional e a política. Por autonomia institucional o autor entende as funções profissionais nucleares e a tentativa de defesa destas de ingerência política "que possa interferir com as metas de profissionalização e modernização"; enquanto autonomia política diz respeito à capacidade de controle ou grande influência militar sobre áreas que não são da defesa, como a economia ou a política externa.[5] Ainda segundo o autor, a América Latina vivenciou vários avanços nos limites

---

3   Oliveiros S. Ferreira, *Forças Armadas para quê?*, Rio de Janeiro: Edições GRD, 1988.
4   David Mares e Rafael Martinez (org.), *Debating civil-military relations in Latin America*, Chicago: Sussex Academic Press, 2014.
5   David Pion-Berlin, "Latin American civil-military relations: what progress has been made?, *In* David Mares e Rafael Martinez (org.), *cit.*, p. 67.

à autonomia política das FFAA, porém poucos no campo da autonomia institucional, na qual está o sistema de educação militar.

Entendemos, todavia, que manter a autonomia sobre sua própria educação não é uma proteção à instituição, mas sim uma ingerência sobre uma área social e, portanto, é autonomia política. Defendemos, portanto, que a educação dos militares é a guardiã de uma cultura própria das FFAA, seguindo como uma das principais trincheiras de autonomia castrense, mormente naqueles países que recém saíram de regimes burocrático-autoritários.[6] É o espaço da sua autorreprodução simbólica, portanto, imprescindível para construir um *ethos* conforme o espírito democrático e republicano.

No processo de socialização efetuado pela escola, transmitem-se habilidades que são carregadas de valores que permitem ao mesmo tempo a reprodução e a transformação da sociedade.[7] No caso das escolas militares, ocorre um processo de despersonalização individual para a internalização nos soldados de valores dominantes na corporação bélica.[8]

Embora sejam condição para as democracias, a política de Defesa e a organização das FFAA não recebem a devida atenção da sociedade ou da esfera política no Brasil. Vários fatores explicam esse desinteresse: a origem colonial do país; o peso periférico destes temas para as campanhas eleitorais; e o caráter essencialmente autoritário de suas FFAA.[9] Lamentavelmente, esse abandono das questões relativas à defesa outorgou aos militares o monopólio sobre o tema.

As reiteradas intervenções e os largos anos em que permaneceram à frente de governos autoritários inibiram a formação de caráter profissional aos militares. Do mesmo modo, a apropriação militar do espaço político impediu a sociedade de desenvolver capacidade de mando e controle, bem como obstou a participação civil na discussão da defesa. Embora os especialistas em relações civis-militares apontem a transformação fundamental pela qual

---

6 Guillermo O´Donnell e Philippe Schmitter, *Transições do regime autoritário*: primeiras conclusões, São Paulo: Vértice, 1988.
7 Emile Durkheim, *Educação e Sociologia*. São Paulo: Melhoramentos, 1978.
8 Antonio Caros Will Ludwig, *Democracia e Ensino Militar,* São Paulo: Cortez, 1998.
9 Nas palavras de José Genoíno, não há interesse em pensar Defesa no Brasil porque "não dá voto na democracia e dá 'cana' na ditadura. Palestra na FHDSS, UNESP, setembro de 1993.

passam os militares, a qual se inicia com o ingresso nas escolas, poucos são os trabalhos sobre educação.[10]

Acrescente-se que, se a formação de soldados democráticos é condição necessária da democracia, não é condição suficiente. A "democracia" meramente formal – caracterizada por eleições livres e periódicas, divisão de poderes e respeito às regras do jogo, em especial àquela que determina a incerteza quanto aos resultados, não basta para garantir a efetividade democrática.[11] Cabe assinalar, portanto, que divergimos de autores que trabalham com a perspectiva de que o ensino do militar não deve ser orientado democraticamente porque não existem FFAA democráticas.[12]

A educação dos militares é fundamental para formar um profissional apto à defesa do país ao qual serve

Huntington considerava que o espírito de corpo gerava uma ética profissional própria e atemporal, desde que não ocorressem mudanças na natureza da função militar – a técnica militar não afetaria tal natureza.[13] Hoje, com o predomínio dos militares em outras funções, diferentes do combate tradicional, mudanças nessa ética profissional podem ser observadas, embora o binômio hierarquia e disciplina seja continuamente ressignificado.

---

10 Suzeley Kalil Mathias, "Modelos educativos comparados em Iberoamérica". In: Sonia Alda Mejías (org), *Sistemas de enseñanza militar y educación para la defensa em iberoamérica*, Madrid: Instituto Universitario General Gutiérrez Mellado, 2010.

11 Uma frase bastante feliz e que resume o que aqui se quer dizer é o título do artigo de Adam Przeworski "Ama a incerteza e serás democrático", *Novos Estudos CEBRAP*, 9, junho de 1984.

12 O interlocutor particular aqui é o livro editado por Hal Klepak (comp.), *Formación y educación militar*: los futuros oficiales y la democracia, Buenos Aires: RESDAL, 2012. Diferentemente do ali defendido, entende-se que é possível constituir forças armadas democráticas, no sentido de aceitarem as regras do jogo e incluírem a divergência não na ordem de comando (adestramento para o cumprimento de ordens), mas no ensino da liderança (convencimento como parte da formulação e assertividade no momento de ordenar).

13 Samuel P. Huntington, *O soldado e o Estado*: teoria política das relações entre civis e militares, Rio de Janeiro: Biblioteca do Exército, 1996.

Como em qualquer profissão, missões diferentes exigem treinamentos distintos. No caso do militar, a educação muda segundo a hipótese de emprego identificada. Em um ambiente com possibilidades de emprego variadas, preparar o soldado fica cada dia mais difícil. Assume-se, com base em Bruneau e Matei, as seguintes possibilidades de emprego militar: guerras, guerras internas, terrorismo, crimes, assistência humanitária, operações de paz.[14] Essas funções podem ser desempenhadas pelas FFAA, forças especiais, polícias, inteligência (militar e policial), defesa civil.

Apesar de ser pouco provável o envolvimento do Brasil em uma guerra convencional, essa possibilidade não pode ser descartada, logo, estar preparado para evitá-la permanece sendo uma necessidade da Defesa Nacional e é a função precípua das FFAA.[15]

Com base na END, infere-se que a opção brasileira pela doutrina dissuasória está em concordância com a cultura política do país. Essa é uma estratégia de coerção negativa, quando se ameaça um adversário para que ele não faça alguma ação, seja negando a obtenção do que ele deseja, seja o ameaçando de retaliação. A dissuasão guarda a paz, pois estimula o oponente, a partir do cálculo político, desistir do ataque, enquanto garante espaço para a utilização de outras ferramentas, como a diplomacia.

O Exército Brasileiro sempre teve mais de uma possibilidade de emprego, logo, esse não é um fenômeno novo. Mais que entrar em conflito com militares de outros países, o Exército tem sido chamado para ações como o socorro a populações vítimas de desastres naturais em pontos extremos do território; vigilância das fronteiras para evitar o tráfico de drogas, armas e pessoas; ações de paz internacionais; auxílio na construção de megaempreendimentos infraestruturais do país; e ações de Garantia da Lei e da Ordem (GLO) nos aglomerados urbanos das grandes cidades.

À luz dessa realidade, deve-se acrescentar à tipologia de Bruneau e Matei um item. Ainda que constituam um desvio de função, as FFAA são utilizadas

---

14 Thomas C. Bruneau e Florina C. Matei, *Routledge handbook on civil-military relations*, London: Routledge, 2013.
15 Héctor Saint-Pierre, "Breve reflexión sobre el empleo de las Fuerzas Armadas", *La revista del Plan Fênix*, Córdoba, 6 (48): 14-21, 2015.

como instrumento do Estado para a indução do desenvolvimento, como obras de infraestrutura.

Nesse caso, se apresentam dois entraves para a educação dos militares. O primeiro, é quando a possibilidade de emprego pede distintas doutrinas, armamentos e organização, como no caso do emprego nos marcos da defesa e nos marcos da segurança pública. O segundo, ainda mais difícil, é ensinar o oficial a distinguir de que situação se trata, para aí sim buscar seu conjunto de conhecimentos adequados para atuar nesse ambiente. Com isso, ao dar uma formação para a defesa, mas empregá-los tão somente em missões subsidiárias, o maior risco é a desprofissionalização, na qual os soldados não estarão aptos para defender o país.

Janowitz alerta que as mudanças e indefinições sobre a missão a que os militares se destinam têm gerado uma crise de identidade entre o militar herói, o militar administrador e o militar político, expressão das disputas entre a tradição e a modernidade.[16] Antes da profissionalização, os militares desejavam se parecer com os civis. Depois dela, eles se diferenciaram e se distanciaram, passando a formar um grupo profissional especializado. Com o aumento da complexidade tecnológica, os militares profissionalizados voltaram a buscar profissões civis, como engenheiros, civilianizando-se ou se associando a grupos de pesquisa em busca de inovações tecnológicas. O efeito perverso desse giro apontado por Janowitz é a evasão, pois com a alta qualificação, os oficiais passaram a receber outras ofertas de trabalho no mundo civil. Por outro lado, aumenta a procura da carreira militar por "concurseiros profissionais", ou seja, por pessoas sem vocação militar. Por fim, no caso do militar herói, é adaptado o sentimento de busca pela glória. Com a escassez de guerras e com um sentimento hegemônico pacifista na sociedade, a glória passa a ser merecida com base em outros elementos, como o destaque acadêmico.

O crescimento do papel de administrador e político entre as habilidades que o oficial precisa desenvolver, tendo em vista as diversas possibilidades de emprego aqui apresentadas também levanta discussões sobre até que ponto o

---

16 Morris Janowitz, *The military in the political development of new nations*: an essay in comparative analysis, Chicago: Chicago University Press, 1964.

ensino pode ser mantido como mais tático-operacional nos primeiros níveis da carreira, e político-estratégico nas escolas de altos oficiais.

A partir das contribuições de Janowitz sobre os três tipos de militares (herói, administrador e político), é possível retomar o debate sobre a orfandade proposto por Coelho, em um novo patamar.[17] Ele reconhece dois tipos possíveis de orfandade, a funcional e a institucional, baseadas nas relações estabelecidas entre civis e militares. Considerando as reflexões de Janowitz, infere-se a existência de uma terceira orfandade, a profissional. Essa orfandade aparece no hiato entre a formação militar e o emprego profissional. Além de se sentirem órfãos organizacional e institucionalmente frente aos civis, os militares também podem se sentir órfãos das suas próprias expectativas profissionais. Isso significa que o ensino pode formar militares em busca de uma prática profissional que provavelmente nunca exercerão durante a carreira, gerando expectativa e frustração.[18]

Dessa maneira, as FFAA atuais seriam vítimas de um paradoxo. Por um lado, segundo Huntington, o militar nem sempre é favorável à guerra, pois "embora preconize o preparo, ele nunca se sente preparado".[19] Em contrapartida, a depender do ensino recebido, o soldado pode construir uma ideia para si de heroísmo na guerra, e assim ela vai se tornando algo positivo, pois é uma oportunidade de atender a um desejo de sucesso profissional. Num contexto sem guerras externas, parte-se para a hipótese das guerras internas.

O jargão militar diz que o oficial deve estar apto para cuidar "do alfinete ao foguete", mas isso é impossível em qualquer carreira. Por outro lado, não deve ocorrer a especialização a ponto de perder-se a noção de totalidade. Assim como no modelo taylorista-fordista, que segmentava a produção, eram segmentadas as capacidades bélicas, diferenciando as formas de lutar na terra, mar e ar, com suas respectivas especializações. O reflexo em termos de organização curricular desse fenômeno é a especialização ainda na fase preparatória

---

17 Edmundo Campos Coelho, *Em busca de identidade: o Exército e a política na sociedade brasileira*, Rio de Janeiro: Record, 2000.

18 Ana A. Penido Oliveira, *Profissionalização e educação militar: um estudo a partir da Academia Militar das Agulhas Negras (AMAN)*, dissertação de Mestrado, Niterói: Universidade Federal Fluminense, 2015.

19 Samuel P. Huntington, op. cit., p. 87.

(que atinge, inclusive, o nível de conformação de identidades).[20] O resultado estratégico esperado ao final é que, com a maximização de cada parte, ao "juntá-las", obter-se-ia um efeito somatório.

Os problemas dessa interpretação são diversos: a alienação do próprio trabalho, uma vez que não se tem a ideia completa do teatro de operações; a sobreposição de identidades individuais às coletivas, a ponto de um oficial muitas vezes se considerar mais da Infantaria do que do Exército ou Aeronáutica; a expectativa de que a agregação seria sempre harmônica, não deixando espaços vazios, sobrepostos ou mal delimitados; entre outros. A própria história deixou claro que não é razoável tratar a preparação para a guerra como uma linha de montagem de automóveis. Fatores como o acaso, a fricção e mesmo os relativos ao moral do soldado (tão empregados nas guerras revolucionárias) vêm comprovando que a incerteza não é uma exceção, e sim a regra no caso das guerras.

O ensino por níveis (ou cursos condicionantes para a ascensão na carreira) é um fator organizativo importante, mas pode ser entendido de forma burocratizada. Por burocratizado entende-se a rígida separação entre os momentos para estudar e os destinados ao exercício profissional. Assim, a frequência às escolas não é percebida como um meio para a aprendizagem, mas como uma etapa a cumprir caso se deseje ascender na carreira.[21]

Outro conceito que foi incorporado à profissionalização é o trabalho em grupo, manejando um largo instrumental tecnológico. Na crença de Jomini, o comandante ideal era "um homem de grande moral e acentuada coragem física, mas não necessariamente de grandes estudos".[22] Com os avanços tecnológicos atuais, a necessidade de aprendizado está claríssima. As conquistas recentes na tecnologia e na informação trouxeram reflexos em todas as áreas

---

20   Celso Castro, *O espírito militar: um estudo de antropologia social na Academia Militar das Agulhas Negras*, Rio de Janeiro: Jorge Zahar, 1990.

21   Ednéia Fázio, *A política de ensino do Exército brasileiro na Nova República: o projeto de modernização (1985-2000)*, tese de Doutorado, Franca: UNESP, 2008.

22   John Shy, "Jomini", in Peter Paret (org). *Construtores da estratégia moderna*, Tomo 1, Rio de Janeiro: Bibliex, 2001, p. 239.

numa velocidade nunca antes vista, inclusive na base profissional, e passam a exigir maior integração civil-militar.[23]

Na guerra moderna, a rapidez com que as decisões precisam ser tomadas causa interferências na hierarquia, pois as novas tecnologias, com maior potencial destrutivo em termos de armamentos e equipamentos, exigem mais de uma única pessoa. Assim, um soldado atuando sozinho em regiões remotas deve decidir o que fazer, com menor controle da cadeia de comando, pois ao esperar pela ordem, pode desperdiçar o efeito surpresa ou mesmo o poder de destruição de uma arma. Qualquer erro causa sérios danos e, portanto, o treinamento é feito para atingir o erro zero, e é com essa expectativa que o oficial vai a campo. Existe grande preocupação para que essa conjunção de fatores não cause uma paralisia decisória, tolhendo a iniciativa.

A menor diferença entre os sistemas educativos civil e militar facilita as políticas de cooperação em defesa e alimenta valores próprios da democracia

A Educação brasileira alicerça-se na Constituição de 1988, que determina, em seu artigo 6º, que a educação é um direito fundamental, sendo dever do Estado e da família garanti-la. Para regulamentar esse direito, em 1996 foi promulgada a Lei 9.394 de Diretrizes e Bases da Educação Nacional (LDB).[24] O artigo 83 da LDB determina: "o ensino militar é regulado por lei específica, admitida a equivalência de estudos, de acordo com as normas fixadas pelos sistemas de ensino".

A lei admite, regulamentando, uma situação que poderia ter modificado, trazendo para o legislador a responsabilidade pela formação de seus futuros oficiais militares. Em 2010, todavia, o Judiciário entendeu que um sistema de ensino deveria ser objeto de lei específica. Cada uma das Forças, então, fez sua lei específica, a Aeronáutica produziu a sua em 2011 e as demais em 2012. Em

---

23   S. Paile. *Europe for the Future Officers, Officers for the Future Europe*: Compendium of the European Military Officers Basic Education. Varsóvia, Polish Ministry of National Defence, 2011.

24   *Lei de Diretrizes e Bases da Educação Nacional,* lei número 9.394, 20 de dezembro de 1996.

outras palavras, são quatro os sistemas de ensino brasileiros, o que impacta na construção de políticas de cooperação.

Há três níveis de cooperação em defesa possível. O primeiro é a cooperação entre as três FFAA. O segundo é entre as FFAA e as forças de segurança de um mesmo Estado. O terceiro é entre as forças de defesa de Estados distintos. Entendemos que não deveria ocorrer cooperação militar com outros Estados de forma autônoma e não subordinada à política externa do país.

Quanto à necessidade de uma formação em conjunto das três forças, Santos discute como as diferenças entre os ambientes de combate geram também distinções entre o Exército, a Marinha e a Aeronáutica.[25] Para esse autor, o ambiente determina a estrutura organizacional, as finalidades e os objetivos, a maneira de atuar e a profissionalização. Nesse sentido, embora tenham a mesma finalidade – preparar-se para a guerra –, as escolas de cada uma das forças requerem métodos, bases e currículos diferentes. Por outro lado, Campos e Alves apontam que, desde a Segunda Guerra Mundial, nunca mais se observou uma guerra na qual as forças foram empregadas isoladamente: "a requerida integração só é possível se, desde o tempo de paz, as Forças Armadas forem organizadas e adestradas para o emprego conjunto [...]. Todavia, ainda na atualidade, a doutrina e o adestramento conjunto são incipientes [sic.]".[26] A existência de um Ministério da Defesa forte é imprescindível para esse nível de cooperação.

Quanto à integração entre civis e militares de um mesmo Estado, no Brasil, ainda impera a ideia de que "educação militar é coisa de militar", ideia essa que foi alimentada pelo caráter da transição brasileira.[27] Mirando relativamente o que de mais moderno há no mundo, o que parece fora de lugar é justamente a existência de quatro sistemas de ensino, e não apenas um, nacional e dirigido para todos os cidadãos do país.

---

25 Murillo Santos, *O caminho da profissionalização das Forças Armadas*, Rio de Janeiro: Grafica, 1991.

26 Marcio Teixeira Campos e Vagner Camilo Alves, "A guerra das Falklands/Malvinas e suas repercussões no Exército Brasileiro", In Eurico de Lima Figueiredo (org). *Sociedade, política e estudos estratégicos*. Rio de Janeiro: Luzes, 2013, p. 59-60.

27 David Share e Scott Mainwaring , "Transição pela transação: democratização no Brasil e na Espanha", *Dados*, 29(2):207-236, 1996.

A Estratégia Nacional de Defesa (END) atribui ao governo a responsabilidade por promover o debate de questões relacionadas à defesa no interior da sociedade, formando especialistas civis.[28] Exemplos de iniciativas nesse sentido foram os editais Pró-Defesa ou Pró-Estratégia, que estimularam na academia a consolidação ou criação de programas de graduação e pós-graduação sobre o tema.

No âmbito das escolas militares, também foram criados programas abertos aos civis, autorizados pela Capes, e foram contratados professores civis. Os cursos obrigatórios para a ascensão na carreira militar, todavia, permanecem fechados à participação civil, ou seja, a reciprocidade de estudos entre as escolas civis e militares não é completa.[29] Da mesma maneira, se um oficial fizer cursos extras no mundo civil, tais cursos não podem ser aproveitados para a sua ascensão na carreira militar.

Por fim, quanto à cooperação com outros Estados, no caso do Brasil em particular, a Constituição de 1988, considera que o país não tem inimigos, e determina no seu Artigo 4º que o Brasil deve reger suas relações internacionais pelos princípios de independência nacional, autodeterminação dos povos, não intervenção e cooperação, entre outros. Em virtude dessa situação, a END indica a opção pela estratégia dissuasória e pela cooperação com os outros países do continente, sem deixar de lado a soberania dos Estados.

Entretanto, para que isso ocorra, a profissionalização deve orientar-se para a autonomia estratégica, o que só é possível se superarmos a colonização epistêmica que faz com que as FFAA latinas, em geral, comprem os armamentos, a forma de organização militar, a doutrina, o treinamento e a conceituação de inimigo propostos pelos países do Norte, em particular pelos Estados Unidos.[30]

---

28 BRASIL. Ministério da Defesa. Estratégia Nacional de Defesa. *Decreto* nº 6.703, de 18 de dezembro de 2008.

29 Exceção são duas antigas e bem-sucedidas experiências - - o Instituto Militar de Engenharia (IME) e o Instituto de Tecnologia da Aeronáutica (ITA) – ambos com regime misto, formando militares e civis, embora não possibilitem alçar o posto máximo da carreira.

30 Ver a entrevista de Héctor Saint-Pierre nesta coletânea.

Considerações finais

Para atender as questões levantadas nas três premissas aqui exploradas, entendemos ser necessária uma ampla reforma na educação dos militares. Entretanto, isso só é possível em um regime plenamente democrático, em que os militares estejam apartados da política.

Entendemos que a educação é o principal mecanismo de socialização de qualquer ser social. Para os militares não é diferente: eles precisam ser educados a serem profissionais como quaisquer outros, para cujo trabalho as habilidades que detêm são essenciais ao bom funcionamento do Estado.

Como buscamos apresentar neste texto, se hoje a política brasileira está coalhada de militares, especialmente oficiais das FFAA, é porque a educação de seus membros jamais foi tocada pela autoridade civil que assumiu o poder político pós-1985. Foram mantidas as bases doutrinárias da formação das FFAA – combate ao inimigo interno – e assim, a transição do autoritarismo-burocrático jamais se completou. Novidades enfrentam resistência, como a entrada de mulheres nas armas combatentes e ainda hoje a homossexualidade é vista como um problema nas fileiras militares.

Ao não transigir na formação dos soldados, as próprias FFAA reconstruíram as bases para que o Partido Militar, dado como extinto ao final dos generais presidentes, ressurgisse, e hoje esse mesmo partido ameaça a própria civilização nacional e o estado de direito.[31] O atual governo explicita que a sociedade plural de que iniciamos a construção neste século XXI não passou de uma andorinha no céu dos brigadeiros.

---

31 Ana Penido, Jorge M. Rodrigues e Suzeley Kalim Mathias, "As Forças Armadas no governo Bolsonaro", *Tricontinental*, 14 de abril de 2020. https://www.thetricontinental.org/pt-pt/brasil/as-forcas-armadas-no-governo-bolsonaro/

Bolsonaro, quartéis e marxismo cultural: a loucura com método

Eduardo Costa Pinto

Depois de mais de trinta anos do fim da ditadura militar-empresarial (1964-1985), os quartéis voltaram à cena político-partidária com o apoio dado ao candidato Jair Bolsonaro e com a participação expressiva de militares no Executivo federal, sob a gestão do capitão reformado.

Para muitos militares, a vitória de Bolsonaro representou a esperança do restabelecimento da ordem econômica, política, moral e psicossocial brasileira em crise. Isso ficou evidente no discurso de despedida do general Villas Bôas do Comando do Exército, em 11 de janeiro 2019, quando ele afirmou:

> [...] Presidente Bolsonaro e senhora Michelle, festejamos suas presenças, assim como a Nação brasileira festeja os sentimentos coletivos que se desencadearam a partir de sua eleição e assunção do cargo. O senhor traz a necessária renovação e a liberação das amarras ideológicas que sequestraram o livre pensar, embotaram o discernimento e induziram a um pensamento único, nefasto [...] 2018 foi um ano rico em acontecimentos desafiadores para as instituições e até mesmo para a identidade nacional. Nele três personalidades destacaram-se para que o "Rio da História" voltasse ao seu curso normal. O Brasil muito lhes deve. Refiro-me ao próprio presidente Bolsonaro, que fez com que se liberassem novas energias, um forte entusiasmo e um sentimento patriótico há muito tempo adormecido. Ao ministro Sérgio Moro, protagonista da cruzada contra a corrupção ora em

curso e ao general Braga Netto, pela forma exitosa com que conduziu a Intervenção Federal no Rio [...]".[1]

Essa esperança – ancorada na liberação das amarras ideológicas, no patriotismo e no combate à corrupção – foi a justificativa para o enorme engajamento de militares no governo Bolsonaro, com a ocupação de mais de três mil cargos. Ainda durante a campanha eleitoral de 2018 tal movimento suscitou preocupações a respeito do papel a ser desempenhado pelos militares, tanto na cena política como no governo Bolsonaro. Quais teriam sido os motivos do retorno dos militares à cena político-partidária? Quais são os elementos que conectam os militares e os civis bolsonaristas, chamados também de olavistas? São questões nada triviais que este capítulo busca responder.

O retorno dos militares à cena política como resultante da crise institucional

O Brasil atravessa uma de suas maiores crises desde 1985. Esta ocorre simultaneamente nos planos econômico e político, sendo atravessada também pela crise institucional, que é fruto dos impactos dos mecanismos utilizados pela Operação Lava Jato para combater a corrupção.[2]

Nesse contexto crítico, as instituições perderam a capacidade de reduzir incertezas e incentivar os avanços das ações humanas coordenadas e, com isso, as forças sociais não necessariamente conseguem atuar de forma articulada e muitas vezes movem-se por interesses imediatos (individuais ou corporativos) dispersos.

A origem da crise institucional foi a flexibilização, ou mesmo a quebra, do regramento jurídico (leis e Constituição) no julgamento da Ação Penal 470 (AP 470), conhecida como Mensalão, pelo Supremo Tribunal Federal (STF). Para Santos, "o nervo jurídico do argumento vitorioso no julgamento da AP 470 fraudou a lógica política e constitucional [...]" ao criar a "disjunção epis-

---

1 Eduardo Villas Bôas, "Palavras de Despedida", http://www.eb.mil.br/todos-os-avisos/-/asset_publisher/nElT00TYrefc/content/palavras-de-despedida-do-gen-villas-bo-7

2 Para uma análise da crise econômica e política, desde 2015, ver Eduardo Costa Pinto et al., "A guerra de todos contra todos e a Lava Jato", *Revista da Sociedade Brasileira de Economia Política,* 2019, p.107-147.

temológica entre ser inocente e não ser culpado" e a "imputação de possibilidade objetiva e causalidade adequada" à versão do STF do domínio de fato.³

Com a Operação Lava Jato, esse mecanismo de flexibilização ou quebra do regramento jurídico foi alçado a um novo patamar em virtude da legitimidade obtida junto aos meios de comunicação, ao STF com o relatório do Ministro Teori Zavascki, em 2014 e ao Tribunal Regional Federal da 4ª Região, quando do julgamento da conduta do juiz Sérgio Moro, em 2016, sobre a retirada do sigilo da gravação telefônica entre a presidente Dilma e o ex-presidente Lula.

Para obter essa legitimidade, a Lava Jato precisou gerar instabilidade política, por meio de vazamentos ilegais para a imprensa, a fim de pressionar os agentes políticos e as instâncias superiores do Judiciário, com o objetivo de prosseguir no combate à corrupção. Para que esta estratégia fosse efetivada, fez-se necessário formar um consórcio não formal entre a operação em Curitiba e os grandes meios de comunicação. Os fins (combate à corrupção e a refundação do Brasil) justificariam os meios.⁴

O problema foi que esse mecanismo, quando posto em movimento, criou uma espiral de instabilidade e de deslegitimação de instituições (políticas e do Judiciário), em virtude das lutas pela sobrevivência individual e de grupos, que foi se retroalimentando a cada nova rodada da reação dos atores envolvidos e da contrarreação da Lava Jato.

Até a divulgação da gravação entre Joesley Batista, dono do frigorífico JBS e o presidente Michel Temer, a instabilidade como instrumento de poder (capacidade de "balançar o barco") estava sob controle da Lava Jato. No entanto, a delação dos irmãos Batista mostrou aos acusados que, para se salvar econômica e juridicamente, ou seja, para ter poder nas disputas das forças sociais, seria necessário gerar instabilidade (efeito demonstração Joesley).

Se, por um lado, a legitimidade da operação foi alcançada e proporcionou um elevado patamar de confiança da população nas instituições vinculadas a ela (Polícia Federal e Ministério Público), por outro lado, verificou-se uma profunda perda de legitimidade das instituições políticas (Congresso, partidos

---

3 Wanderley Guilherme dos Santos, *A democracia impedida: o Brasil no século XXI*, Rio de Janeiro: Editora FGV, 2017, p.168.
4 Eduardo Costa Pinto, op. cit..

e Presidência da República) e da Justiça (STF), que pode ser explicada, em boa parte, pelo mecanismo da Lava Jato. Uma das poucas instituições desvinculadas dessa operação que conseguiu manter um alto patamar de legitimidade junto à população foram as Forças Armadas (Gráfico 1).

Gráfico 1 – Índice de Confianças das Instituições

Ano	Polícia Federal	Forças Armadas	Ministério Público	Poder Judiciário, Justiça	Meios de Comunicação	Congresso Nacional	Partidos Políticos	Presidência da República
2018	65	62	51	49	43	18	16	
2017	70	68	61	54	48	18	17	
2016		65	57	54	46	22	18	
2015	63	59	46		17			
2014	62	54	48		30			
2013	64	56	46		25			
2012	71	62	53		29			

Fonte: *Índice de Confiança Social ICS 2019*/IBOPE (11/07/2019 a 15/07/2019).

No auge da crise do governo Temer, em 2017, após ele ter permanecido no cargo mesmo com o efeito Joesley, membros das Forças Armadas, sobretudo o comandante do Exército, passaram a expressar publicamente diagnósticos, avaliações e preocupações a respeito das possíveis saídas da crise.

Ao mesmo tempo, aumentou o número de grupos organizados que clamavam pela intervenção militar. Em uma palestra no dia 15 de setembro de 2017, cerca de cinco meses antes de passar à reserva, o general e atual vice-presidente Hamilton Mourão, então secretário de economia e finanças da força e integrante do Alto Comando do Exército, defendeu a possibilidade de intervenção militar, caso as instituições, em especial o STF, não conseguissem resolver a questão política associada ao combate à corrupção. Para o general, sua posição era a mesma dos seus pares no Alto Comando e já existiria um plano operacional para a intervenção. O momento não seria propício para que isso ocorresse, mas ela poderia se dar após "aproximações sucessivas".[5]

Apesar de diversos setores da sociedade terem expressado desconforto com as palavras do general Mourão, o seu comandante, o general Villas Bôas, não desautorizou o que foi dito, exaltou o seu subordinado e ainda apresentou uma interpretação flexível, para não dizer equivocada, do artigo 142 da Cons-

---

5   Ibidem.

tituição Federal, que trata das atribuições das Forças Armadas, para legitimar o argumento de Mourão. Villas Bôas afirmou ainda que o seu subordinado, quando falou das "aproximações sucessivas", estava se referindo às eleições. Ou seja, a via eleitoral seria um dos caminhos vislumbrados pelas Forças Armadas para restabelecer a ordem econômica, política e psicossocial.[6]

Não por acaso, durante a campanha eleitoral de 2018, um grupo de oficiais-generais da reserva do Exército (Augusto Heleno, Oswaldo Ferreira, Carlos Alberto dos Santos Cruz, entre outros) e da Aeronáutica participou ativamente na elaboração da proposta de governo do candidato Jair Bolsonaro (PSL) – militar reformado que foi deputado federal por quase trinta anos e integrante do denominado baixo clero do Legislativo. Esse grupo começou a ser formado em setembro de 2017, quando o general Ferreira foi convidado para participar da elaboração do plano de governo.

Cabe observar ainda que a campanha eleitoral de Bolsonaro contou com a utilização de táticas de guerra por meio da desorientação da opinião pública (*fake news* no Whatsapp e no Facebook), instrumentos conhecidos como "guerra híbrida", que, segundo Piero Leirner, somente conseguiriam ser empregados com estratégia e inteligência militares.[7]

Além dos militares da reserva, a instituição Exército teve atuação direta na eleição por meio de seu comandante, que pressionou politicamente o STF – via um tuíte publicado a tempo de aparecer no *Jornal Nacional* da Globo daquela noite – na véspera do julgamento da votação do *habeas corpus* de Lula, candidato a presidente de esquerda, que naquele momento se encontrava preso (condenado pelo juiz Sergio Moro e pelo TRF-4) e era o primeiro colocado nas pesquisas eleitorais.

A instituição, por meio de seu comandante, "balançou as armas" para pressionar politicamente pela exclusão do principal concorrente de Bolsonaro. Durante a posse do ministro da Defesa, o presidente Bolsonaro agradeceu o

---

6   Ibidem.
7   Ver o capítulo de Leirner nesta coletânea e Thiago de Domenico, "Caminho de Bolsonaro ao poder seguiu 'lógica da guerra', diz antropólogo que estuda militares", *Publica*, 11 de abril de 2019. Disponível em: https://apublica.org/2019/04/caminho-de-bolsonaro-ao-poder-seguiu-logica-da-guerra-diz-antropologo-que-estuda-militares/

comandante do exército: "Muito obrigado Comandante Villas Boas. Aquilo que já conversamos morrerá entre nós. O senhor é um dos responsáveis por eu estar aqui na posição de presidente".[8]

Os militares voltaram à cena político-partidária em decorrência da profunda crise brasileira, em curso desde 2015, alinhando-se ao projeto Bolsonaro como uma possível alternativa de saída da situação.[9] É evidente que, para eles, a crise institucional não é fruto dos impactos do mecanismo utilizado pela operação Lava Jato para combater a corrupção, mas sim uma decorrência das amarras ideológicas do "politicamente correto", da corrupção dos governos do PT, com a ampliação do Estado, e da falta de patriotismo.

Ou seja, para os militares a crise seria fruto do avanço da esquerda, responsável pela divisão do país e pela criação de uma crise moral e psicossocial. Nas palavras de Manuel Domingos Neto, "Bolsonaro ganhou apoio dos militares porque não havia outra alternativa para infligir derrota eleitoral ao PT. Na crença dos fardados, a esquerda estaria afundando o Brasil. Era preciso salvar a pátria! A saída era voltar ao mando através do voto. Bolsonaro seria enquadrado, disse-me um general antes das eleições".[10]

Olavistas-bolsonaristas e militares: a diferença é de forma e não de conteúdo

Do início do governo Bolsonaro até a demissão, em junho de 2019, do ministro da Secretaria de Governo, o general Santos Cruz, havia forte disputa por espaço no governo entre os núcleos de poder olavista-bolsonarista, sob forte influência dos filhos do presidente e do guru Olavo de Carvalho, e dos

---

[8] Eduardo Bresciani, "'O senhor é um dos responsáveis por eu estar aqui', diz Bolsonaro a comandante do Exército", *O Globo*, 2 de janeiro de 2019.

[9] Antes disso, já existia a percepção da maioria dos oficiais de que o Exército poderia agir politicamente, sobretudo na situação em que houvesse um perigo para a pátria. Ver a pesquisa de dissertação de Mestrado realizada pelo major Denis de Miranda, publicada em livro com o título *A construção da identidade do oficial do Exército Brasileiro*, Rio de Janeiro: Ed. PUC-Rio, 2018. Como essa pesquisa foi realizada em 2012, de lá para cá, essa percepção provavelmente deve ter se aguçado.

[10] Ver o capítulo desse autor nesta coletânea e seu "O que quer Olavo de Carvalho", *Brasil 247*, 7 maio de 2019, https://www.brasil247.com/blog/o-que-quer-olavo

militares. Este último núcleo, como afirmou Domingos Neto, acreditou que poderia tutelar o presidente Bolsonaro.

Essa disputa criou uma falsa ideia de que existiria, por um lado, um núcleo ideológico, influenciado pela extrema direita norte-americana (em sua vertente paranoica do "marxismo cultural") e, por outro, um núcleo racional dos militares no governo que seriam influenciados pela tradição militar brasileira de desenvolvimento científico e tecnológico.[11]

Os eventos posteriores à demissão de Santos Cruz evidenciaram que as diferenças entre os núcleos olavista-bolsonarista e dos militares era muito mais de forma-tática operacional do que de conteúdo. Enquanto o primeiro núcleo deseja realizar uma "revolução de direita", o segundo buscava, aparentemente, realizar também mudanças profundas, mas de forma planejada e estruturada.

Em termos de linha de pensamento, esses dois núcleos do governo Bolsonaro possuem significativa proximidade, pois estão ancorados em dois eixos que possuem pontos de convergência, a saber: 1) na doutrina[12] da "guerra revolucionária" francesa que foi adotada pelo Estado-Maior das Forças Armadas brasileiras entre 1959 e 1980;[13] e 2) no pensamento da extrema direita norte-americana, baseado nas ideias dos *paleoconservative* (neoconservadorismo da década de 1980 em sua vertente paranoica do "marxismo cultural").[14]

Com a derrota na Indochina e a eclosão da rebelião na Argélia na década de 1950, as Forças Armadas francesas estabeleceram uma nova doutrina militar, denominada de "guerra revolucionária", para enfrentar um novo tipo de guer-

---

11   Manuel Domingos Neto (org.), *O militar e a ciência no Brasil*, Rio de Janeiro: Gramma, 2010.

12   Uma doutrina significa " um conjunto de ensinamentos, com frequência um conjunto de princípios ou um credo. No jargão militar, usa-se tipicamente doutrina num sentido mais limitado, para referir-se a princípios estratégicos ou táticos particulares, como a doutrina de retaliação maciça" (Samuel Fitch *apud* João Roberto Martins Filho, "A influência doutrinária francesa sobre os militares brasileiros nos anos 1960", *Revista Brasileira de Ciências Sociais*, 2008, p. 40)

13   Ibidem, p. 39-50

14   Michael Foley, *American credo: the place of ideas in US politics*, Oxford: Oxford University Press, 2007, capítulo 13 e Joseph Scotchie, *The paleoconservatives: New voices of the Old Right*, London: Routledge, 1999, introdução.

ra: a revolucionária de caráter comunista e ateia. Nessa nova forma de conflito permanente, em que não havia uma distinção entre os meios militares e os não militares, as Forças Armadas deveriam combater o inimigo (os movimentos revolucionários marxistas-leninistas) com instrumentos políticos, ideológicos e bélicos. Ou seja, combater os inimigos com suas próprias armas. Para isso, se fazia necessário controlar as informações, por meio de um comando político-militar, e utilizar a guerra psicológica.[15] Para Martins Filho, a ideia geral da doutrina da "guerra revolucionária" "[..] era de que a civilização cristã estava envolvida numa guerra permanente e mundial, em que as distinções tradicionais entre guerra e paz passavam a ser insignificantes, assim como [...] as diferenças entre anticolonialismo, nacionalismo Anti-Ocidente e comunismo".[16]

A doutrina da "guerra revolucionária" definiu o inimigo a combater de forma flexível e funcional ao juntar, por exemplo, nacionalistas Anti-Ocidente e comunistas. Esse foi um dos motivos centrais da incorporação dessa doutrina pelas Forças Armadas brasileiras, uma vez que isso justificativa o combate tanto aos nacionalistas como, sobretudo, aos comunistas.[17] O profundo anticomunismo das Forças Armadas brasileiras tem sua origem na revolta comunista de 1935, realizada por militares, e no medo de infiltração em massa dos comunistas nas fileiras das Forças, pois essa revolta teria sido a primeira intervenção do MCI (Movimento Comunista Internacional) no Brasil, que poderia ser reeditada. Além disso, o anticomunismo militar brasileiro foi também alimentado pela ameaça interna associada à "[...] denúncia do movimento social (greves, manifestações) como uma 'desordem' que 'desagregaria' as instituições, os valores e a unidade da sociedade [...]; e à "[...] arma da propaganda subversiva e a necessidade de uma contrapropaganda".[18] Veremos mais à frente como a doutrina da "guerra revolucionária" permaneceu influenciando o pensamento militar, mesmo após o fim da ditadura militar-empresarial.

No que tange ao outro eixo (os *paleoconservative* do "marxismo cultural"), cabe observar que o guru do bolsonarismo, Olavo de Carvalho – que

---

15 João Roberto Martins Filho, op. cit., p. 39-50
16 Ibidem, p. 42
17 Ibidem.
18 Maud Chirio, *A política nos quartéis: revoltas e protestos de oficiais na ditadura militar brasileira*, Rio de Janeiro: Zahar, 2012, p. 34-35.

repete esse pensamento norte-americano –, ministrou palestras em quartéis desde os anos 1990, reforçando o caldo do perigo do inimigo comunista, que sempre esteve presente na doutrina militar brasileira e hoje mobiliza o discurso radical de generais e oficiais de diferentes patentes.

As ideias dos *paleoconservative* alcançaram nossos quartéis por meio dos intercâmbios com as Forças Armadas do EUA, que passaram a adotar uma doutrina militar que teve influência das ideias de William Lind, um *paleoconservative* que foi um importante pensador militar. Ele foi o primeiro a cunhar, em 1989, junto com mais quatro oficiais do Exército dos EUA, o termo "guerra de 4º geração", depois denominada de guerra híbrida, para designar o tipo de guerra que se estabelece entre forças militares e oponentes não estatais – especialmente os denominados terroristas –, que não fica circunscrita apenas a questões bélicas, pois envolve também um embate cultural entre o Ocidente cristão e o mundo não ocidental, como suas tradições islâmicas ou asiáticas.[19]

Para William Lind, a doutrina militar dos EUA para o combate na guerra de 4ª geração deve utilizar dos instrumentos políticos, sociais, econômicos e tecnológicos para enfrentar seus adversários não estatais (terroristas, grupos revolucionários).[20] Não por acaso, Lind afirmou que um dos principais perigos para os Estados Unidos no âmbito da guerra de 4ª geração é a ideologia do multiculturalismo.[21]

O pensamento *paleoconservative* tem sua raiz na "velha direita" (coletivismo de direita) da década de 1920 e 1930 (conservadorismo e oposição ao New Deal) que tinha como tripé: governo pequeno (descentralização das funções de governo articulada com a autogovernança/comunitarismo), anticomunismo e valores tradicionais (defesa da civilização ocidental e judaico-cristã).

Esse novo conservadorismo americano recauchutado (denominado atualmente de *alt-right*), que ressurgiu na década de 1980, expandiu-se nos anos 1990 e 2000 e ganhou expressão com o governo Trump, está assentado no tripé da "velha direita" com particularidades, tais como: ênfase ainda maior

---

19 William Lind, Keith Nightengale, Joseph W. Sutton, John Schmitt e Gary Wilson, "The changing face of War: into the Fourth Generation", *Marine Corps Gazette*, 73(10): 22-26, October 1989.

20 Ibidem.

21 Ibidem.

na "guerra cultural", pois a cultura e a moralidade americana estariam sendo destruídas pelo relativismo, pelo politicamente correto e pelo multiculturalismo, que supostamente seriam os instrumentos utilizados pelos ativistas de esquerda (acadêmicos, militantes, jornalistas) para destruir os valores americanos – uma teoria conspiratória que beira à paranoia.

Dentre os principais ideólogos dessa direita radical, destacam-se Pat Buchanan, Samuel Francis, Paul Gottfried, Gerald Atkinson, Paul Weyrich, William Lind e outros. Para esses autores e ativistas, os estudiosos que trilharam o campo cultural originário de Gramsci e Luckács, na década de 1930; passando pela Escola de Frankfurt, nas décadas de 1950 e 1960; até o ativismo dos movimentos identitários pós-modernos contemporâneos – racial, feminista, LGBT, imigrantes, ambientalistas – nas universidades e nos meios de comunicação, não teriam objetivos honrosos de compreender a dinâmica cultural do capitalismo. Os pensadores e ativistas de esquerda teriam como alvo (uma agenda política oculta) "destruir as tradições e valores ocidentais". Nesse sentido, para os neoconservadores o "politicamente correto" é igual ao "marxismo cultural" e seria uma estratégia dos marxistas (em sua luta revolucionária) que teriam migrado da dimensão econômica para a cultural.[22]

A conexão entre o pensamento *paleoconservative*, base da visão dos olavistas-bolsonaristas, e a doutrina da "guerra revolucionária", que exerce influência nas forças até hoje, fica evidente nos escritos do general Sergio Augusto de Avellar Coutinho, falecido em 2011, que publicou diversos livros (dentre eles a *Revolução Gramscista no Ocidente*, e *Cadernos da Liberdade*, reeditado pela Biblioteca do Exército em 2010).

A reatualização do anticomunismo das Forças Armadas Brasileiras: neoconservadorismo norte-americano e doutrina da "guerra revolucionária"

As ideias de Avellar Coutinho são uma reatualização do anticomunismo das Forças Armadas, mantendo elementos da doutrina da "guerra revolucio-

---

22 William Lind, "Defending western culture", *Foreign Policy*, 84:40-50, 1991 e "Further reading on the Frankfurt School", In: William Lind (ed.) *"Political Correctness": A Short History of an Ideology*, Free Congress Foundation, 2004, entre outros. Ver o texto de Maud Chirio nesta coletânea.

nária" e incorporando elementos dos *paleoconservatives*. O inimigo interno e o perigo comunista, e seu movimento internacional, permanecem vivos. A diferença é que agora os inimigos marxistas teriam migrado da luta econômica para a luta cultural com o objetivo de destruir a tradição e os valores ocidentais judaico-cristãos.

Para o general Coutinho, assim como para a extrema direita americana, o comunismo não teria acabado com o fim da União Soviética, mas assumido uma nova forma de luta, uma vez que o MCI teria retomado o seu protagonismo, ao incorporar a visão revolucionária de Antônio Gramsci. Com isso, estaríamos vivendo uma nova forma de Guerra Fria, com o antagonismo entre "capitalismo vs. socialismo marxista", só que agora com "uma aparência menos nítida: de um lado, a potência hegemônica evidente, de outro, um conjunto difuso de organizações e entidades pouco visíveis".[23] Uma "guerra revolucionária" que assume a forma de guerra de 4ª Geração, nos termos de William Lind.

Mas quais seriam os intelectuais orgânicos que estariam sustentando uma reforma cultural e moral em prol da revolução socialista no Brasil? Para Coutinho, seriam os socialistas e comunistas (internacionais e nacionais) infiltrados: 1) nos partidos, como é o caso de Fernando Henrique Cardoso (vinculado ao fabianismo que teria como importantes representantes Soros, David Rockefeller, Bill Clinton, entre outros) e de Lula (articulado com Fidel Castro organizador do Foro de São Paulo); 2) nas ONGs; 3) nas escolas e universidades; 4) nos meio de comunicação; 5) nas manifestações artísticas; 6) nos movimentos sociais (ambientalistas, movimento negro, LGBT, MST, etc). Todos eles estariam criando o senso comum modificado para realizar a revolução gramscista socialista pela via pacífica.[24] Esses são os "marxistas culturais", os inimigos tanto para os olavistas como para os militares, que estariam destruindo os valores ocidentais utilizando o instrumental do "politicamente correto".

No que diz respeito ao gigantismo estatal também há uma ligação com a ideia de socialismo conforme apresentada nos escritos de Avellar Coutinho,

---

23 Sergio Augusto de Avellar Coutinho, *Cadernos da liberdade*, Belo Horizonte: Sografe, 2003, p. 126.

24 Ibidem, p. 64.

pois para ele o *Welfare State* seria uma forma de sociedade socialista.[25] Aqui também é possível identificar (na relação entre Estado e mercado) uma associação com a visão da extrema direita americana de pequeno governo.

Esse tipo de argumento adotado tanto pelos núcleos olavistas-bolsonaristas como pelo militar serviram para legitimar o alinhamento com os EUA, mais especificamente com a diplomacia de Trump. O chefe do Itamaraty, Ernesto Araújo, escolhido pelo núcleo bolsonarista-olavista, publicou artigo, em 2017, onde afirmava: "os EUA defenderam o Ocidente do comunismo e acharam que, quando o comunismo acabou, estava feito o trabalho, fim da história. Mas nada acabou. A partir dos anos 90 foi-se vendo que o niilismo (alimentado pelo marxismo cultural) tinha-se substituído ao inimigo comunista".[26] E em seguida: "os EUA iam entrando no barco da decadência ocidental, entregando-se ao niilismo, pela desidentificação de si mesmos, pela desaculturação, pela substituição da história viva pelos valores abstratos, absolutos, inquestionáveis. Iam entrando, até Trump". Essas passagens estão completamente alinhadas com partes do discurso de despedida do comandante Villas Bôas.

O outro eixo da doutrina apresentada pelo general Avellar Coutinho, e que tem sido utilizada pelos militares no governo Bolsonaro, é o da "guerra revolucionária" atualizada para a guerra de 4ª Geração (ou guerra híbrida), mantendo o anticomunismo. Em outras palavras, para os militares brasileiros, o movimento comunista seria "imutável em seus objetivos, mas de aparências e métodos sempre em transformação".[27] Isso vale também para a ideia desenvolvida por Avellar Coutinho, pois os comunistas (MCI) e seus movimentos adjacentes continuariam existindo, mesmo depois do fim da União Soviética e teriam como objetivo realizar a revolução socialista, agora pela via do "marxismo cultural".

Assim como o anticomunismo nas décadas de 1960 e de 1970 uniu as várias linhas das Forças Armadas (mais nacionalistas vinculadas ao campo getulista e mais liberais de direita) em prol do golpe militar de 1964, a doutrina apresentada pelo general em questão – que incorporou a ideologia da extre-

---

25 Ibidem.

26 Ernesto Araújo, "Trump e o Ocidente", *Cadernos de Política Exterior*, 3(6), dezembro de 2017, Brasília: Instituto de Pesquisa de Relações Internacionais/FUNAG.

27 Maud Chirio, op. cit., p. 35

ma direita americana e reatualizou a da doutrina da "guerra revolucionária" – unificou as Forças Armadas contra o perigo comunista, que assume a forma fantasmagórica do "marxismo cultural".[28]

Foi esse o quadro em que as Forças Armadas, no plano da reatualização de sua doutrina, se unificaram por meio da crítica do "politicamente correto" e da identificação do inimigo comunista interno. Nesse sentido, é possível afirmar que a diferença entre o olavismo-bolsonarimo e os militares é muito mais de forma do que de conteúdo, devido aos elevados pontos de convergência entre a ideologia olavista-bolsonarista e a doutrina dos militares que foram influenciadas tanto pela extrema direita norte-americana como pelas ideias do anticomunismo brasileiro.

Da defesa da Pátria aos interesses corporativos

Mesmo com a demissão do general Santos Cruz e com as medidas atabalhoadas de combate à crise sanitária do Covid-19, as Forças Armadas mantiveram seu apoio ao governo Bolsonaro.[29] Em minha hipótese, pesaram aí questões corporativas tanto quanto a ideia de salvar a pátria dos "marxistas culturais" e da corrupção.

Quando o suposto protagonista da cruzada contra a corrupção, o ministro da Justiça Sergio Moro, entrou em confronto com o presidente Bolsonaro, em virtude de investigações que atingiam o governo e sua família, com a consequente tentativa de interferência na Polícia Federal, os militares ficaram ao lado do presidente e não do juiz da Operação Lava Jato.

As bandeiras do restabelecimento da ordem econômica, política, moral e psicossocial brasileiras estão caindo uma a uma. Fica cada vez mais explícito que o retorno dos militares à cena político-partidária sofreu também a influência da expectativa de atendimento de interesses corporativos das forças.

Entre estes, o restabelecimento do prestígio dos militares, que teriam sido responsabilizados sozinhos no Relatório Final da Comissão Nacional da Verdade (dezembro de 2014) e reivindicações de equiparação salarial com os setores mais bem remunerados do aparelho de Estado. Isso se reverteu, de

---

28 Ibidem.
29 Ver o capítulo de João Roberto Martins Filho nesta coletânea.

forma expressiva, quando o governo Bolsonaro, com apoio do Congresso, deu tratamento especial aos militares no quadro da Reforma da Previdência, na forma de uma verdadeira reestruturação da carreira militar, que implicou em aumento salarial nos níveis hierárquicos mais altos.

Além disso, mesmo com ajuste fiscal em curso, o Ministério da Defesa obteve uma ampliação de 10% nos seus gastos em 2019, sobretudo nas verbas destinadas aos investimentos para reforçar os projetos estratégicos das forças (programa de construção de fragatas leves, submarino nuclear, caças Gripen).[30] Em linhas gerais, é possível afirmar que as demandas corporativas das Forças Armadas foram travestidas de interesse geral da nação, como a suposta defesa da moralidade pública e da bandeira anticorrupção, embora o próprio presidente tente se blindar de investigações que atingem o governo e sua família.

Isso tudo evidência a loucura do discurso do "marxismo cultural", que, como diria o velho bardo: "apesar de ser loucura, ainda assim revela método".

---

[30] Igor Gielow e Gustavo Patu, "Bolsonaro privilegia gastos com militares no primeiro ano de governo", *Folha de São Paulo*, 1 de março de 2020, https://www1.folha.uol.com.br/poder/2020/03/bolsonaro-privilegia-gastos-com-militares-no-primeiro-ano-de-governo.shtml?aff_source=56d95533a8284936a374e3a6da3d7996

A conexão Porto Príncipe-Brasília: a participação em missões de paz e o envolvimento na política doméstica

Adriana A. Marques

Quando o presidente Luiz Inácio Lula da Silva aceitou o pedido das Nações Unidas para assumir o comando militar da Missão das Nações Unidas para a Estabilização no Haiti (Minustah), em 2004, teve início a história de um grupo de militares que embarcaram para Porto Príncipe e desembarcam em Brasília para ocupar funções importantes no núcleo do poder político em 2019. O general Augusto Heleno Ribeiro Pereira, primeiro comandante militar da Minustah assumiu a chefia do Gabinete de Segurança Institucional do governo; o general Carlos Alberto dos Santos Cruz, quarto comandante militar da Minustah, tornou-se seu ministro-chefe da Secretaria de Governo; o general Floriano Peixoto Vieira Neto, quinto comandante militar da Minustah, assumiu a Secretaria-Geral da Presidência da República; o general Fernando Azevedo e Silva, chefe de operações do segundo contingente da Minustah, foi nomeado ministro da Defesa e, no outro lado da Praça dos Três Poderes, o general Ajax Porto Pinheiro, que foi o décimo primeiro e último comandante militar da Minustah, substituiu-o na função de assessor especial da presidência do Supremo Tribunal Federal. No Setor Militar Urbano, o general Edson Leal Pujol, nono comandante militar da Minustah, assumiu o comando do Exército.

Ainda no primeiro semestre de 2019, mais dois egressos da Minustah, que eram generais da ativa, foram trabalhar no Palácio do Planalto: o general Otávio Santana do Rêgo Barros,[1] subcomandante do 12º contingente do Batalhão de

---

1   O general de Divisão Rêgo Barros passou para a reserva dia 31 de julho de 2019. Ele estava na ativa quando assumiu a função de porta-voz da Presidência da República e

Infantaria de Força de Paz do Brasil na Minustah, à época em que o batalhão era comandado pelo general Ajax, foi nomeado porta-voz da Presidência da República e o general Luiz Eduardo Ramos Baptista Pereira,[2] sétimo comandante militar da Minustah, substituiu o general Santos Cruz na Secretaria de Governo. Se agregarmos a esse grupo o ministro da infraestrutura Tarcísio Gomes de Freitas, ex-capitão do Exército que chefiou a seção técnica da Companhia de Engenharia do Brasil na Minustah, a "turma" do Haiti está completa.

O número de militares nomeados para cargos no primeiro escalão do governo federal é o maior desde a redemocratização do país. Deste contingente, o núcleo que mais despertou a atenção da opinião pública foi o dos egressos da Minustah. Motivos para este interesse não faltam. A mobilização de tropas para participar desta missão foi a maior desde a Segunda Guerra

---

concorria a uma promoção no Exército. Como não foi escolhido pelos generais que compõem o Alto Comando para receber a quarta estrela, a regra prevê. que o militar passe para a reserva em 45 dias, "Porta-voz da presidência, general Rêgo Barros passa para a reserva do Exército", *O Globo*, 30 de julho de 2019, https://oglobo.globo.com/brasil/porta-voz-da-presidencia-general-rego-barros-passa-para-reserva-do-exercito-23841934

[2] O general de Exército Ramos permaneceu no serviço ativo após assumir a Secretaria de Governo da Presidência da República em 4 de julho de 2019, ainda que tenha se licenciado do Alto Comando do Exército, o que significa abrir mão do direito de votar nas reuniões do ACE. Ainda como oficial da ativa, compareceu em traje de campanha à passagem de comando no Comando Militar do Sul onde ocorreu o icônico encontro entre o presidente da República e o comandante do Exército, general Pujol. Na ocasião, o presidente estendeu a mão ao general e recebeu em retorno o cotovelo como mostra do comprometimento do Exército com o enfrentamento à pandemia de Covid-19. O general Ramos solicitou sua transferência para a reserva em julho de 2020, "Bolsonaro participou, em Porto Alegre, da cerimônia de posse do novo chefe do Comando Militar do Sul", *O Sul*, 30 de abril de 2020, https://www.osul.com.br/bolsonaro-acompanha-posse-de-novo-general-do-comando-militar-sul-em-porto-alegre. "Bolsonaro estende a mão, mas militares o cumprimentam com o cotovelo no RS", *Portal G1*, 01 de maio de 2020, https://g1.globo.com/rs/rio-grande-do-sul/noticia/2020/05/01/bolsonaro-estende-a-mao-mas-militares-o-cumprimentam-com-o-cotovelo-veja-video.ghtml. "Após incômodos das Forças Armadas, ministro Luiz Eduardo Ramos anuncia que irá para a reserva", Folha de São Paulo, 25 de junho de 2020, https://www1.folha.uol.com.br/poder/2020/06/apos-incomodo-das-forcas-armadas-ministro-luiz-eduardo-ramos-anuncia-que-ira-para-a-reserva.shtml

Mundial. Cerca de 37.500 militares desembarcaram no Haiti de 2004 a 2017, incluindo os 11 comandantes militares da Minustah, que foram todos indicados pelo Brasil, um fato inédito na história das missões de paz das Nações Unidas. O Jogo da Paz, a partida de futebol amistosa entre a seleção brasileira, então campeã mundial, e a seleção haitiana, na capital Porto Príncipe,[3] teve grande repercussão internacional e foi vista como um prelúdio da utilização mais extensiva do poder brando pela diplomacia brasileira.[4] A "pacificação" de Cité Soleil foi vista com grande entusiasmo pelo Departamento de Operações de Manutenção da Paz das Nações Unidas e, a partir desse episódio, a classe política brasileira e a academia passaram a se interessar pelo *Brazilian way* de conduzir operações de paz.[5] O terremoto de 2010 causou grande comoção internacional e a decisão do governo brasileiro de dobrar o número de militares na missão após a tragédia foi um claro sinal do comprometimento do país com a estabilidade e a reconstrução do Haiti.[6]

---

3   A partida de futebol foi realizada em 18 de agosto de 2004. O general Heleno contou detalhadamente todo o processo de organização do evento. O depoimento do general deixa entrever como os interesses do governo brasileiro, do governo de Taiwan e das confederações de futebol do Brasil e do Haiti se entrelaçam no Jogo da Paz e como ele, enquanto *force commander*, desempenhou um papel político de articulação desses diversos interesses no episódio. Ver Celso Castro e Adriana Marques, *Missão Haiti: a visão dos force commanders*, Rio de Janeiro: FGV Editora, 2019.

4   O Jogo da Paz teve uma cobertura expressiva da imprensa internacional, dois documentários retratam bem as percepções da opinião pública sobre essa partida de futebol: Gabriel Spitzer, "Match for Peace: Brazil vs. Haiti, After the Coup", *Fox Sports*, https://www.youtube.com/watch?v=q_FAwMs3-mk. Caíto Ortiz; João Dornelas, "O dia em que o Brasil esteve aqui", São Paulo, Prodigo Filmes, 2005. Sobre as interconexões entre o poder brando e o Jogo da Paz, ver: Danilo Marcondes de Souza Neto, "O dia em que o Brasil esteve aqui: uma reflexão sobre poder brando, operações de paz e política externa brasileira", in Cristine Koehler Zanella, Edson José Neves Júnior (orgs.), *As Relações Internacionais e o Cinema, Volume 2: Estado e Conflitos Internacionais*, Belo Horizonte: Fino Traço, 2016.

5   Discuti esta questão em "Missões de paz e relações civis-militares: reflexões sobre o caso brasileiro", *Austral: Brazilian Journal of Strategy & International Relations*, 7(14): 242-262, julho/dezembro de 2018.

6   Kai Michael Kenkel, Danilo Marcondes de Souza Neto, Mikelli Marzzini e Lucas Alves Ribeiro, "Peace operations, intervention and Brazilian foreign policy: key issues

Fazendo uma analogia com o lema do Exército brasileiro: "Braço forte e mão amiga", na Minustah, tanto o braço forte dos militares (que foi empregado na "pacificação" de Cité Soleil e outras localidades na capital Porto Príncipe) quanto a mão amiga (que foi estendida às vítimas do terremoto e do furacão Matthew cumpriram o seu papel).[7] As críticas ao uso excessivo da força no processo de "pacificação" e à atuação das Nações Unidas durante a epidemia de cólera que assolou o Haiti após o terremoto não foram capazes de elipsar a percepção geral de que a atuação dos militares brasileiros na missão de paz foi exitosa.[8] E esse sucesso teve consequências. A proposta deste capítulo é discutir o nexo entre a experiência internacional das Forças Armadas na Minustah e a "volta" dos militares à cena política brasileira.

As consequências não intencionais da participação em missões de paz

Durante a Guerra Fria, a comunidade acadêmica depositou muitas esperanças nas missões de paz conduzidas pelas Nações Unidas. Com a possibilidade de uma guerra nuclear, havia a expectativa de que a participação dos militares em missões de paz contribuiria para o desenvolvimento de alguns atributos nas tropas, como a capacidade de negociação política e a flexibilidade, o que seria benéfico para o relacionamento entre os militares, as outras burocracias estatais e a sociedade.[9] Esta visão otimista da academia coincide com a criação de um departamento de operações de manutenção da paz no âmbito do Escritório de Assuntos Políticos Especiais da Organização das Nações Unidas (ONU), que funcionou de 1955 a 1991 e refletia a estrutura de poder mundial vigente, com oficiais estadunidenses e soviéticos ocupando o mesmo número de posições no órgão.[10]

---

and debates", in Paulo Esteves, Maria Gabrielsen Jumbert and Benjamin de Carvalho (eds.), *Status and the Rise of Brazil: Global Ambitions, Humanitarian Engagement and International Challenges*, Palgrave Macmillan/Springer, 2020.

7   O Furacão Matthew atingiu o Haiti dia 4 de outubro de 2016. O general Ajax relata a experiência das tropas da Minustah neste episódio. Ver *Missão Haiti*, op. cit.

8   Ver o depoimento do general Paul Cruz em ibidem,

9   Charles C. Moskos, "UN peacekeepers: the constabulary ethics and military professionalism", *Armed Forces & Society*, 1(4):388-401, July, 1975.

10 https://search.archives.un.org/united-nations-office-for-special-political-affairs-1955-1991

Em 1992, no bojo das adaptações dos organismos internacionais à ordem internacional pós-Guerra Fria, as Nações Unidas criaram o Departamento de Operações de Manutenção da Paz e o número de missões sob a responsabilidade deste órgão aumentou de forma significativa. Durante a década de 1990, as intervenções humanitárias sob o mandato da ONU foram impactadas por três episódios: a retirada das tropas internacionais de Mogadíscio na Somália e os genocídios em Ruanda e na guerra que levou à dissolução da Iugoslávia. As críticas recebidas pela organização nestes episódios engendraram mudanças importantes na natureza das operações de paz que passaram a incluir cada vez mais tarefas políticas e assistenciais de reconstrução dos países a serem "pacificados". O uso da força, regulamentado pelo capítulo VII da Carta das Nações Unidas, tornou-se cada vez mais frequente nas chamadas missões de imposição da paz.[11] As tropas que o general Santos Cruz comandou na República Democrática do Congo atuaram como uma brigada de intervenção com forças especiais.[12] As missões de paz também foram ganhando um novo contorno no que tange ao seu contingente militar e boa parte das tropas das Nações Unidas atualmente são originárias de países africanos e asiáticos.[13]

Os governos da América do Sul que haviam passado por processos de redemocratização na década de 1980 viram nas missões de paz da ONU uma forma de afastar os militares da política doméstica e oferecer-lhes uma tarefa duplamente vantajosa. Em primeiro lugar, a participação em operações de paz permitiria que as forças armadas sul-americanas, historicamente mais voltadas para o controle da ordem pública do que para guerras, pudessem atuar em tropas internacionais onde conviveriam com militares de países com larga experiência de combate e teriam acesso ao que havia de mais avançado em termos tecnológicos e doutrinários. Em segundo lugar, esta capacitação profissional seria uma oportunidade para as forças armadas resgatarem a imagem da instituição junto à sociedade civil após décadas de regimes autoritários que,

---

11 Kai Michael Kenkel, Danilo Marcondes de Souza Neto, Mikelli Marzzini e Lucas Alves Ribeiro, op. cit.

12 Denis M. Tull, "The limits and unintended consequences of UN peace enforcement: the Force Intervention Brigade in the DR Congo", *International Peacekeeping*, 25(2): 167-190, 2018.

13 Há uma lista dos países que contribuem com tropas para a ONU em: https://peacekeeping.un.org/sites/default/files/01_summary_of_contributions_25.pdf

em alguns países como a Argentina, abalaram substantivamente a confiança da população no estamento militar.[14] Havia ainda a esperança de que a convivência dos militares sul-americanos com seus pares oriundos de países onde o controle civil sobre as forças armadas estava estabelecido os tornaria mais democráticos.[15]

Charles Moskos, um dos grandes entusiastas da participação dos militares em missões de paz durante a Guerra Fria, publicou um livro muito influente no início do milênio, com a colaboração de dois colegas, onde apresentou uma tipologia das forças armadas, a qual associava as mudanças nas organizações militares a mudanças sociais em larga escala que impactaram a sociedade como um todo e, por consequência, os militares.[16] O autor reconhece que esta tipologia foi construída a partir da experiência histórica dos Estados Unidos e dos seus aliados europeus na Organização do Tratado do Atlântico Norte e lembra que tipologias não devem ser utilizadas mecanicamente. De toda forma, o modelo conceitual proposto ajuda na compreensão de algumas características do perfil de profissional militar que emerge da participação em operações de paz.

Moskos construiu um modelo para enquadrar os profissionais militares de acordo com algumas características que seriam dominantes em três períodos históricos. De acordo com o modelo proposto, o tipo dominante de militar da era moderna, pré-Guerra Fria (1900-1945), seria o combatente clausewitziano dos conflitos interestatais convencionais. Na modernidade tardia (1945-1990), devido aos avanços tecnológicos, o tipo dominante de militar seria o gestor técnico capaz de administrar o complexo industrial-militar. Já na pós-modernidade (pós-Guerra Fria, desde 1990) Moskos identifica a ascensão de um novo tipo de profissional militar: o soldado-acadêmico que, além da formação nas escolas militares, possui diplomas obtidos em universidades e o soldado-estadista, que

---

14 Dois autores desenvolvem bem este argumento: David R Mares, *Violent Peace: militarized interstate bargaining in Latin America*, New York: Columbia University Press, 2001 e Félix E. Martín, *Militarist Peace in South America: Conditions for War and Peace*, New York: Palgrave Macmillan, 2006

15 Arturo C. Sotomayor, *The Myth of Democratic Peacekeeper: Civil-Military Relations and United Nations*, Baltimore: John Hopkins University Press, 2014.

16 Charles C. Moskos, John Allen Williams, David R. Segal, *The Postmodern Military: Armed Forces after the Cold War*. Oxford: Oxford University Press, 2000.

graças à formação acadêmica mais abrangente, é um oficial qualificado para lidar com a mídia e apto a atuar no complexo ambiente da diplomacia internacional. O fato de haver um tipo dominante de militar em cada uma das eras não significa que os outros "tipos ideais" não estejam presentes nas outras duas. Em geral, estes três "tipos ideais" existem e convivem nas três eras.

O general Hugh Shelton, que estudou engenharia têxtil na Universidade da Carolina do Norte, lutou na guerra do Vietnã, comandou a intervenção estadunidense no Haiti em 1994, onde transformou-se em um diplomata, segundo Moskos, planejou a Guerra do Kosovo e os primeiros ataques à Al--Qaeda e que, quando deixou o serviço ativo, fundou o General Hugh Shelton Leadership Center na mesma universidade, seria o tipo dominante de militar no pós- Guerra Fria.[17]

Na contemporaneidade, as operações de paz são o principal terreno onde as habilidades "acadêmicas" e diplomáticas dos militares são exercitadas, mas a maior parte das tropas que atuam nesse terreno é proveniente de países latino-americanos, asiáticos e africanos e não dos Estados Unidos e de seus aliados da Europa Ocidental, onde o controle civil sobre as forças armadas está plenamente estabelecido.[18] A atribuição de missões extensivas e de caráter político a militares oriundos de países com histórico de envolvimento na política trouxe algumas consequências não intencionais para países que enviaram

---

17 Charles C. Moskos, op. cit.

18 As forças armadas brasileiras introjetaram as mudanças verificadas no perfil dos profissionais militares estadunidenses ao seu modo. Ao invés de enviarem os militares para estudar nas universidades, como nos Estados Unidos ou na Europa, nossas forças armadas começaram a pressionar o Ministério da Educação para que os cursos realizados nas escolas militares fossem reconhecidos como equivalentes aos das universidades. Atualmente, os concluintes da Escola Naval recebem o diploma de bacharel em Ciências Navais, os concluintes da Academia das Agulhas Negras, do Exército recebem o diploma de bacharel em Ciências Militares e os concluintes da Academia da Força Aérea recebem o diploma de bacharel em Administração, com habilitação em administração pública. No que tange à pós-graduação, cada força lidou com esta questão separadamente. O processo mais estudado e documentado é o do Exército, "O processo de criação do Programa de Pós-Graduação em Ciências Militares", Rio de Janeiro, Núcleo de Audiovisual e Documentário, 2018, https://www.youtube.com/watch?v=bgCz1ZF5KEA

tropas para operações de paz.[19] No caso brasileiro, a consequência não intencional mais evidente da participação em missões de paz foi o processo de retroalimentação entre as atividades desempenhadas pelas tropas brasileiras nas missões de paz e nas operações de garantia da lei e da ordem mas, colocando em revista os momentos históricos nos quais as Forças Armadas estiveram em missões no exterior ou em estreito contato com forças estrangeiras, outra consequência não intencional salta aos olhos.[20]

O peso da História ou as lições não aprendidas

O Exército que se profissionalizou na Guerra do Paraguai derrubou a regime monárquico e instaurou a República. Muitos dos alunos aplicados da missão militar francesa cerraram fileiras com o movimento tenentista; vários ex-combatentes da Segunda Guerra Mundial conspiraram durante toda a década de 1950 e participaram ativamente do golpe de 1964.[21] O brasilianista Alfred Stepan, na tentativa de compreender o padrão de comportamento desta geração de militares, criou a expressão "novo profissionalismo" para designar este aparente paradoxo de um exército profissional e ao mesmo tempo envolvido na política.[22] Escapou a Stepan, entretanto, que este tipo de profissionalismo não era "novo", mas sim constitutivo do *ethos* militar brasileiro.

---

19   Há um debate em curso, especialmente nas páginas da revista *International Peacekeeping* sobre as consequências não intencionais da participação em missões de paz. Ver Monalisa Adhikari, "Breaking the Balance? The Impact of Peacekeeping Deployments on Civil–Military Relations", *International Peacekeeping*, 27(3): 369-394, 2020 e Holger Albrecht, "Diversionary Peace: International Peacekeeping and Domestic Civil-Military Relations", *International Peacekeeping*, 2020.

20   Discuti esta questão em Adriana A. Marques, op. cit.

21   Ver entre outras obras: Wilma Peres Costa, *A Espada de Dâmocles – O Exército, a Guerra do Paraguai e a crise do Império*, São Paulo: Hucitec/Unicamp, 1996; Manuel Domingos Neto, "Influência estrangeira e luta interna no Exército" in Alain Rouquié (org.), *Os Partidos Militares no Brasil*, Rio de Janeiro: Record, 1980 e Maria Cecília Spina Forjaz, *Tenentismo e aliança liberal (1927-1930)*, São Paulo: Polis, 1978.

22   Alfred. Stepan, *Authoritarian Brazil*, New Haven: Yale University Press, 1973. Para uma discussão sobre as limitações do modelo teórico de Stepan, ver: João Roberto Martins Filho. *O palácio e a caserna: a dinâmica militar das crises políticas na ditadura (1964-1969)*, São Paulo: Alameda Editorial, 2019.

Dentro desta perspectiva, a história do grupo de militares que volta do exterior após um período de aperfeiçoamento profissional e decide participar do processo político para "salvar o país" e "sanear as suas instituições" se repete no século XXI como uma consequência não intencional da participação do Brasil em missões de paz.

O militar que personifica o soldado acadêmico e o soldado-estadista idealizados por Moskos na contemporaneidade é o *force commander* cujo papel nas missões de imposição da paz e reconstrução nacional extrapola bastante as lides da caserna. A realização de eleições, de atividades assistenciais, a interação com e o apoio às organizações não-governamentais de diferentes matizes que atuam no terreno e o contato direto com os líderes políticos locais são atividades que fazem parte do dia a dia dos generais que comandam as missões das Nações Unidas. Nos países onde o controle civil sobre as forças armadas está plenamente estabelecido, os militares exercitam suas habilidades acadêmicas, diplomáticas e políticas em missões no exterior e quando voltam para seus países de origem criam centros de pesquisa, como o general Hugh Shelton. As leis estadunidenses são bastante rigorosas no que diz respeito à nomeação de militares da reserva para ocuparem cargos de natureza civil em órgãos governamentais.[23]

Mas no Brasil, onde a utilização das Forças Armadas para tarefas que extrapolam as lides da caserna é uma prática política bastante enraizada e a nomeação de militares da ativa e reserva para ocuparem cargos de natureza civil também, a experiência na ONU reavivou e reforçou um padrão de comportamento militar já visto em outros momentos históricos. Os egressos do Haiti que desembarcaram em Brasília no início de 2019 se inscrevem em uma longa tradição salvacionista que as reformas institucionais da Nova República não conseguiram sepultar.[24] Assim como seus antecessores dos séculos XIX e

---

23   O governo de Donald Trump nos Estados Unidos é uma exceção a esta boa prática, ver: Peter Bergen, *Trump and His Generals: The Cost of Chaos*, New York: Penguin Press, 2019.

24   Discuti brevemente o arcabouço institucional e normativo do setor de defesa brasileiro em Adriana A. Marques e Jacintho Maia Neto, "Brazil's National Defence Strategy, defence diplomacy and management of strategic resources", *Defence Diplomacy and National Security Strategy: Views from the Global South*, Stellenbosch: African Sun Media, 2020.

XX, os generais que despacham no Palácio do Planalto acreditam estar cumprindo a "missão" de salvar o país. O discurso de posse do general Ramos, ao assumir a Secretaria de governo, exemplifica bem esta percepção. Ao justificar por que aceitou se licenciar do Alto Comando do Exército para assumir um cargo de natureza civil, ele enfatiza que deixou o Comando Militar do Sudeste em São Paulo para assumir uma "missão" em Brasília a pedido do presidente da República, com o qual conviveu na capital brasileira quando era assessor parlamentar do Exército e o presidente "estava deputado", e dos generais Mourão, Heleno, Fernando e Villas Bôas, que foram seus superiores hierárquicos em diferentes momentos da carreira.[25]

A narrativa de que o Brasil nos últimos anos passava por uma crise de liderança, estava desunido, imerso em um mar de corrupção e aparelhado por uma minoria de esquerda, atraiu para a órbita do capitão-deputado vários egressos do Haiti dispostos a "reconstruir" o país e "pacificá-lo". O discurso da ordem, do combate à corrupção e a apropriação dos símbolos pátrios que deu o tom da campanha eleitoral do presidente eleito, soou bem aos ouvidos desses militares que acreditam ser os legítimos representantes da "classe média conservadora".[26]

O general Santos Cruz certamente é o militar brasileiro que mais se aproxima da tipologia de soldado-acadêmico e soldado-estadista idealizada por Moskos. Formado em Engenharia Civil pela PUC de Campinas, o general teve um papel fundamental na "pacificação" de Porto Príncipe. Quando se transferiu para a reserva foi trabalhar na Secretaria de Assuntos Estratégicos da Presidência da República onde permaneceu por pouco tempo sendo reconvocado para o serviço ativo a fim de assumir o comando das tropas da ONU na República Democrática do Congo. Findada esta missão, Santos Cruz participou de várias atividades vinculadas ao Departamento de Operações de Paz

---

25   Cerimônia de posse do novo ministro da Secretaria de Governo, Luiz Eduardo Ramos, 4 de julho de 2019, https://www.youtube.com/watch?v=dEhJRXY3k20

26   O general Santos Cruz já falou sobre o que motivou o seu engajamento na campanha eleitoral de 2018 em diversas ocasiões, uma das mais recentes foi esta: "À Mesa com o Valor - Carlos Alberto dos Santos Cruz: Intervenção militar não tem cabimento", *Valor Econômico*, 26 de junho de 2020, https://valor.globo.com/eu-e/noticia/2020/06/26/a-mesa-com-o-valor-carlos-alberto-dos-santos-cruz-intervencao--militar-nao-tem-cabimento.ghtml

até assumir a Secretaria Nacional de Segurança Pública. Em 2018, o general deixou seu cargo na esplanada dos ministérios para se engajar na campanha do capitão-deputado e em 2019 ele assumiu a Secretaria de Governo da Presidência da República.[27] A fluidez com que transita entre postos no governo federal brasileiro e nas Nações Unidas dá a medida do entrecruzamento entre tarefas de natureza militar e não militar que são assumidas pelos profissionais da ativa e da reserva no Brasil.

As consequências não intencionais da participação em missões de paz devem ser objeto de reflexão da academia, da classe política e da sociedade brasileira. O investimento na qualificação profissional das tropas e o seu envio para missões fora do território nacional não são medidas suficientes para manter os militares afastados da política. A natureza dos conflitos internacionais e das missões de paz mudaram, mas o *ethos* militar brasileiro permanece o mesmo. Enquanto não tivermos políticas públicas claras que atribuam às Forças Armadas funções estritamente vinculadas à Defesa Nacional, estaremos fadados a repetir os erros do passado.

---

[27] Sobre a trajetória profissional do general Santos Cruz, ver o depoimento que ele concedeu para o livro *Missão Haiti*, op. cit.

Entrevista de Héctor Saint-Pierre a Ana Penido, Brasil de Fato, 26 de outubro de 2019. "Temos Forças Armadas para defender os interesses dos EUA", aponta pesquisador

Brasil de Fato - Seria possível afirmar que, guardado espaço para algumas heterogeneidades, existe um fio condutor do pensamento dos militares brasileiros?

Hector Saint Pierre - A corporação militar não é monolítica, como pareceriam indicar seus uniformes. Apesar de se apresentarem para fora sempre unidos e subordinados a uma sólida estrutura hierárquica, internamente existem posicionamentos nem sempre coincidentes, como ficou evidenciado historicamente em movimentos que contestaram algum aspecto das decisões da cúpula militar. Assim ocorreu na Marinha com a Revolta da Chibata em 1910; no Exército, com o movimento tenentista na década de 1920; com os expurgos na era Vargas; e, particularmente, na notável repressão interna às três forças durante o golpe de 1964, com prisões, desaparições, tortura e morte de muitos militares, como ficou denunciado pela Comissão da Verdade. Cada período histórico está caracterizado por uma direção da corporação definida por algum grupo hegemônico, oscilando entre o nacionalismo e o liberalismo (para não dizer entreguismo), entre a procura de uma autonomia política que busque a liberdade de ação estratégica de maneira não confrontativa até o alinhamento automático.

Se há algum fio condutor que tem resistido às mudanças de posições dos militares com relação à política são os valores corporativos que se mantêm por cima de qualquer outro. O sentimento de pertencimento à corporação militar parece superar o sentimento nacional e até o "patriótico", do qual se consideram guardiões. Em geral, o militar confia mais no militar de outro país do que nos civis do seu próprio. Sem resistir à generalização, poderíamos dizer que a maioria adere a valores positivistas, como o pânico da História e da mudança, a ideia contraditória de "ordem e progresso", valores tradicionais de família e sociedade e um anticomunismo doentio que associam com qualquer crítica ao status quo burguês. Do ponto de vista político institucional, se consideram um quarto poder moderador, aquele poder vigilante capaz de intervir no jogo político sempre que a (nunca definida) "pátria" corra perigo. Consideram-se a reserva moral da nação e dos valores ocidentais o que, para eles, legitimaria intervir no quadro político sempre que considerem oportuno, como manifestou mais de uma vez, ainda na ativa, o general e atual vice-presidente do Brasil, Hamilton Mourão.

Em seu artigo "Racionalidade e Estratégias", você elenca categorias para entender o pensamento militar.[1] Destacamos três dimensões: a autonomia das Forças Armadas diante do Estado e sua relação com a democracia; percepções de hegemonia regional; e conceitos como o de inimigo, provenientes de uma determinada forma de se ver as dinâmicas de guerra e paz. O que vem ocorrendo no Brasil hoje, na política de Defesa, confirma o que você defende no artigo?

Nesse artigo, meu objetivo é desenhar um modelo de análise diagramado sobre variáveis que permitiriam analisar ou comparar concepções de Grande Estratégia, que se trata de um plano de defesa a partir do mais alto comando da nação. Esse planejamento pode ser definido pelo Executivo, mas deve ser aprovado pelo Legislativo como uma política de Estado que supere a duração de um governo. Ante uma ameaça que indique a aplicação desse planejamento, o Executivo assume a condução e a responsabilidade das ações. Nessa Grande Estratégia, as Forças Armadas são apenas um dos componentes, o essencial. mas não o único nem necessariamente o mais relevante dependendo do caso.

Com a transição de uma ditadura militar para um governo democrático, no qual se espera a estrita subordinação daquelas ao poder político legítimo, deveria ser possível constatar concomitantemente uma mudança na concepção estratégica do Estado.

---

1   *Premissas,* 3: 24-51, Campinas: NEE-Unicamp, 1993, www.academia.edu/40149156/Racionalidade_e_Estrategias

Nesse artigo, trato como Concepção Estratégica Oficial (CEO) uma concepção cujas variáveis obedeciam ao período da ditadura militar e como Concepção Estratégica Alternativa (CEA) um estado de coisas ideal que eu imaginava que deveria refletir as condições de defesa de um sistema democrático. Se tivesse havido uma transição à democracia no Brasil estaríamos perto da CEA. A partir dessa comparação seria possível corroborar se de fato a mudança política de sistema foi acompanhada por um acomodamento da forma da força, do emprego e missões do monopólio legítimo da violência, isto é, deveria se constatar uma mudança na concepção estratégica do Estado.

Porém, diferentemente de outros países como Argentina, onde a transição foi por colapso, ou Chile e Uruguai, onde foi pactuada, o Brasil teve uma transição lenta, gradual e segura, concedida pelos militares, que mantiveram estrita vigilância para manter vigente a CEO.

Hoje, os militares continuam a exercer uma função tutelar sobre o Brasil, menos pelos militares da reserva ou da ativa que povoam a casa de governo, do que pela pressão velada que exercem sobre a sociedade, os políticos e as instituições, seja por "assessorias" injustificadas ou ameaçadores tuítes limítrofes com a ilegalidade. A Defesa nunca deixou de ser uma caixa fechada para a sociedade e se preservou como monopólio das Forças Armadas. É verdade que, desde os últimos anos do governo Fernando Henrique Cardoso e mais especialmente durante os governos petistas, houve uma tímida intenção de democratizar o tema. Mas essa timidez foi entendida como debilidade pelos militares que endureceram ainda mais sua posição. Não há democracia sem estrita subordinação militar ao controle civil, sem uma efetiva condução política civil da Defesa, sem uma ativa participação da sociedade na discussão sobre a Defesa Nacional, sem mando civil e obediência militar. Definitivamente, as Forças Armadas brasileiras conquistaram uma autonomia e prerrogativas incompatíveis com o sistema democrático.

E em relação à política externa?

Supõe-se que – numa concepção alternativa, isto é, democrática – essa forma de inserção internacional deveria resultar de um debate com a sociedade, buscando a cooperação regional, que garanta a liberdade de ação estratégica e a autonomia da decisão. Poder-se-ia dizer que tanto as Forças Armadas quanto o

Itamaraty sempre procuraram uma relativa liberdade de ação estratégica e certa autonomia da decisão, respectivamente, na sua área de interesse, mas sempre de forma não confrontativa com os Estados Unidos. Não obstante isso, desde 2009, pode ser notada nas Forças Armadas a procura de uma aproximação com os Estados Unidos, a qual foi ficando mais clara durante o governo de Michel Temer. De forma inédita, um general brasileiro é promovido ao sub-comando de Cooperação Regional do Exército do Comando Sul dos USA.

Durante a campanha presidencial de 2018, o então candidato Bolsonaro enquadrou-se frente à bandeira dos Estados Unidos num gesto vergonhoso para qualquer pretensão soberana. Já presidente, Bolsonaro ofereceu ao governo dos Estados Unidos uma relação servil para os interesses americanos e uma aliança militar com o governo de Donald Trump, que vive antagonizando quase todo o mundo. Este alinhamento automático à estratégia dos Estados Unidos engessa a política externa brasileira aos interesses da superpotência, transformando a oportunidade apresentada pelo rearranjo de forças mundiais que está mudando a polaridade global em uma desgraça.

No lugar de aproveitar o estremecimento global pelo acomodamento das estaturas estratégicas das três grandes potências [Estados Unidos, China e Rússia] e se manter à margem, o Brasil abraça a superpotência decadente se condenando a realizar apenas os negócios que ela permita. Quem imaginava que, pelo comprometimento dos militares com o governo Bolsonaro, prevaleceriam os valores nacionais e a defesa da soberania, pode constatar o abandono desses valores e a entrega da soberania por questões meramente ideológicas e até místicas. Assim, poder-se-ia concluir paradoxalmente que temos Forças Armadas para defender os interesses norte-americanos, entre os quais, a desregulação da economia nacional e a apropriação das riquezas brasileiras. A liderança regional concedida e reconhecida pelos países da América do Sul ao Brasil durante o governo de Luiz Inácio Lula da Silva foi deliberadamente abandonada e, no seu lugar, os Estados Unidos parecem propor para o Brasil ser seu bastante procurador na região, colocando o sangue do soldado brasileiro como lubrificante dos seus interesses.

Percebemos críticas, na sua obra, sobre a apropriação de conceitos estadunidenses e europeus para pensar a realidade latino-americana. Em outros termos, fica evidente a afirmação de que o pensamento militar brasileiro não é tão brasileiro assim, e que isso é um problema. Por que acha que isso ocorre?

A colonização não é um fenômeno meramente econômico, ela também é política, social, cultural e epistêmicoa [intelectual]. A colonização epistêmica nos impõe óculos para ver a realidade como o colonizador quer que vejamos, esses óculos são os conceitos e as teorias que muitas vezes se assumem acriticamente. Aqueles acadêmicos do *mainstream* que definem o digno de ser pensado, publicado e lido são tomados "pelas colônias" como referências de objetividade e cientificidade. Porém, a maioria deles são ou foram ou serão funcionários do Estado (diferentemente do Brasil, noutros países os acadêmicos e não os militares são consultados) e pensam o melhor para seu país, que é um Estado colonizador. O que é condenável é que nossos acadêmicos defendam, na colônia, o que o colonizador defende como bom para a metrópole. As teorias e os conceitos não são neutros, eles são valorativos. Por exemplo, "Guerra de baixa intensidade" é conceito estabelecido pelos Estados Unidos para se referir a guerras nas quais se aplica parte pouco expressiva da sua capacidade bélica. Mas as guerras são travadas entre dois beligerantes e a definição dela ou compreende os dois ou terá duas definições dependendo de que lado da disputa se encontre. A guerra da Nicarágua, definida pelos Estados Unidos como de "baixa intensidade", para os nicaraguenses foi uma guerra total.

Se esta situação é séria para os acadêmicos, quando consideramos o colonialismo entre os militares, ela é dramática. Há uma tendência à uniformização das várias Forças Armadas do mundo, condicionada pelo que passou a ser chamado de "o arsenal mundial". O armamento - fundamentalmente condicionado pelos sistemas de armamento, pelo alto nível de complexidade e sofisticação, que exige a existência de uma economia intensiva - é produzido por poucos países. Quando um país não tem condições de aplicar capital intensivo à produção de artefatos bélicos, como é a maioria dos países, particularmente do Sul global, ele deve recorrer às matrizes do arsenal global para adquirir os sistemas de armas. Mas junto com os sistemas de armas também se compra a organização militar adequada a esse sistema, uma doutrina militar, uma doutrina de emprego imposta pelo sistema, treinamento e também o inimigo. Quem define contra quem se pode empregar esses sistemas de armas é o vendedor, logo, é ele quem define o inimigo.

Note-se que a definição do inimigo não significa apenas a indicação daquele contra quem apontarei meu armamento, mas também aquele de quem não poderei comprar, ainda que tenha preços competitivos, assim como a quem não poderei vender minha soja (o caso dos barcos carregados de soja, retidos no porto de Paranaguá, é um exemplo claro de como se pode ir contra os interesses nacionais pela pressão ideológica garantida pela dependência estratégica). O paradoxal disto é que o armamento que deveria garantir a soberania, a autonomia da decisão política, pelo contrário, a compromete. Do mesmo modo, o militar, sujeito ativo da liberdade estratégica, pela dependência instrumental e doutrinária é agente da subordinação estratégica.

Hoje, contamos com um instrumento da força típico da Segunda Guerra com uma ideologia estratégica da Guerra Fria. Os militares, que foram historicamente associados ao desenvolvimento, hoje parecem ser a garantia da dependência. A Embraer, vanguarda da pesquisa e desenvolvimento nacional, foi entregue sob seu olhar atento. O mesmo poderia ser dito da Petrobrás ou da Base de Alcântara. Os militares temem pensar fora da caixa.

Bolsonaro dá grande valor à batalha das ideias e das narrativas sobre a História, daí sua grande investida contra as universidades e a pesquisa brasileira, com importantes cortes orçamentários. Os cortes também ocorreram na área de Defesa, mesmo com a presença dos militares no governo. Quais as principais ameaças que se apresentam para aqueles que produzem ciência nas áreas relacionadas às questões militares e de Defesa?

A comunidade acadêmica dedicada, hoje, aos temas da Paz, da Defesa, da Estratégia, dos Militares e da Guerra foi invadida por militares. A chamada "comunidade epistêmica da Defesa" não é a mesma de 30 anos atrás. Naquele momento, pretendíamos disputar o monopólio da reflexão sobre temas que estavam exclusivamente em mãos dos militares. Hoje, constatamos tristemente que não conseguimos quebrar esse monopólio, mas, em contrapartida, os militares conseguiram não apenas quebrar o nosso monopólio da reflexão científica como conseguiram completar sua estratégia de ocupar o Ministério da Educação, a Capes [Coordenação de Aperfeiçoamento de Pessoal de Nível Superior] e o CNPq [Conselho Nacional de Desenvolvimento Científico e Tecnológico], assim como se apropriar de parte do orçamento destinado à educação e à pesquisa científica.

Ao mesmo tempo em que as universidades públicas estão sendo sucateadas, sem capacidade de renovação geracional por falta de contratação, as academias militares abriram pós-graduações em áreas não específicas para a função militar, como Relações Internacionais, e contaram com verba para abrir numerosos concursos. Qual a lógica dos militares abrirem pós-graduações sendo que há, e muito boas, nas universidades públicas? Será para oferecer títulos para seus oficiais? Não precisariam: o ministro da Educação do governo Temer decretou (sim, assim mesmo) que as ciências militares são uma ciência. Por essa medida, os oficiais que estudam as "ciências militares" (que são ciências dirigidas a melhorar sua performance nas missões precípuas, e não para realizar pesquisa científica) são agraciados com o título de doutor e podem disputar com aqueles que fizeram opção de vida pela ciência. Será que querem reduzir as teorias científicas a "versões", como fazem com a História?

Sobre os autores
(dados compilados pelo organizador)

Adriana Marques

Doutora em Ciência Política pela USP, professora adjunta do curso de Defesa e Gestão Estratégica Internacional no Instituto de Relações Internacionais e Defesa da Universidade Federal do Rio de Janeiro e coordenadora do Laboratório de Estudos de Segurança e Defesa.

Ana Penido

Grupo de Estudos em Defesa e Segurança Internacional (Gedes, Unesp), Instituto Tricontinental de Pesquisa Social, coautora dos artigos "As Forças Armadas no governo Bolsonaro" (I, II e III), in *Tricontinental Brasil*.

Eduardo Costa Pinto

Professor do Instituto de Economia da Universidade Federal do Rio de Janeiro (UFRJ). Co-autor, com Fabio Guedes Gomes, de *Desordem e regresso: o período de ajustamento neoliberal no Brasil, 1990-2000* (Mandacaru, 2009).

Eduardo Heleno de Jesus Santos

Professor Adjunto do Departamento de Estudos Estratégicos e Relações Internacionais do Instituto de Estudos Estratégicos (UFF). Defendeu a tese de Doutorado *Grupos de pressão política formados por militares da reserva no Mercosul* (Niterói, UFF, 2015).

Eduardo Mei

Professor de Sociologia das Relações Internacionais na Faculdade de Ciências Humanas e Sociais da UNESP e membro do Gedes, organizador com

Héctor Luis Saint-Pierre de *Paz, guerra e segurança entre as nações* (São Paulo, Unesp, 2013).

Francisco Carlos Teixeira da Silva
Professor Titular de História Moderna e Contemporânea, UFRJ, Professor Titular de Teoria Política CPDA/UFRRJ, Organizador de *Atlântico, a história de um oceano*, Rio de Janeiro, Civilização Brasileira, 2013, Prêmio Jabuti, 2014.

Héctor Saint-Pierre, Instituto de Políticas Públicas e Relações internacionais da Universidade Estadual Paulista, autor de *A política armada: fundamentos da guerra revolucionária* (2000) e coorganizador de *Dicionário de Segurança e Defesa* (2018), ambos pela Editora da Unesp.

João Roberto Martins Filho
Professor Titular Sênior da UFSCar, ocupou cátedras brasileiras nas universidades de Londres e de Leiden. Ex-presidente da Associação Brasileira de Estudos de Defesa (ABED). Autor de *O palácio e a caserna,* (São Paulo: Alameda Editorial, 2019).

Luís Alexandre Fuccille
Professor da UNESP e ex-presidente da ABED. Autor da tese de Doutorado, *Democracia e questão militar: a criação do Ministério da Defesa no Brasil* (Prêmio II Concurso de Teses sobre Defesa Nacional, promovido pelo CNPq e pelo MD, 2006).

Luís Gustavo Guerreiro Moreira
Doutorando do curso de Políticas Públicas na Universidade Estadual do Ceará (UECE). Mestre em Sociologia e bacharel em Ciências Sociais pela Universidade Federal do Ceará. Indigenista especializado na Fundação Nacional do Índio - Funai.

Manuel Domingos Neto
Doutor em História pela Universidade de Paris. Foi professor da Universidade Federal do Ceará e da Universidade Federal Fluminense. Foi vice-presidente do CNPq e presidente da ABED. Fundou a revista *Tensões Mundiais*.

Marcelo Godoy

Repórter especial no jornal *O Estado de S. Paulo*, autor de *A Casa da Vovó:* uma biografia do Doi-Codi, 1969-1991 (São Paulo: Alameda Editorial, 2014), Prêmio Jabuti, 2015.

Marcelo Pimentel Jorge de Souza

Coronel da reserva do Exército, formado na turma de 1987 ("Missão Indígena") da AMAN (Arma de Artilharia).

Maud Chirio

Doutora em História Contemporânea pela Universidade de Paris, professora na Université Gustave Eiffel, autora de *A política nos quartéis:* revoltas e protestos de oficiais na ditadura militar brasileira (Rio de Janeiro, Zahar, 2012).

Piero de Camargo Leirner

Professor Titular de Antropologia do Departamento de Ciências Sociais da Universidade Federal de São Carlos, autor de *O Brasil no espectro de uma guerra híbrida* (São Paulo: Alameda Editorial, 2020).

Ricardo Costa de Oliveira

Professor Titular de Sociologia no Departamento de Ciências Sociais da Universidade Federal do Paraná, organizador de *Família importa e explica: instituições políticas e parentesco* (São Paulo, Liberars, 2018).

Suzeley Kalil Mathias

Professora da Faculdade de Ciências Humanas e Sociais e pesquisadora do GEDES, ambos da UNESP, autora de *A distensão no Brasil:o projeto militar* (Campinas, Papirus, 1995) e *A militarização da burocracia* (São Paulo, Unesp, 2004).

Alameda nas redes sociais:
Site: www.alamedaeditorial.com.br
Facebook.com/alamedaeditorial/
Twitter.com/editoraalameda
Instagram.com/editora_alameda/

Esta obra foi impressa em São Paulo no verão de 2021. No texto foi utilizada a fonte Minion Pro em corpo 10,5 e entrelinha de 15,5 pontos.